基础教育质量与人力资本积累

陈安琪 著

化学工业出版社
·北京·

图书在版编目（CIP）数据

基础教育质量与人力资本积累 / 陈安琪著. --北京：化学工业出版社，2025. 5. -- ISBN 978-7-122-47737-8

Ⅰ. G632.0

中国国家版本馆CIP数据核字第20257SS447号

责任编辑：杨松淼　李　辉　　　装帧设计：宁静静
责任校对：宋　玮

出版发行：化学工业出版社（北京市东城区青年湖南街13号　邮政编码100011）
印　　装：北京科印技术咨询服务有限公司数码印刷分部
710mm×1000mm　1/16　印张14¾　字数150千字　2026年2月北京第1版第1次印刷

购书咨询：010-64518888　　　售后服务：010-64518899
网　　址：http：// www.cip.com.cn
凡购买本书，如有缺损质量问题，本社销售中心负责调换。

定　　价：59.80元

目　录

第二章 理论回顾

第三章　我国基础教育质量的特征事实

第四章　基础教育质量对人力资本积累的影响

第六章 基础教育质量获取不均等的影响因素

第七章 主要结论与政策建议

前　言

百年大计，教育为本。中国经济社会已由高速增长迈入高质量发展阶段，党的二十大报告明确提出“教育、科技、人才是全面建设社会主义现代化国家的基础性、战略性支撑”，并将“教育强国”排在最前列，凸显了教育在助力高质量发展、实现中国式现代化中的全局性定位。党的二十届三中全会再次强调“必须深入实施科教兴国战略、人才强国战略、创新驱动发展战略”“统筹推进教育科技人才体制机制一体改革”。“人才是第一资源”，人力资本是社会经济发展的根本支撑。教育是实现人力资本积累、提升人力资本质量的重要途径，高质量的人力资本需要有质量的教育予以保障，要“在高质量发展中促进共同富裕”，公共教育服务的提质增效和优质教育资源的公平获取显得更为重要。

自党的十八大报告首次提出办好人民满意的教育以来，我国各级政府致力于优化教育资源配置、加快建设高质量教育体系，但教育公平与优质教育资源供给一直是社会各界关注的焦点。2021 年 7 月实施的“双减”政策将公共教育改革推上了风口浪尖。政府试图通过行政手段降低市场对“影子教育”的需求空间，以减少家庭背景对教育机会获得的干扰、保障基础教育阶段学龄儿童的教育公平。但课后补习、校外培训之风兴起的背后实则是学生和家长对基础教育提质增效的迫切需要。党的十九大报告明确指出，新时代中国社会的主要矛盾已经转化为“人民日益增长的美好生活需要和不平衡不充分的发展之间的矛盾”。实现充分均衡的发展是解决新时代主要矛盾的必由之路，而基本公共服务的提质增效则是其中的关键之举。公共教育是基本公共服务的重要组成，经过各级政府多年的努力，中国公共教育在投入和产出方面取得了显著成就。九年义务教育的全面普及叠加大学扩招等重大改革，使得公共教育在数量层面的公平可及得到了实质性改善，人民受教育水平随之显著提升，现代教育体系的建设也在稳步推进。但伴随着社会经济的不断发展、物质生活水平的持续提升，人们对公共教育服务的需求不再囿于供给数量的多少，而是对公共教育质量提出了更高要求。

在所有教育层级中，基础教育作为生命历程早期阶段的教育组成，对人力资本的积累和发展尤为重要，也是各国政府持续重点投入的领域。结合中国基础教育改革实践的演进历程，自 1986 年以来，中国政府持续加大财政性教育经费投入以支持义务教育的全面铺开，不断调整政府间事权责任的划分以实现基础教育的有效供给；继 2000 年如期实现“两基”目标后，2007 年县域义务教育的均衡发展也卓有成效；西部地区“两基”攻坚任务的全面完成，标志着全国所有地区学龄儿童接受九年义务教育的基本权利得到了切实保障。基础教育的供给在数量层面基本满足了人民需要，但如何实现基础教育的提质增效以促进个体能力全面发展、提升人力资本积累质量是目前需要着力解决的问题。已有大量研究证据表明，生命早期阶段有效的学校教育不仅能充分激发个体的认知能力和逻辑思维，还能帮助矫正个体性格缺陷、弥补原生家庭的负面影响。那么，如何在解决了基础教育数量供给充分之后实现基础教育的优质均衡，急需理论研究的支持。

本书的研究正是基于这一现实需要而提出的。围绕基础教育的提质增效，本书将其分解为三个层面的研究问题并尝试分别作出回答：一是如何科学有效地对中国现阶段基础教育质量进行测算？这个问题是刻画中国基础教育现状的基础，是研究基础教育提质增效的前提。通过构建基础教育质量评价体系，对现阶段中国基础教育质量水平及其分布特征作出评价，能够为各级政府进一步优化基础教育资源配置以促进早期教育获得公平提供决策依据。二是基础教育质量在人力资本的积累和发展中作用几何？回答这个问题实际上直接说明了基础教育提质增效的必要性和重要性，将教育质量进行维度分解，不同维度势必会对人力资本积累的不同方面产生差异化影响，为学校层面优化基础教育供给以帮助孩子实现全面发展提供研究依据。从一般意义和改革实践两个层面，构建计量模型评估基础教育质量的人力资本积累效应，有助于为新发展阶段以积累高质量人力资本为目标的基础教育改革提供经验证据。三是分析比较哪些因素会影响优质基础教育资源的获得并导致学龄儿童基础教育质量获取不均等？立足于现阶段中国基础教育质量在不同社会群体间的分布特征，识别出影响微观个体基础教育质量获得不均等的决定性因素，从而站在促进人力资本高质量发展的角度，针对基础教育提质增效提出相应政策建议。

为此，本书在梳理已有经典理论和相关研究的基础上，遵循各级政府发布的基础教育质量相关政策文件的指导思想，在公共服务质量评价框架内，构建出一个基础教育质量综合评价体系，并对现阶段中国基础教育质量水平进行量化研究；继对中国基础教育质量现状进行刻画后，以新人力资本理论作为支撑，从一般意义上细化考察基础教育质量对个体认知能力和非认知能力发展的直接影响，以及基础教育质量在调节家庭背景导致个体能力发展差异中的均衡作用；与此同时，以各级政府在基础教育领域实施的代表性改革作为准自然实验，评估基础教育提质增效改革的人力资本积累效应，并对以提升基础教育质量为目标的改革成效与不足进行总结归纳。最后，探究影响学龄儿童获取有质量基础教育的各项因素，并对各影响因素的相对重要性进行比较分析，识别出影响微观层面基础教育质量获取不均等的关键所在。具体研究如下：

（1）在第一章绪论部分，对本书的科学问题进行了明确阐述，并从理论和现实两个层面凝练出本书研究的意义与目标；结合章节内容的安排以及研究方法的选择，呈现了本书的研究思路和分析框架，并对本书的主要研究内容和各章节的逻辑关系进行了梳理；最后与现有研究进行横向比较，归纳出本书可能存在的创新与不足。

（2）第二章的主要内容是对本书相关的经典理论进行介绍，引用权威、前沿文献资料对本书所关注的三大研究问题进展进行归纳总结。教育质量作为本书一大关键词，对其进行学理研究的前提是对其进行清楚的概念界定，在充分考虑国内外权威组织机构及研究人员的表述后，本章在公共服务质量范畴内，同时考虑教育生产性功能和教育需求方的诉求，对教育质量作出明确界定。考虑到国外对于教育不平等和人力资本的理论研究起步更早且成果颇丰，第二章围绕研究主题，对人力资本理论、文化资本再生产理论、最大化维持不平等理论以及有效维持不平等理论进行了详细介绍和评价。并针对教育质量的测度方式、早期教育对人力资本的影响以及教育质量获取不均等的因素这三个研究模块，进行研究动态的梳理和归纳，为后续研究的开展提供扎实的理论和文献支撑。

（3）第三章重点在于刻画中国基础教育质量的特征事实，并对其分布特征进行比较分析。基于第二章对教育质量的概念界定，公共服务需求方及使用者的感受与评价在公共服务质量评价中的实际作用愈发重要。引入广泛用于公共服务质量评价的 Servqual 模型，利用中国教育追踪调查（China Education Panel Survey，CEPS）2013—2014 年基线数据，构建了一个包含有形性、可靠性、回应性、保证性和移情性五个维度在内的基础教育质量评价体系，将其用于现阶段中国基础教育质量的测算。研究结果表明，“后普九时代”中国基础教育确实存在质量不均等的问题，从宏观分布来看，中国基础教育在地区和学校层面均存在着显著的质量差距；在五个质量维度中，亟待解决的质量短板在于保证性不足，相较之下，移情性方面则表现较好。

（4）第四章结合新人力资本的理论主张，有效的早期教育干预是人力资本积累的基础，因此基础教育的提质增效极为重要。为了验证这一推断，本章分别从一般意义和改革实践两个层面探究了基础教育质量对人力资本积累的影响。具体来说，第四章基于传统教育生产函数的研究框架，通过建立计量模型和结构方程模型，探究了基础教育质量及各质量维度对人力资本积累的具体影响。研究发现，在控制了家庭背景因素及个体特征差异后，基础教育质量的提升显著积极作用于学龄儿童认知能力和非认知能力的发展；与个体特征和家庭经济资本、文化资本相比，基础教育质量的差异能够在较大程度上解释学龄儿童在认知能力以及非认知能力的责任感、宜人性、神经质性等方面表现的差距；各个质量维度对人力资本积累的具体影响也有所不同；基础教育的提质增效除了能够产生直接的人力资本积累效应外，还能有效调节家庭背景差异引致的个体能力发展不均等。

（5）本书第五章则从中国政府为实现基础教育优质均衡而实施的改革举措出发，从改革实践层面考察了基础教育提质增效的人力资本积累效应。本章聚焦于农村中小学的“撤点并校”改革，作为中国政府在基础教育领域实行的代表性改革，自2001年起在中国农村地区实行的“撤点并校”以优化农村基础教育供给、提升农村基础教育质量为目标，对农村人力资本发展产生了深远影响。第五章利用“撤点并校”改革力度的地区差异和农村人口出生队列归属的群组差异构造双重差分模型，评估了改革对农村人力资本积累的影响。研究发现，改革显著提升了受改革影响农村人口的认知能力以及非认知能力的开放性表现，但并不利于其外向性的发展；进一步结合农村个体成年后的表现来看，受改革影响的农村人口能够获得更高的学历成就以及与其学历更为匹配的工作岗位，并且在日常生活中具备更强的自主学习意识、坚持阅读的良好习惯，但在人际交往中却稍显力不从心。这一研究发现为基础教育改革实践的效应评价提供了较为全面的经验证据。

（6）第六章则关注影响优质基础教育获得的各类因素，致力于从不同维度识别并比较各类因素在导致学龄儿童基础教育质量不均等中的贡献程度，为甄别政策干预促进基础教育优质均衡的重难点提供实证依据。本书利用家庭层面的微观数据研究发现，现阶段中国基础教育质量在家庭层面的分布呈现出与社会阶层一致的分层现象，优质基础教育往往更多被拥有家庭资源优势的学龄儿童获得。家庭生育决策、父母文化程度等成为了影响学龄儿童是否能够获取优质基础教育的决定性因素；由于家中子女数量会影响家庭资源的分配，学龄儿童在家中是否有同辈竞争者能够最大程度解释其获得基础教育质量的差异；相比于父亲持有高等教育文凭，母亲学历达到高中对孩子获得优质基础教育的影响更为重要。

在本书看来，基础教育的提质增效并不意味着要求每一所学校都达到“重点学校”或“示范学校”的办学标准，而是要为能力差异化的学龄儿童提供其所需要的以及适配的基础教育服务。通过建立以基础教育需求者为中心，同时考虑基础教育客观供给的综合性质量评价体系，本书认为现阶段中国基础教育提质增效的关键在于提高基础教育的保证性，以及加强对学生个体非认知能力的关注与培养。基础教育的提质增效并不意味着要完全消除现实中基础教育资源的分布差异，实现优质基础教育获得的绝对公平，这是不现实的，而是通过对政府的政策干预，调整和优化现有基础教育体系，以实现个体能力的全面发展，进而促进高质量人力资本的积累。这才是基础教育提质增效的最终目的。针对以上几个问题，本书为中国基础教育体制机制改革提出以下几点政策建议。

第一，参照公共服务质量评价的方法，秉承《义务教育质量评价指南》等文件的指导思想，构建一个以学生和家长为核心的全国基础教育质量评价体系，用于定期基础教育质量的追踪评价，助力基础教育实现供给充分向优质均衡的转变。第二，各级政府继续加大基础教育的财政经费投入，争取早日全面消除以各种形式存在的“重点学校”，通过转移支付或财政补贴等方式帮助提高落后或欠发达地区学校的办学条件，以及普通中小学的教育质量，推进教育质量在地区层面和校级层面的均衡。第三，中央政府和地方政府应通力配合，加强基础教育阶段教学体系的规范化建设，加大对教师教学工作的专业培训和定期考核，保证课堂内的知识按时按量传授到位。第四，各地中小学应加大对学龄儿童非认知能力的关注和培养，追踪每一个孩子的认知能力和非认知能力发展情况并加以诊断，为其综合发展提供针对性的正规指导，通过学校教育实现个体综合素质的全面发展、助力微观层面人力资本积累。第五，国家应继续深化收入分配制度改革，缩小家庭经济条件差距，结合国家生育政策，为多子家庭提供一定的基础教育补助，保障个体基础教育质量的获得公平和人力资本的发展公平。

第一章　绪论

第一节　问题的提出

2021 年 7 月，中共中央办公厅、国务院办公厅印发《关于进一步减轻义务教育阶段学生作业负担和校外培训负担的意见》引起广泛的社会反响。“双减”政策在全国各地如火如荼开展，政府试图通过行政手段降低社会对由市场机制提供的校外教育服务的需求空间，以增进学龄儿童对基础教育的获得公平。课后补习、校外培训等“影子教育”的兴起实则反映了学生和家长对更高质量基础教育的渴望。要真正落实为学龄儿童和家长减负的同时保证孩子能够公平地享有优质的基础教育资源、改进基础教育供给以满足学生和家长的差异化教育需求，基础教育的提质增效迫在眉睫、刻不容缓。

党的十九大报告明确指出，中国社会的主要矛盾已经转化为“人民日益增长的美好生活需要和不平衡不充分的发展之间的矛盾”。要对这个新时代下的主要矛盾进行合理有效的解决，唯有实现经济社会更加充分均衡的发展。在中国政府主导型治理模式下，如何才能实现充分且均衡的发展？结合中国以及发达国家的发展经验来看，基本公共服务的提质增效是关键。基本公共服务的供给不仅是政府的主要职责，也是政府治理能力的集中体现，更是国家政权稳定、社会发展的基本保障。通过各级政府长期通力合作和谋求发展，中国基本公共服务在投入和产出方面取得了显著成就，基本公共服务在数量层面的不充分不平衡问题得到了较大改善。如今，人们对基本公共服务的需求不再囿于供给数量的多少，而是对基本公共服务质量提出了更高要求。“加快补齐基本公共服务短板”“努力提升公共服务质量和水平”也是“十四五”时期中国经济社会发展的一大目标。

公共服务质量层面的不充分不平衡不仅会影响人口跨区域流动，还会加剧区域间收入不平等，进而影响到社会经济发展。公共服务对人力资本的影响研究最早可追溯到美国经济学家查尔斯·蒂布特（Charles Tiebout）在第一代财政分权理论框架内提出的“用脚投票”理论，即居民可以通过在区域间的流动与迁移行为表达其对地区公共服务的偏好。不少学者遵循这个理论，利用地方公共服务支出作为地区公共服务供给的代理变量，研究发现更多的地方公共服务支出意味着更优质的公共服务供给，能够吸引更多居民流入并定居（何炜，2020）。也有学者利用公共服务的数量规模衡量公共服务质量水平，如夏怡然和陆铭（2015）以中小学教师数以及床位数、医生数、医院数分别代表基础教育和医疗服务质量，将城市层面的公共服务质量与中国人口抽样调查的微观数据进行匹配，检验两项公共服务质量在劳动力流动中的作用，发现劳动力更趋于向平均公共服务质量更高的城市聚集；赵如婧和周皓（2021）则以基本医疗服务、社会保障和住房保障这三类流动人口理应享有的城镇基本公共服务构造核心解释变量，基于2010—2017年全国流动人口动态监测调查数据的研究结果表明，流动人口对于城镇基本公共服务的获得会提升其居留意愿。但不同类别的公共服务对跨区域人口流动的影响有所差异，具体地，高技能人才更加看重定居城市提供的教育服务，提供配套子女教育保障成为各地吸引人才流入的有效政策举措。

中国已迈入高质量发展阶段，经济社会的高质量发展离不开人力资本这一重要动力源。新经济增长理论强调，人力资本的积累和发展是一个国家或地区经济持续增长的关键（Romer，1990），也是导致区域间经济发展不平衡的重要来源。高质量的人力资本需要有质量的基本公共服务予以保障，特别是有质量的教育服务。教育作为基本公共服务的重要组成，直接影响了个体能力的发展，进而影响到人力资本的质量。以教育质量作为切入点，探究公共服务质量对人力资本积累的影响能够最直观地呈现公共服务质量的研究价值。最早关注教育质量对个体影响的文献当属摩根（Morgan）和西拉吉尔丁（Sirageldin）于1968年进行的研究，该项研究考察了一项特定教育服务质量变化所引致的个体劳动报酬变化。相较于教育资源的数量，教育资源的质量对地区劳动生产率的影响显著增强，并且还会进一步放大教育资源数量对劳动生产率的影响程度。国内学者张海峰等（2010）也对此问题进行了探讨，通过以各省教师平均受教育年限和平均师生比分别作为教育数量和教育质量的代理变量，研究结果同样证实教育质量对劳动生产率的促进效应更为明显。柳光强等（2013）在明瑟收入方程中加入教育服务质量，利用中国2000—2008年省级面板数据，从全国和地区层面全面考察教育服务的数量和质量对农村居民收入的影响，研究发现二者均会对农村居民收入产生显著影响，其中，教育服务质量的居民收入效应在不同地区、不同群组间存在显著的异质性，且影响机制也存在显著差异，研究提出农村教育服务应从"注重数量"向"注重质量"转型。教育质量除了会影响微观个体的劳动收入，还会对宏观经济增长产生影响。罗来军等（2009）由此出发，论证了教育质量对经济增长影响的内生路径，指出教育质量的提升有助于实现经济的长期增长。要"在高质量发展中促进共同富裕"，公共教育服务的提质增效和优质教育服务的公平获取尤为重要。

进入21世纪以来，教育质量不平等问题逐渐成为中央政府的关注重点，并在各大施政文本中不断被提及。党的十八大报告明确要"着力提高教育质量"；党的十九大报告提出"努力让每个孩子都能享有公平而有质量的教育"；党的二十大报告则强调"坚持以人民为中心发展教育，加快建设高质量教育体系"。在个体所接受的各教育层次中，基础教育具有举足轻重的地位。伴随人力资本相关理论和研究不断发展完善，新人力资本理论对早期教育重要性的主张得到越来越多证实和肯定，早期教育干预在个体能力形成和人力资本积累中具有不可替代的重要作用（Currie，2001；Cunha，Heckman，2007），并且，生命历程早期阶段的教育投资回报率也会远高于后期教育的投资回报率（Currie，2001；Cunha，Heckman，2010）。根据联合国教育、科学及文化组织（United Nations Educational Scientific and Cultural Organization，UNESCO）的统计数据，世界范围内大多数国家已立法实施了义务教育，尽管各国对义务教育年限的规定有所不同，但大都覆盖了小学和初中阶段的教育，以小学教育和初中教育为主的基础教育往往也被称为义务教育。国家投入财政资金以支持基础教育发展，能够在供给端较好保障个体对基础教育机会的获得公平。由于高中教育在中国尚未普及，所以中国的基础教育实际上是包含中小学阶段的义务教育（孙萌，台航，2018）。自新中国成立以来，基础教育的发展经历了初步探索与奠基阶段（1949—1965）、动荡与停滞阶段（1966—1976）、恢复与改革阶段（1977—20 世纪末）、快速发展与全面普及阶段（2000—2010）以及高质量发展与教育现代化阶段（2010 年至今）。基础教育改革的重点也由扩张规模、推广覆盖转变为当下的提质增效、优化均衡。现存的基础教育质量不均等问题主要源于两个方面，一是 20 世纪 50 年代为快速实现国家工业化和经济发展而设立的重点学校制度影响一直遗留至今，二是城乡间教育资源分布不均。虽然 2006 年通过的新《中华人民共和国义务教育法》明令取缔了重点学校制度，但原本位列重点学校名单的少数中小学仍是公认优质教育资源的代表，这些学校与非重点学校的质量差距不仅没有消失，甚至有所拉大（吴愈晓，黄超，2016）。

早在 2006 年 9 月教育部和财政部联合发文，明确要求“对义务教育实施质量情况进行督导”，但质量的监测范围仅限于初中阶段适龄个体入学情况和学业完成情况，以及农村基础教育阶段师资队伍的编制管理。尽管义务教育实施水平监测工作早在 2001 年就已被提上日程，但直到 2007 年 10 月，基础教育质量监测才正式在陕西、湖北、浙江三省展开试点工作。同年 12 月，教育部宣布正式成立基础教育质量监测中心，目的在于全方位监测基础教育阶段学生的学业表现、学习体验、心理健康成长等，并对影响其能力发展的各项因素予以追踪。随后，各省纷纷响应中央号召，积极组织开展基础教育质量监测和评价工作，但这一时期的质量监测仍是以推行素质教育为导向，针对中、小学生各学科成绩以及身心健康水平设立相关指标，未充分考虑学生和家长对教育服务质量的看法和评价。2010 年 7 月发布的《国家中长期教育改革和发展规划纲要（2010—2020 年）》进一步强调全面提高教育质量是教育改革的核心，对如何提高义务教育质量做出了全面战略部署，在对在校生人数和义务教育巩固率提出阶段性目标要求的同时，倡议多方参与到教育质量评价工作中，作为基础教育需求方的学生和家长在基础教育服务质量评价中的主体地位首次得以明确。2012 年 7 月教育部开展县一级义务教育均衡发展满意度调查，该项调查的对象以学生和家长为主，同时加入人大政协、校方代表等，调查内容主要包括基础教育的办学条件、师资队伍、择校情况以及政府努力程度等。伴随 2015 年国家义务教育质量监测制度的正式建立，之后两年内教育部基础教育质量监测中心针对全国 31 个省（自治区、直辖市）和新疆生产建设兵团的 973 个县（市、区）组织实施了第一批国家义务教育质量监测，调研对象涉及 57 万余名四年级和八年级学生以及中小学校长和教师，并于 2018 年 7 月公布了首份《中国义务教育质量监测报告》。

除了在微观层面征集各方对基础教育质量的意见，国家也对县一级基础教育服务发展的情况进行了宏观监测。在 2013 年义务教育均衡发展督导评估制度的基础上，教育部于 2017 年 9 月正式建立了县一级义务教育优质均衡发展督导评估制度。2017 年 4 月，教育部制定并发布了县级基础教育发展的主要考核指标，其中涉及教育服务质量评定的 9 项指标，涵盖了县域义务教育普及水平、学校管理规范化和信息化程度、学生学业安排以及综合能力培养等内容。同年 9 月中共中央办公厅、国务院办公厅印发《关于深化教育体制机制改革的意见》，对“完善义务教育均衡优质发展”进行了较为详实的解读，再次强调有质量的、均衡的基础教育始终要从促进学生个体发展的角度出发，保证教学质量、合理安排作业、充实课后活动、规范建校标准、统筹师资安排、消除大班额计划，并构建起多方参与的教育质量监测评估体系。2019 年政府工作报告中明确提出“发展更加公平更有质量的教育”，要在保障教育公平的同时提升教育服务的质量，并在同年 6 月发布的《关于深化教育教学改革　全面提高义务教育质量的意见》中要求分别建立健全国家、县域、学校和学生四个层面的义务教育质量评价体系，其中学校层面的质量评价围绕学校的办学理念、师资建设、课业负担以及社会满意度等方面展开，而学生层面的质量评价则突出学生个体的学业表现、思想品德及身心健康等。2021 年 3 月，教育部等六部门印发《义务教育质量评价指南》，该文件主要从县级政府部门、基础教育学校以及学生个体三个层面出发，构建了一个较为完整的、可参考的指标体系，用于基础教育质量评价，也为本研究的开展提供了政策依据。

“推进基本公共教育均等化”是“十四五”时期我国的工作重点之一。尽管通过实行多项教育扶贫工程，地区间义务教育办学水平差距已显著缩小、落后地区学龄儿童入学率也已得到明显提升，但由于教育普及在质量层面的不足，个体在获取更高层级教育方面仍存在一定困难，在专业技能表现方面也不尽人意（赵颖等，2021）。根据《2019 年全国义务教育均衡发展督导评估工作报告》，全国范围内已有超过 70% 的省份基本实现了县级层面基础教育的均衡发展，就县一级的表现来看，通过国家基本均衡认定的县占比已达 95.32%。虽然与四年前同期有近三分之二的县尚未经过认定相比，短短几年内我国县域义务教育的均衡发展取得了长足进步，但仍存在部分地区校级层面基础教育质量差距显著、公众对基础教育服务满意度不高等问题。目前学界关于基础教育的研究本质上探讨的是基础教育在供给数量层面的改革实践对社会经济发展的影响，并未涉及对基础教育质量层面的直接探讨。实际上，基础教育质量属于公共服务质量的研究范畴，公共服务质量这个话题受到国内外关注的时间并不算长。为解决部分国家和地区出现的政府信任危机，国际组织呼吁各国政府在公共服务领域深化改革以提高基本公共服务的有效性和回应性。但是单从供给端对公共服务质量进行测算，而不考虑公共服务需求方和使用者的评价，这样得出的公共服务质量有失偏颇。由此出发，经济合作与发展组织（Organization for Economic Co-operation and Development，英文简称 OECD，以下简称“经合组织的成员国”在 21 世纪初就通过大规模民意调查的方式掌握民众对公共服务质量的感知和评价。因此，本书在已有研究的基础上，围绕基础教育提质增效为何如此重要这一核心问题，从四个方面展开深入研究和探讨：第一，站在公共服务需求方和使用者的视角，如何对现阶段我国基础教育质量作出合理评价；第二，在新人力资本理论框架内，基础教育质量对微观层面人力资本积累究竟产生多大影响，对基础教育质量在个体能力发展中的直接作用以及在调节家庭背景差异的个体能力发展不均等效应中的均衡作用进行量化分析；第三，作为以实现基础教育提质增效为目标的代表性改革实践，我国“撤点并校”对受改革影响个体的认知能力和非认知能力有着怎样差异化的影响，长期来看，改革的人力资本积累效应如何显现；第四，准确识别出影响个体获得有质量基础教育的关键因素，为实现微观层面基础教育质量的获得公平找到政策良方。

第二节　研究意义与研究目标

（一）理论层面

1. 构建基础教育质量评价体系和测度方法

绝大部分已有关于教育质量的研究采用的是教育投入或产出层面的代理指标，使用宏观数据进行全国或区域范围的测算，便于进行趋势分析和横向比较，但难以对教育质量的具体维度进行细化研究，也难以识别各教育阶段存在的薄弱问题和教育提质增效的症结所在。也有学者将服务质量测度模型的研究方式用于评价教育质量，但也仅限于小范围内的研究和比较，并未将该理论和模型用于全国范围教育质量的评价。本书在第二章将服务质量评价模型用于全国层面基础教育质量的研究，提出了包含供需双方在内的基础教育质量评价体系和测算方法，既充分考虑了国家对基础教育质量的评价导向，又结合了学生和家长对基础教育的实际需要。该部分内容是对现有关于教育质量评价及其均等化研究的有益补充，也为研究其他公共服务质量提供了参考范式。

2. 量化基础教育质量的人力资本积累效应

基于对基础教育质量的刻画测算，本书将基础教育质量的细分维度与个体不同能力的发展联系起来，从而能够站在提升人力资本质量的角度围绕基础教育各个质量维度进行针对性调整和改进。本书第三章在新人力资本的理论框架内，利用微观数据考察了基础教育的各质量维度对个体认知能力和非认知能力发展的差异化影响，发现不同质量维度在个体各项能力发展中的作用大小也有所不同。而这一系列研究发现在以往的相关文献中是少有的，这部分内容不仅量化了基础教育提质增效对个体能力发展的直接促进作用，还探讨了基础教育提质增效在调节家庭差异导致的个体能力发展不均等中的重要作用，丰富了人们对基础教育的人力资本积累效应的理解和认知。

3. 识别优质基础教育机会不均的形成机制

以往大家对教育不平等的关注主要集中在教育机会或教育获得的不均等。尽管也有少部分研究聚焦于优质教育资源分布的不均等，但其对优质教育资源的界定较为宽泛，判断依据无非是学校的类别（是否属于重点学校），或者学校周边学区房的定价。虽然这种评判标准能在一定程度反映教育资源的优劣，但教育质量始终是一个“黑匣子”，无法对教育质量不均等的具体表现进行量化分析。本书第五章在刻画基础教育质量及各维度均等化水平的基础上，对导致学龄儿童优质基础教育获取不均等的成因进行了深入分析，识别出优质基础教育质量机会不均等的形成机制，从而为保障学龄儿童能够公平获取有质量的基础教育服务提出了相应政策建议，为“后普九时代”推进基础教育优质均衡提供了重要参考。

（二）现实层面

1. 为教育服务提质增效提供依据

国家进行一系列教育资源配置改革，目的就在于实现公共教育服务的提质增效。但要客观合理评价相关政策和改革的效果，首先要构建行之有效的量化指标体系，对教育的“质”和“效”进行有效测度。教育的提质增效既包含了师资力量的加强、教学设备的更新，也包含了校园友好氛围的构建、家长及学生享有满足其需要的教育服务保障等。因此，本书第二章在服务质量评价框架内提出的教育服务质量评价体系，较为全面地反映了教育质量的各个方面，同时考虑了教育服务供给方的投入和需求方的诉求，能够为政府及各部门在新一轮的教育资源配置调整中提供科学依据。

2. 为提升人力资本质量找到方向

人力资本是推动社会经济高质量发展的动力源，实现中国式现代化离不开人力资本的积累和发展。学校教育作为个体学习技能、培养习性的重要途径，在人力资本积累和发展过程中至关重要。结合我国现有户籍制度和人口流动的实际来看，教育服务的质量而非数量与人力资本的关系更为紧密，这也解释了为什么中国父母倾其所有只为不让自己的子女输在起跑线上。教育服务的不同质量维度影响了个体不同能力的发展，本书第三章和第四章关于基础教育质量对个体能力发展影响的探讨，为提升微观层面人力资本质量找到了方向。

3. 为改善教育不均等提供新视角

教育获得的公平和均等既包含数量层面的公平均等，也包含质量层面的公平均等。导致教育不均等的影响因素众多，政府为解决不同因素导致的不均等也需要安排兼具差异化和针对性的政策举措。本书第五章通过研究识别出影响学龄儿童优质基础教育机会不均等的各类因素，可以有的放矢地从个体层面、家庭层面乃至地区发展层面提出解决方案，围绕教育质量不均等的具体表现对症下药，为改善微观层面教育服务质量获取不均等、实现人力资本的高质量积累与发展提供新的研究视角。

第三节 研究思路与分析框架

（一）研究思路

本书遵循“提出问题—分析问题—解决问题”的研究思路，围绕“基础教育服务为何要提质增效以及如何提质增效”展开。研究的直接目的在于构建一个将基础教育服务供给方的投入和需求方的诉求包含在内的基础教育质量评价体系，为基础教育提质增效以实现人力资本的高质量发展提供理论支持。为实现这一目标，具体而言，为了科学有效地测度我国基础教育质量、估计其对个体能力发展的作用，并对为什么现阶段基础教育的提质增效尤为重要作出合理解释，在理论分析的基础上，本书使用包括调查研究法、关键事件研究法、计量分析法、比较研究法等在内的多个方法，并确保每个方法的选择符合研究问题的需要和研究开展的可行性。现将本书所用到的研究方法作出如下说明：

第一，基于调查研究法确定基础教育质量的测算方法。本书第三章评价基础教育质量的基础是学校教育供给的客观情况以及基础教育需求方和使用者（即学生和家长）的感知与评价，需要有相关的调查数据支撑。考虑到学生和家长对学校教育的质量感知涉及差异化的个人偏好和情感因素，调查问卷的内容既要充分考虑基础教育质量的方方面面，又要保证基础教育的需求方和使用者能够对每一项问卷内容作出有效回答。通过搜寻和比较现有关于基础教育的微观调查数据发现，中国教育追踪调查符合本书的研究需要。整合该数据库对全国七年级、九年级学生和家长的抽样调查数据，能够掌握以受访群体为代表的基础教育使用者对所接受的基础教育服务的详细评价。再结合公共服务质量评价模型的研究框架，本书第三章从有形性、可靠性、保证性、回应性和移情性五个维度出发，构建出基础教育质量综合评价体系。

第二，利用计量分析法与关键事件分析法评估基础教育质量对人力资本积累的提升效应。本书第四章在量化分析基础教育质量对个体认知能力和非认知能力发展的影响时，运用了最小二乘估计。这种通用的计量方法能够在一般意义上对基础教育质量的人力资本提升效应作出评价，量化分析基础教育质量及各质量维度在个体认知能力和非认知能力发展中的作用大小。在此基础上，本书利用关键事件分析法对基础教育提质增效的影响进行拓展性分析。关键事件分析法的重点在于选择与研究问题直接相关的重要事件，通过对事件进行因果分析以对研究问题作出回答，并从中发现有别于一般研究的有价值的信息。本书第五章在分析基础教育质量对人力资本积累的提升效应中，充分运用了这一方法，选取自2001年起在我国农村地区实行的“撤点并校”改革这一关键事件，考察基础教育提质增效改革对农村个体能力发展的差异化影响。

第三，利用比较分析法与计量分析法分析识别导致学龄儿童基础教育质量获取不均等的影响因素。为了比较不同因素在影响学龄儿童获取有质量基础教育服务中的作用大小，本书第六章参照已有研究的归类方法，在个体特征、家庭背景及区域环境这三大类影响因素下，进一步细分具体影响因素；接着借助计量分析工具对各影响因素是否在基础教育质量获取不均等中起到关键作用作出基本判断；再结合夏普利值分解法和优势分析法等，对各类影响因素在基础教育质量获取不均等中的贡献程度进行大小比较，找出影响学龄儿童获取优质基础教育机会不均等的决定性因素。

（二）分析框架

框架见图1.1。

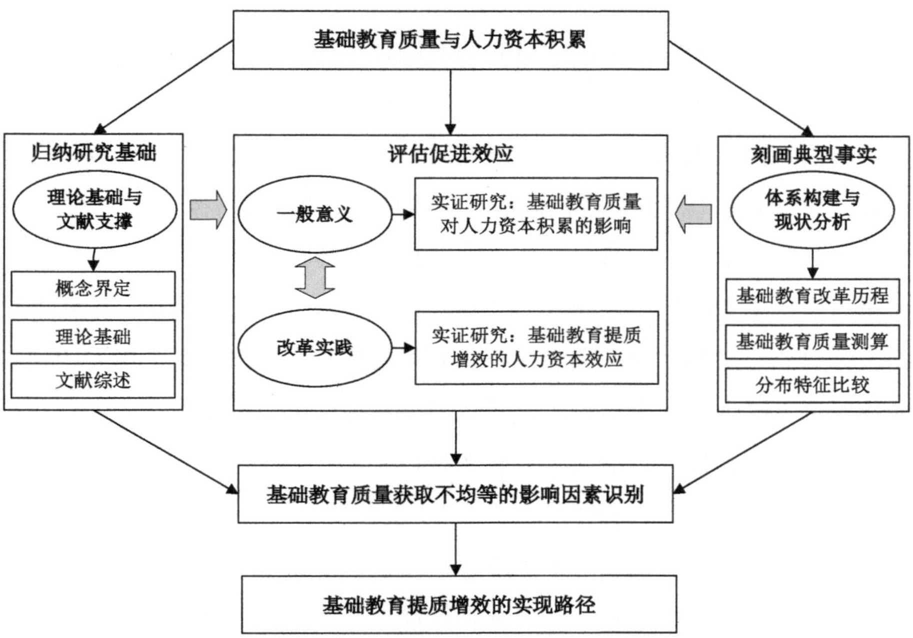

图1.1 研究框架图

（三）研究数据

本书使用了很多数据，为保证阅读观感，并未处处标注来源。现将主体研究部分用到的宏观和微观数据进行分类，并在此统一说明。

第一，本书第三、第四和第六章研究内容涉及的基础教育阶段校方数据和学龄儿童相关数据源于中国教育追踪调查（CEPS）2013—2014 年基年调查数据和 2014—2015 年追访数据。

第二，本书第五章农村人口层面相关的微观数据源于 2018 年中国家庭追踪调查（CFPS）数据，“撤点并校”改革以及地区发展相关的宏观层面数据取自各年《中国统计年鉴》、《中国教育统计年鉴》和《中国区域经济统计年鉴》。

第四节　研究内容与章节概述

本书围绕三个相互关联的研究问题展开，即基础教育质量的测算、基础教育质量对人力资本积累的提升效应以及导致个体基础教育质量获取不均等的影响因素识别。根据以上研究问题之间的逻辑关系，本书具体研究内容分为以下七个部分，现根据章节安排对研究内容进行概述：

第一章，绪论。这部分内容的重点在于，结合国家政策文件和社会热点事件引出本书的研究主题——基础教育提质增效，从理论和实践两个层面介绍研究意义与目标；围绕核心研究问题和研究思路，对本书采用到的各项研究方法逐一进行介绍；遵循对关键问题的解析，梳理研究内容并对各章节安排进行概述；最后，对照现有相关研究，概括本书的研究价值和创新之处，以及可能存在的不足。

第二章，理论回顾与文献综述。首先，在公共服务质量框架内界定教育质量的内涵外延；接着，介绍基础教育不平等的经典理论，主要包括人力资本理论、文化资本再生产理论、最大化维持不平等理论和有效维持不平等理论；对国内外关于教育质量测度、早期教育影响人力资本积累的相关研究进行梳理，综合归纳经济学、社会学、教育学和心理学等多学科的研究成果，把握最新相关研究动态并指出现有文献存在的空白和不足，为本研究的开展提供理论依据和可行空间。

第三章，中国基础教育质量的特征事实。本章基于公共服务质量的讨论和评价研究，利用改进后的Servqual模型构建了微观层面的基础教育质量评价体系。结合微观数据库中对学生、家长以及学校三方的调查信息，根据学校实际提供的基础教育以及从作为教育服务需求方的学生和家长对所获得教育服务的期望和感知之间的差距出发，对中国基础教育质量（初中阶段）进行测算并对全国范围内基础教育质量均等化程度作出评价，根据各具体质量维度的表现识别出当前中国基础教育提质增效的重点和难点。

第四章，基础教育质量与人力资本积累的一般性分析。基础教育资源配置调整的最终目标是实现人力资本的积累和发展，因此要想真正实现基础教育的提质增效，就必须清楚基础教育在促进人力资本积累中的作用大小。本章在前一章研究的基础上，利用基础教育阶段学龄儿童的微观调查数据，结合新人力资本内容的界定，构建教育生产函数，运用回归分析和结构方程模型，实证分析基础教育在个体认知能力和非认知能力发展中的影响。

第五章，从改革实践的视角，研究基础教育提质增效的人力资本积累效应。自2001年开始推行的“撤点并校”改革是我国农村地区基础教育资源布局的重大调整，改革目标是整合现有教育资源、提高农村基础教育质量。然而从理论上而言，改革对人力资本的影响是复杂的，教育质量的提升有助于个体获得更高的学业成就等，而教育资源可及性的下降、低龄寄宿等问题的存在则会对受影响学龄儿童的性格培养造成负面冲击。本章以“撤点并校”作为我国基础教育提质增效的一个准自然实验，利用改革力度在省级层面的差异以农村个体出生队列信息构造双重差分模型，识别出“撤点并校”对人力资本积累的影响，即研究相比于未受到改革冲击或受影响较小的群体，受到改革影响或受改革影响较大的农村个体在能力发展方面表现的差异，以及在未来劳动力市场表现的差异。

第六章，导致个体基础教育质量获取不均等的影响因素探析。要想通过基础教育提质增效改革促进人力资本积累，就必须找到影响学龄儿童获取有质量基础教育的关键因素。基于第三章测算得到的我国基础教育质量数据，结合教育机会不平等度量模型，利用微观层面数据探讨个体特征、家庭背景以及地区发展差异对学龄儿童获取有质量基础教育的影响。进一步利用夏普利值分解法和优势分析法等比较分析了各影响因素在基础教育质量机会不均等中的解释力度。

第七章，研究结论、政策建议与研究展望。本章对全书研究的主要发现和结论进行了总结，针对当前阶段我国基础教育提质增效的重难点提出了政策建议，并从促进人力资本积累和发展的角度出发，为“后普九时代”我国基础教育提质增效改革提供了方向。最后，针对本书的研究发现和研究不足对未来研究做出展望。

第五节 可能的创新与不足

（一）创新之处

与已有研究相比，本书可能存在以下创新之处：

首先，基于公共服务的供给和需求两个维度，提出了基础教育质量评价体系。以往研究大都是从教育资源的投入规模或产出指标出发，对教育质量做出衡量，但教育投入的增加并不等同于教育质量的提升，教育成就的提升也并不一定全面反映出教育质量的改进。本书打破了既有研究大都以教育投入或教育成就作为教育质量代理指标的做法，将教育客观供给水平和教育需求方对所获得教育服务的感知和评价纳入统一分析框架，为基础教育质量评价提供了研究范式。

其次，拓展了公共服务质量评价模型——Servqual 模型在教育质量评价中的应用范围。将 Servqual 模型或相关改进模型用于评价教育服务质量的相关研究并不少见，但几乎所有文献的研究内容都是利用改进的 Servqual 模型对特定学校或专业的高等教育质量进行评价，鲜有针对某一国家或地区基础教育质量的相关研究。本书正是在全国范围的基础教育质量评价中引入 Servqual 模型的研究框架和思路，由此测算得到的基础教育质量不仅能够更加客观、全面反映现阶段我国基础教育质量的实际情况，还能通过比较各质量维度的表现差异找到当前基础教育的薄弱环节。

接着，本书在度量人力资本积累水平时沿用了新人力资本理论的研究思路，同时考察了个体认知能力和非认知能力的表现。近年来，越来越多前沿研究开始关注非认知能力，或者说社会情感技能对个人发展的重要性。目前国内研究对个体认知能力和非认知能力发展的探讨还在起步阶段，本书的这部分内容能进行有益补充。不仅如此，本书还比较分析了基础教育质量及各质量维度对个体认知能力和非认知能力发展的影响，为基础教育提质增效的必要性和迫切性提供了充分证据。

在研究农村基础教育提质增效改革对人力资本积累的影响时，本书不仅考察了改革对个体认知能力和非认知能力的影响，还结合个体成年以后在劳动力市场和日常生活习惯的表现，探究这一以农村基础教育提质增效为目标的重大改革对农村人力资本积累的长期影响，为理解相关改革实践的长期效应提供了新的视角。

最后，本书在回答了基础教育提质增效的重要性后追根溯源，识别导致个体层面基础教育质量获取不均等的关键所在。从个体特征、家庭背景、地区发展等方面探究了影响学龄儿童优质基础教育获取不均等的因素，综合利用多种实证研究方法，进一步分析比较各影响因素在解释微观层面基础教育质量获取不均等中的相对重要性。本书也首次将结构方程模型用于教育财政学领域的研究，量化考察了基础教育质量在调节家庭背景差异导致微观人力资本发展不均等中所起到的“均衡器”作用。

（二）存在的不足

本书立足于公共服务质量的研究范畴，以基础教育作为研究对象，利用基础教育供需双方的微观数据测量了现阶段我国基础教育质量水平以及其均等化程度。通过细化基础教育质量的各具体维度，探究了基础教育质量对人力资本积累的影响，以及影响个体基础教育质量获取不均等的因素，得到了很多具有启发性的研究结论。但受限于作者主观能力和客观条件，本书存在以下不足，有待进一步深入探讨：

首先，本书所采用的研究数据均取自现有的宏微观数据库，尽管使用的微观数据是全国性调查数据，但调查范围也只是全国范围的大型抽样，并未将每个地区、每所学校都纳入采集范围，这不可避免会给本书的研究结果造成一定影响。第三章所构建的基础教育质量评价体系主要依托于教育服务需求方和使用者，即学生和家长，通过微观个体对基础教育的感知和评价对宏观层面的基础教育质量作出衡量，这也决定了后文实证部分对基础教育质量的人力资本积累效应研究也要落脚到微观层面。由于客观条件的限制，我们难以就研究课题开展全国层面的调查和追访，本书对我国基础教育质量的测算是基于已有最为详尽的调查数据得到的，如果能进一步获得全国九年义务制教育阶段的学生和家长的一手调查数据，将会使本书的研究更加深入和细致。

其次，本书第四章研究基础教育质量的人力资本效应时，考虑到基础教育质量对学龄儿童能力发展的影响需要一定周期显现，故将滞后一期的基础教育质量代入计量模型，研究其对当期学龄儿童认知和非认知表现的影响。受限于所使用的微观数据调查年份较短，我们无法利用面板数据对这部分内容进行更加充分的研究，虽然利用结构方程模型展开进一步论证，以尽可能弥补数据存在的缺陷，力图得出准确可靠的结果，但连续追踪的学龄儿童数据能够帮助我们更加精准识别基础教育质量在促进人力资本积累中的作用。

再者，人力资本积累和个体能力发展水平的影响因素众多，本书未能悉数考虑。已有不少研究考察了父母参与或父母养育方式对个体认知能力和非认知能力的影响，但考虑到父母参与和养育方式均与家庭经济资本、文化资本等家庭背景因素息息相关，且本书的研究重点在于探究基础教育质量在人力资本积累中的作用，而家庭背景同时影响了个体接受的基础教育质量水平以及个体认知和非认知表现，故本书对此加以研究。此外，近期有研究表明个体认知能力和非认知能力之间也存在着相互作用，其中机制较为复杂，本书也未深究。对其他影响个体能力发展的因素进行更深入探讨也超出了本书的研究范围，但在未来的延伸研究中可进行进一步的思考。

第二章　理论回顾

本章首先从学理层面对教育质量的内涵外延进行了界定，明确了本书的研究主题。接着，阐释现有关于基础教育不平等的经典理论，为后续章节内容的推进提供理论支撑。然后，梳理现有关于教育质量和人力资本的研究，围绕教育质量的测度以及早期教育对人力资本的影响两个方面展开，前者为第三章基础教育质量评价体系的构建提供了思路参考，后者则为研究基础教育提质增效的人力资本积累效应提供了文献依据。在此基础上，总结归纳已有研究存在的空白与缺陷，阐述本书研究的可行性与必要性。本章的结构安排如下：第一节在公共服务质量范畴内界定教育质量的概念；第二节阐述了基础教育不平等的理论基础；第三节介绍了教育质量测度的相关文献，具体包括教育质量的测度思路和具体指标，以及 Servqual 模型在教育质量评价中的应用；第四节梳理了早期教育对人力资本的影响研究；第五节归纳了教育质量获取不均等的因素研究；最后为本章小结。

第一节　概念界定

教育本身隶属于公共服务范畴，应该在公共服务质量的研究框架内对教育质量进行界定。宏观上而言，公共服务是服务的一种，也具备服务的一般性特征。根据美国市场营销学者潘拉索拉曼（A. Parasuranman）、隋赛莫尔（Valarie A. Zeithaml）和贝里（Leonard L. Berry）的研究，与产品质量不同，服务质量具备无形性、异质性和不可分割性三个特点（Parasuraman et al.，1985），这些特点的存在使得对服务质量难以进行精准的定义和测量。服务质量的相关研究直至20世纪80年代初才取得重大进展，许多学者将服务质量归结为需求方期望与供给实际的比较，随后进一步将服务质量详细解释为服务供给方提供的实际服务水平与客户期望得到的服务水平之间的匹配程度。此后，学界基本沿用服务实际供给与消费者预期的差距来衡量服务质量。需要明确的是，公共服务主要由政府及其他各公共机构提供，与私人部门执行和决策更多以考量经济收益为主不同，公共部门存在执行过程民主化、决策目标多元化、价值基础复杂化等特征。里佩尔（O. Rieper）和梅恩（J. Mayne）在1998年的研究中，从微观层面的服务产出、中观层面的服务结果以及宏观层面的公共价值，对公共服务质量作出评价。

相比于已有研究对公共服务质量的统一认知，有关教育质量概念的界定和探讨更为丰富。教育质量本质上关注的是教育服务供给方和需求方之间的关系。学界对教育质量的理解和认知呈现出动态演进特征：自从“人力资本”概念被提出，20世纪70年代学界对教育投资和回报的研究引发社会关注，投资教育的重要性开始得到广泛认可，原因在于提升教育质量能够对经济增长做出贡献。世界银行的研究人员在以拉丁美洲为研究对象的研究中也发现，增加教育机会的政策并没有显著减少收入不平等、改善发展落后和贫穷的现状，其中的关键可能在于教育质量低下。经济学教授Hanushek和Woessmann在2007年的研究证实，相较于教育数量，教育质量对经济增长的积极影响更为突出。1972年国际教育发展委员会在报告中首次表达了对教育质量问题的看法，提出提升教育质量的关键在于建设基于学习者社会文化背景的教学体系。从1990年初联合国教科文组织在世界范围内大力推动全民教育开始，教育质量不断被强调。由《世界全民教育宣言》（World Declaration on Education for All：Meeting Basic Learning Needs）可知，只要教育质量符合个体发展需要（包括获取基本学习工具和生存发展能力），那么为每一个个体提供教育机会就是一项值得努力的工作。2000年联合国教科文组织在《达喀尔行动纲领》（Dakar Framework for Action, Education for All：Meeting Our Collective Commitments）中正式提出了“优质教育”（Quality Education）理念，并宣称接受和完成免费的、优质的基础教育是每个儿童的权利，同时将“全面提高教育质量”作为全民教育的六大目标之一。该纲领的主要内容侧重于教育结果的阐述，而未涉及教育过程的探讨。一直以来，教育质量被视为整个教育环节的“黑匣子”，由于教育质量的评估和测算涉及教育服务的方方面面，对其进行准确界定存在一定难度。围绕教育质量的讨论必须站在国家发展的立场，教育质量概念框架往往构成理想化教育体系的映射，这种映射可归纳为基本的教育过程模型。如图 2.1 所示。

图 2.1　教育过程模型

2004 年联合国教科文组织在《世界人权宣言》（Universal Declaration of Human Rights）的基础上，呼吁各国政府加大对教育质量的关注。同年 11 月联合国教科文组织在发布的《2005 年全球全民教育检测报告》（EFA Global Monitoring Report 2005）中，提出了针对教育质量的理解框架和如何提高教育质量的政策框架，并确定了教育系统中共同决定教育质量的五大要素：学习者的特征、投入保障、教学过程、教育环境和教育结果。该框架所包含的具体内容如图 2.2 所示，实质上是对教育过程模型的细化阐释。这个框架的内容又可追溯到学校效能模型（the School Effectiveness Models），世界银行提供的极具影响力的教育质量文本所采用的大都是这种方法。学校效能模型的研究框架正是基于教育过程模型得到的，以用于教育事业的财政资金和物质资源衡量教育投入，教职人员和学习者的特征则作用于教育过程。正如沃德·赫内维尔德（Ward Heneveld）和海伦·克雷格（Helen Craig）在 1996 年的研究报告中所证明的那样，学校效能模型不仅能满足世界银行对公共部门经济效率的评估，模型包含的具体内容也能逐一对应教育质量的各个维度。学校作为承担教育责任并开展教学活动的机构和场所，改进已有研究框架对学校教育质量进行合理有效评估成为学界突破教育质量研究瓶颈的关键。

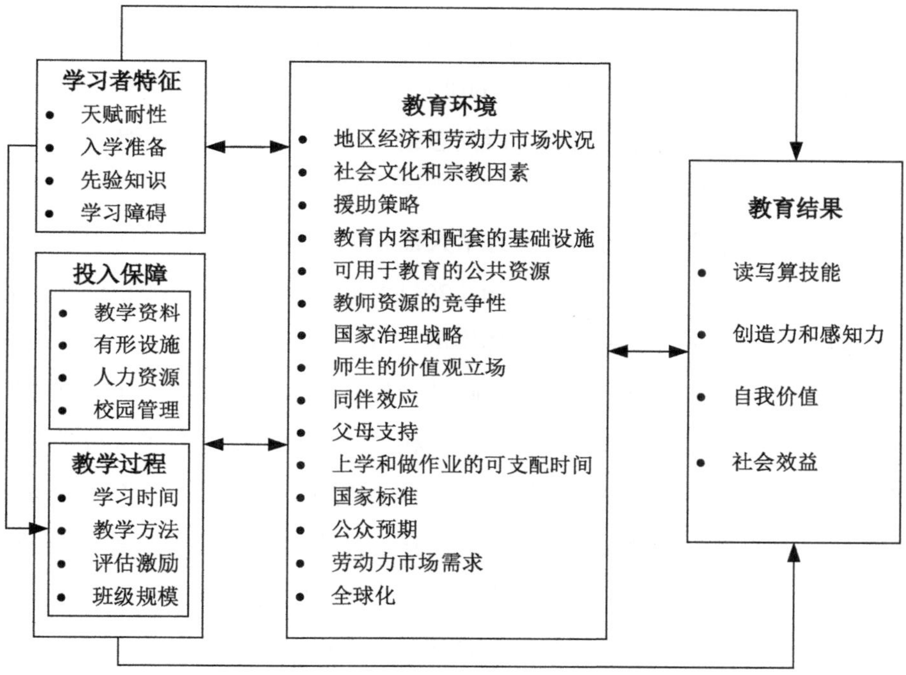

图 2.2　2005 年教科文组织对教育质量的理解框架

至此，有关教育质量概念的研究开始变得清晰和丰富。越来越多的研究人员从人权的角度出发，将提升教育质量与保障受教育权、通过教育获得合法权利联系起来，对教育产生的积极作用予以肯定。2002 年全球教育运动（Global Campaign for Education，GCE）相关文件中提出，基于权利理解和认识教育质量，这一观点得到了联合国儿童基金会（United Nations International Children's Emergency Fund，UNICEF）的支持并被用于评估女孩所接受的基础教育质量。随后，这一框架在后期研究中得到进一步完善，演化为一套从学习者和教育系统两个维度评估教育质量的指标和措施。联合国机构提出的两大框架都将学习者摆在中心位置，优先考虑学习者的需求，教育质量评价工作围绕教育系统内儿童权利的保障和学习成果的评估展开。联合国儿童基金会通过协助世界各地的学校成为“儿童友好型”学校来达到其提出的优质教育目标（UNICEF，2009）。

更进一步地，从学习者个人发展和社会福利改善两个视角出发，英国布里斯托大学教授莱昂·蒂克利（Leon Tikly）和他的合作者安吉琳·M. 巴雷特（Angeline M. Barrett）在 2011 年的研究中重新界定了教育质量的内涵，并就如何对其进行有效评估提供了研究思路。该研究将高质量的教育定义为能够满足所有学习者能力发展的实际需要，确保他们具备未来维持生计和获得稳定经济来源的能力，在提升个人福利水平的同时为社会的和平和民主做出贡献。同时，Tikly 和 Barrett（2011）提出了一个社会公正框架，分析了教育质量三个相互关联的具体维度：（1）包容性，即关注不同人群获得高质量教育服务的机会，以及影响社会各阶层接受教育的文化体制障碍和帮助克服这些障碍的政策举措；（2）相关性，侧重于教育成果对学习者的价值和意义，具体指学校教育方式和教学内容是否匹配不同群体的身份和需求，考察教育成果是否符合社区工作实际和全球化背景下国家发展战略的需要；（3）民主性，从教育管理的角度丰富教育质量的涵义，强调社会各界、利益相关方都有权参与教育质量的讨论，民主进程对于推动教育事业的发展尤为重要。

梳理教育质量概念的相关研究可知，教育服务需求方和使用者在教育质量学理研究中的重要地位日益凸显。经济学家在教育过程模型的基础上提出了教育生产函数。该函数将教育视为一个生产过程，投入要素包括学校设施设备、教师团队等，产出则以学习者的能力发展情况衡量（周金燕，2015）。综合已有研究对教育质量的定义，在充分考虑教育生产性功能的同时将教育需求方的发展需要也纳入考量，本书将教育质量定义为学校为教育需求方提供与其能力发展需要相适配的教育服务的能力。优质的教育服务不仅仅意味着学校为个体提供了丰富完善的教学设施设备、专业高效的教职团队、科学合理的教学方法和充实丰富的教学内容，更要为不同个体创造有利于其能力发展的良好教育环境，最终实现微观层面人力资本的高质量积累与发展。本书对教育质量的概念界定同时考虑了教育服务的供给方和需求方，将教育服务供给的充分性、有效性，以及教育服务需求方的满意度作为教育质量所包含的主要内容，既符合当下教育质量评价的发展趋势，也满足了公共教育提质增效的内在要求。

第二节　基础教育不平等的理论基础

（一）人力资本理论

美国经济学家西奥多·舒尔茨（Theodore W. Schultz）在 1961 年率先提出了“人力资本”理论，对经济学和教育学研究均产生了深远影响。该理论体系揭示了教育投资与经济增长之间的关系，并为后续大量关于人力资本投资、教育回报以及社会不平等问题的研究奠定了基础。在其论文《人力资本投资》（Investment in human capital）中，舒尔茨指出教育既是一种消费行为，更是个人和社会的一种投资，这种投资可以通过提高个人的知识储备和技能水平，增强其在劳动力市场上的竞争力，从而带来更高的经济回报。他认为，人力资本与物质资本一样，是一种可以通过投资来增加的生产要素，而教育则是人力资本投资的重要途径之一。

舒尔茨将人力资本定义为个体所拥有的知识、技能、健康和所表现出的能力的总和，这些因素能够提高个体的生产效率并为社会创造经济价值。于是，教育投资在为个人带来收入增量的同时，也为社会经济的整体增长做出贡献。此外，教育投资还可以在一定程度上缓解社会不平等。普及教育和提高教育质量的政策干预可以增加低社会阶层的受教育机会，从而缩小与高社会阶层之间的经济差距。当然，他也承认，教育投资本身并不能完全消除社会不平等，社会结构中诸如社会资本、文化资本等其他因素仍然会影响不平等的延续。

人力资本理论将教育视为提升个体经济地位、缩小社会不平等的重要途径。教育通过积极作用于人力资本积累带来收入报酬的增加，这种机制被视为解决社会不平等问题的有效手段，来自发展中国家的证据表明，基础教育的普及和职业培训的开展显著改善了低收入群体的经济状况（Hanushek & Woessmann，2007）。但需要注意的是，这种作用机制并非自动发生。人力资本理论的研究表明，只有当教育机会均等、教育资源公平分配时，教育投资才能有效缩小社会阶层之间的经济差距。如果教育机会和资源在社会阶层之间分布不均，教育反而可能会成为加剧不平等的推手。

教育不平等和社会不平等之间也存在着密切联系，前者往往源于后者，即经济资源、文化资本和社会地位的差距直接影响了不同社会群体获取教育的机会和质量。最具代表性的，低收入家庭的子女可能因为经济压力过早辍学，或因所在地区教育资源匮乏而无法接受优质教育。此时，教育不平等的存在产生了“马太效应”，进一步加剧了社会不平等的代际延续。归根结底，教育不平等导致的技能和知识差距会在劳动力市场中转化为收入增长和就业机会的差距。这种相互作用的机制本质上体现了教育不平等和社会不平等的相互强化关系。社会不平等限制了劣势阶层获得的教育机会和质量，导致其难以积累足够的人力资本，在劳动力市场中处于不利地位。这种不利地位反过来加剧了社会不平等，使得下一代在接受教育时面临更大的挑战，这种循环往复的机制也是教育不平等无法根除的重要原因。

（二）文化资本再生产理论

1990年，法国两位著名社会学家皮埃尔·布尔迪厄（Pierre Bourdieu）和让-克洛德·帕斯隆（Jean-Claude Passeron）在其著作《再生产：教育、社会、文化》（Reproduction in Education，Society and Culture）中系统地阐释了“文化资本再生产理论”（Theory of Cultural Capital Reproduction）。这一理论为理解教育系统如何通过文化资本的传递与再生产维持社会不平等提供了一个独特视角。“文化资本”是布尔迪厄理论体系中的核心概念。他将文化资本细分为三类：具体化的文化资本（如教育机会和学位）、客体化的文化资本（如书籍、艺术品等文化产品）以及内在化的文化资本（即习得的文化素养和知识）。文化资本与社会资本和经济资本息息相关，通过各种社会结构和制度影响个体的生活机会和社会地位。该理论将教育系统视为文化资本的主要再生产者，通过教育，社会中的主流文化价值观、符号和知识被系统性地传递给下一代，这一过程不仅有助于维持社会秩序，还巩固了既有的社会等级结构。

文化资本再生产理论强调，教育系统是社会不平等再生产的关键场所。在布尔迪厄和帕斯隆看来，教育系统并非一个公平、公正的社会流动渠道，反而是维护和强化社会不平等的机制。因为教育系统的结构和内容都倾向于为拥有较高文化资本的社会阶层服务，而忽视或边缘化了那些文化资本薄弱的群体。具体来说，由于学校课程和考核标准往往基于主流文化的价值观和符号体系设立，来自优势阶层的孩子由于在家庭中早已接触并内化了主流的文化资本，他们在教育系统中更容易获得成功。而文化资本不足的孩子，虽然可能在智力和能力上并不逊色，但由于缺乏与教育系统相匹配的文化资本，他们在学校中往往面临更多的挑战和障碍。这种教育优势不仅体现在学业成绩上，还通过进一步的教育选择（如高等教育的入学机会）转化为经济资本和社会资本，从而对社会不平等进行了维护和再生产。换言之，教育系统成为优势阶层传递其社会地位的工具，而劣势阶层群体则难以通过教育实现向上流动。

自 1990 年提出以来，文化资本再生产理论极大启发了教育社会学领域的研究。研究者们在不同的社会经济背景下应用和发展了这一理论。探讨教育系统中的文化资本再生产机制如何因文化、制度和社会结构的不同而有所变化。其中最著名的莫过于美国宾夕法尼亚大学社会学系教授安妮特·拉鲁（Annette Lareau）在其代表作《不平等的童年：阶级、种族与家庭生活》（Unequal Childhoods：Class，Race，and Family Life）中，详细分析了美国不同社会阶层家庭的育儿方式及其对儿童教育成果的影响。拉鲁发现，中产阶级家庭会有意识地选择教育策略，培养孩子的文化资本，如语言能力、社交礼仪和学术兴趣，这些文化资本在学校教育中被转化为学习优势，进而影响孩子的教育成就和未来的社会地位。该书的研究具体展现了文化资本在教育系统中的作用，也证明了文化资本再生产理论在美国社会中的适用性。

（三）最大化维持不平等理论

“最大化维持不平等”理论（Maximally Maintained Inequality，MMI）最早由美国社会学家阿德里安·E. 拉夫特里（Adrian E. Raftery）和迈克尔·豪特（Michael Hout）于1993年共同提出，该理论主要探讨了在教育扩张过程中，社会阶层之间的不平等是如何得以维系的，特别是在教育资源的分配和教育机会的获取方面。MMI理论的核心观点是，国家或地区范围内的教育扩张并不一定有助于实现社会各阶层受教育机会的公平和均等，当教育机会或教育资源（如入学名额、教育津贴等）的扩张还未能充分满足所有上层阶级成员的需求时，教育扩张将使得上层阶级或优势阶级群体优先受益，只有当这部分群体的教育需求达到饱和，进一步的教育扩张才会惠及更低社会阶层的群体，各阶层之间的不平等随之减少。具体而言，MMI理论提出了以下几个关键假设：（1）教育扩张的优先受益权。在教育供给相对不足时，优势阶层的家庭拥有更多资源和能力确保其子女享有教育机会。这意味着，在优势阶层的教育需求未能得到充分满足之前，劣势阶层的家庭无法公平地分享扩张带来的教育资源。（2）不平等的持续性。即使教育扩张达到一定规模，只要优势阶层的教育需求仍没有完全满足，他们就会利用自身资源优势维持和巩固这种不平等。因此，教育领域不平等的持续存在是各社会阶层之间教育资源分配不均等的直接结果。（3）不平等的最大化维持。教育扩张最终可能会达到一个临界点，即优势阶层的教育需求得到充分满足。这时，进一步的教育扩张才会使得教育不平等开始缩小。然而，在此之前，社会阶层之间的教育不平等将维持在一个最大化水平。这种“维持不平等”的机制决定了教育不平等难以根除，也阻碍了社会流动的实现。

自从该理论提出以来，学界对这一理论进行了广泛的讨论和研究。许多研究者利用区域数据实证检验了该理论在不同社会经济背景下的适用性。例如，一些研究发现，在经济快速增长的国家或地区，教育机会扩张初期主要受益群体确实为高社会阶层，而低社会阶层成员在教育扩张的过程中面临着显著的障碍。随着全球化进程的加快，教育不平等问题也变得愈发复杂。MMI 理论也得到进一步拓展和修正。例如，豪特和美国哥伦比亚大学教授托马斯·A. 迪普雷特（Thomas A. Diprete）在 2006 年的研究中发现，在以北欧为代表的教育得到全面普及的国家，教育不平等问题的改善可能更早发生在中低社会阶层。这表明在一些特定的社会经济背景下，教育扩张可能会更早地惠及低社会阶层，尽管这种发现在世界范围内非常态，但也直接形成了对 MMI 理论核心观点的挑战。此外，有学者试图将 MMI 理论与教育政策分析相结合，探讨政府干预对教育不平等的影响。英国牛津大学的理查德·布瑞恩（Richard Breen）和瑞典斯德哥尔摩大学的简·O. 琼森（Jan O. Jonsson）在 2005 年的研究中发现，政府积极的教育政策干预，如资助贫困学生、优化教育资源配置等，可能在一定程度上削弱 MMI 机制的作用，从而加速教育不平等的减少。这些研究为教育政策制定提供了重要的理论支撑，也展示了 MMI 理论在改革实践中的应用价值。

MMI 理论从动态视角为理解教育过程中社会阶层间不平等的变化趋势提供了一个有力的分析框架，不仅丰富了教育不平等的研究视角，也为政策制定者在设计和实施教育改革时提供了重要启示。尽管政府大力推行教育普及被视为缩小社会不平等的重要政策干预，但 MMI 理论提醒我们，在教育资源有限的情况下，教育不平等可能会在一段时间内维持甚至扩大。随着教育扩张的推进和社会政策的调整，最终仍可以实现不平等的改善，而这一过程需要周密的制度设计和持续的改革努力。

（四）有效维持不平等理论

美国学者塞缪尔·R. 卢卡斯（Samuel R. Lucas）在 2001 年提出了“有效维持不平等”理论（Effectively Maintained Inequality，EMI），该理论主要关注在全球教育扩张的背景下，不平等问题如何在教育质量和教育结果方面得以维持，甚至可能进一步扩大。EMI 理论的核心观点是，即使在教育机会全面扩张、平均受教育年限显著提升的情况下，社会阶层之间的不平等仍然会通过教育质量和教育结果的分化得以维持。换言之，即使所有社会成员都能接受同一层次的教育，上层阶级的家庭仍然会利用其资源优势，确保其子女获得更高质量的教育和更优秀的教育结果，从而继续维持不平等的地位。该理论立足于以下几点：（1）教育机会的质量存在差异。在教育扩张的过程中，社会阶层的高低不仅会影响个体能够获得的最高教育层次，还会影响其所能获得的教育质量。例如，即使基础教育得到全面普及，优势阶层的学龄儿童仍可进入设施设备更齐全、师资力量更强的学校就读，而劣势阶层的孩子则可能被分配到资源匮乏的学校。这种教育质量层面的差异使得中低社会阶层获得了教育机会，但其教育成效仍不及高社会阶层。（2）教育系统的分层机制。EMI 理论强调，教育系统中固有的分层结构在教育扩张中起着至关重要的作用。即使政府干预推动了教育机会扩张，教育系统内部的层级划分（如学校的排名、课程的难易、教学质量的差异等）仍会根据社会阶层的不同产生分化。这种分化机制的存在反而强化了社会阶层之间的教育不平等。（3）教育决策和路径依赖。优势阶层的家庭往往拥有更多的信息和资源，能够为其子女做出更有利的教育决策。例如，在同一教育层次内，优势阶层的父母更有可能选择更具竞争力的学科或学校，从而为其子女的未来发展奠定更好的基础。

EMI 理论为理解教育系统中的不平等现象提供了新的研究视角，特别是在教育可及性不断增加的背景下，如何为不平等的持续存在提供合理解释。不少学者也利用 EMI 理论对不同国家和地区的教育不平等问题进行了分析。例如，基于美国和欧洲部分国家数据的研究结果表明，尽管高等教育的入学率显著提高，但不同社会阶层在教育质量和结果方面的不平等仍然突出（Lucas，2009）。这意味着，即使教育系统在名义上变得更加开放和包容，但由于教育质量分层无法根除，教育结果的不平等继续维持甚至得到强化。该理论也被用于分析比较世界范围内的教育不平等问题。相比于发达国家的教育不平等更多体现在高等教育阶段，在发展中国家，初等和中等教育的质量和结果差异也导致了社会阶层之间的不平等。这些研究为 EMI 理论在解释教育不平等中的有效性提供了充足支持，同时也强调了教育质量在不平等维持中的关键作用。

此外，EMI 理论还与其他教育不平等理论形成了对话。与 MMI 理论相比，EMI 理论更加强调教育系统的内部分层和质量差异，而不仅仅是关注教育机会的分配不均。MMI 理论侧重于教育机会扩张过程中，优势阶层如何首先占据教育资源，而 EMI 理论则深入探讨了在机会扩张后，教育质量和结果如何继续维持和放大不平等。

EMI 理论不仅拓展了教育不平等问题的研究视角，还拓宽了政策制定者减少不平等的路径选择。我们不能沉浸在教育变得更加普及开放的成就感当中，而忽略了教育不平等始终存在的客观事实。EMI 理论告诉我们，真正的教育公平不止于教育机会的数量均等，更在于教育质量和结果的公平分配。一些学者和政策制定者开始思考如何通过提高教育质量、缩小教育层次之间的差距来减少不平等。欧洲大学学院的布里齐奥·贝尔纳迪（Fabrizio Bernardi）和米兰大学的加布里埃莱·巴拉里诺（Gabriele Ballarino）在其 2016 年的著作中就表明，加大对薄弱学校的投入、平衡教育资源的分配以及加强师资培训等举措都可有效削弱 EMI 机制的作用。这些已被部分国家或地区采取的政策尝试为实现教育公平提供了新的路径，也为 EMI 理论的实践应用提供了现实支撑。不可否认，伴随全球化和信息化进程，教育不平等的表现形式和演变机制愈发复杂，EMI 理论的应用将继续深化。如何通过政策干预有效削弱教育系统中的不平等，为各阶层创造公平的竞争环境、切实的发展机会，是学术界和政策界需要共同面对的重要挑战。

第三节　教育质量的测度方式研究

（一）教育质量的测度思路

基于组织效率和学校效能的总结性研究，香港教育大学郑燕祥教授（Cheong Cheng）和合作者谭伟明（Wai Ming Tam）在 1997 年的论文中，依据教育质量概念界定中侧重点的不同，归纳出七种教育质量的测度思路，分别为：目标导向型的教育质量、资源投入型的教育质量、生产过程导向型的教育质量、满意度导向型的教育质量、合法性导向型的教育质量、问题导向型的教育质量以及组织学习导向型的教育质量。每一种测度思路对应教育的某一功能或属性。

其中，以目标导向作为测度教育质量的重点，意味着如果学校兑现了其承诺的目标、遵循了约定的标准，则可认为其教育质量较好。这种测度思路适用的前提是具备条理清晰、达成共识并且能够量化的教育目标和规范标准，教育质量通常与学习者的个人表现挂钩，如以学生的学业成绩、出勤考核率、辍学休学率等通用性指标对不同学校的教育质量加以评判。这种测度思路的优点在于能够在规范严密的统一标准内识别出教育质量的关键，缺陷则在于以教育的产出或结果性指标作为教育质量的衡量标尺过于片面。

考虑到不同学校针对不同的受教育群体制定了差异化的教育目标，并遵循不同的规范标准，以同一目标导向对所有学校的教育质量进行评价有失公允。但公认的是，优质的教育服务势必要求学校充分的资源投入。资源投入型教育质量测度思路就是由此出发，将教育质量的高低等同于教育投入的多少，包括了就读学生的水平、学校设施设备的配备、教职工团队的专业建设以及用于学校建设的财政资金等。这一测度思路适用的前提是教育投入和教育产出之间存在确定性关系，即各类教育资源投入的增加一定能带来教育产出的提升。

生产过程导向型的教育质量与教育过程模型中的“黑匣子”类似，都将教育视为一个将资源投入转化为产出和绩效的生产过程。在这种测度思路下，如若一个学校内部制度设计合理、校园工作顺利开展，则可以说该学校教育质量较好。由于学校的制度设计涉及领导管理、教师教学、学生学习的方方面面，故可以依据校领导的决策领导能力、教职团队内部的有效沟通和积极互动、教师的教学方法和课堂管理、学生群体的学习态度和学习氛围等作为评价教育质量的具体指标。该思路同样要求学校的制度设计与教育产出存在明确的关系。这种研究思路的缺陷在于难以对校园日常运作进行有效监测，相关数据获取难度很大，可操作性受到限制。

以满意度导向为依据的教育质量测度，强调了教育质量高低的关键在于是否充分满足了各利益相关方的实际需求。此时的教育质量被界定为学校提供的实际教育服务与教育相关方期望得到的教育服务之间的差距。优质教育要求学校能够综合考虑各利益相关方的需求并及时作出回应，而各利益主体对学校的满意度评价则是判断教育质量的关键。这种测度思路对教育质量的关注不再局限于教育服务的提供者或者教育服务本身，而是将教育服务涉及的多方都纳入质量评价体系，更利于得到客观真实的教育质量水平。实际应用中有赖于得到包含校方、学生和家长等在内的较为全面的调查数据。

合法性导向的教育质量着重强调了学校在一个社区或地区的合法地位和社会声誉。一个学校能够提供优质的教育服务，意味着它不仅能够长时间存续，还能够依靠经久不衰的办学口碑以持续吸引流动生源。而公共形象建立的成功与否，很大程度上取决于学校在公关宣传方面的努力，以及应对政府和社会公众严格监督的能力。此种测度思路更适用于理论层面教育质量保证体系的建设。

问题导向的教育质量测度相当于在教育质量评价中引入问题诊断技术，以一个学校存在的问题大小及数量来衡量其提供的教育质量高低。优质的教育服务理论上应该不存在任何问题、缺陷和短板。相比于其他测度思路，问题导向的测度思路是对教育质量进行反向比较，相比于直接测度教育质量，甄别学校存在的问题更直观、容易。在没有建立起教育质量标准规范的情况下，通过找出学校运行存在的问题以实现教育质量的改进在操作上确实更为便利。但当所有学校提供的教育服务均已达到一定质量水准，不存在显著的短板和缺陷时，这种测度思路就不再适用。

组织学习导向的测度思路是将教育质量视为一个动态变化的概念。学校的改革和发展是保证教育质量的关键，在这个测度思路下的教育质量则包括校方对需求变化的感知、对政策调整的跟进、对学校发展的规划以及对改革方案的评估等。但是，在无法明确学校组织学习过程与教育产出之间的必然联系时，这种测度思路的有效性就有待讨论。

（二）教育质量的测度指标

由于教育质量本身难以直接观察或者测量得到，且校级层面的数据获取存在一定限制，参照以上教育质量的测度思路，学界通常的做法是选用可获得的相关指标代理教育质量水平。根据研究设计的需要以及数据的可得性，目标导向型和资源投入型这两种教育质量测度思路在已有研究中最为常见。就具体的代理指标来看，主要有教育投入性指标、教育产出性指标和综合指标体系三种。

投入层面的代理指标反映了各级政府用于公共教育服务的财政资金投入，以及配套基础设施建设和人力资源配置（卢洪友和祁毓，2013）。具体来说，又包括学校的资金投入（Dhar & Ross，2010）、师生比例（Gravel et al.，2006）、班级规模（Krueger & Whitmore，2001）、学生人均经费支出（Hanushek，1995）、教师平均工资（Card & Krueger，1992）等指标。其中，学校基础设施虽然不是直接用于学生教育，但也是教育质量的重要组成部分。该项研究表明，学校基础设施的建设情况，如卫生设施、清洁供水和充足的教室数量，会对学生的学习情况产生影响。因此，有必要针对学校资源和基础设施建设进行干预，以实现教育质量的改善。埃里克·M. 哈努谢克（Eric A. Hanushek）教授在其 1995 年的研究中，以发展中国家和工业化国家为研究对象，发现公立学校的设施配备确实对学生的成绩表现产生了显著的积极影响，但这个结论并不适用于美国的调查结果，他将此归因于美国公立学校的设施差异相比于发展中国家而言明显更小。对于班级规模的缩减是否有助于提升学生的学业表现，美国经济学家艾伦·B. 克鲁格（Alan B. Krueger）和西北大学教授黛安·M. 惠特莫尔（Diane M. Whitmore）在其 2001 年的研究中却得出了截然相反的结论。也有研究发现，无论是学校的师生比、教师工资水平、教师文化程度、教师工作年限还是学生人均经费，和学生的学业表现之间均不存在一致或系统性关系。由于普遍认为将学校师生比保证在一定范围有助于提高教育成效，很多国家政府在制定教育政策时对此加以考虑，但实际上，用于增加师生比和提高教师工资带来的新增教育经费对学生成绩的影响很小（Hanushek，1995）。也有学者从人力资本长远发展的角度，指出学校资源投入即使未显著影响学生在校时的学业成绩，也会与学生未来的经济收入相挂钩。Card 和 Krueger（1992）被广泛引用的研究就为此提供了证据，证实了小班化教学和提高教师工资能够增加教育的工资溢价。

相对来说，教育投入性指标更为直观且数据更易获取，早期被广泛用作教育质量的代理。但一个不可忽视的问题在于，教育投入规模的大小并不等同于教育质量的高低，对教育质量作出合理有效评价还需要考虑资源使用效率、学生个体差异等方面。鉴于使用教育投入指标代理教育质量的做法存在明显缺陷，现有研究大都从教育产出或结果的角度出发，寻找关联指标作为教育质量的代理，并认为这样更加合理。此时，教育质量的高低以学习者的表现来衡量，如学生的学业表现或学术成就。具体地，以学生的平均成绩或考试分数作为教育质量的代理变量（Zhang et al.，2019）。此外，学校升学率以及学校等级也属于教育的产出性指标，也常见于教育质量水平的测算研究（Kane & Staiger，2002）。

单纯从教育投入或者教育产出对教育质量进行剖析，始终无法揭示教育的“黑匣子”，存在不可避免的缺陷。于是，在学校教育的各个环节找到相关指标用以构建综合性质量指标体系，成为越来越多权威组织机构和研究人员的选择（Garira，2020）。1980 年以来，经合组织在发展中国家和地区开展了一系列工作，以期制定合理的教育质量指标体系（Walberg & Zhang，1998）。至 1995 年，该组织共制定了 635 项指标，主要包括：教育背景、教育费用、学校教育过程和资源投入、教育成果。有学者对以上指标进行简化，得到了 12 个指标项目。此后，也有其他研究人员从四个方面为工业化国家提出了教育质量指标体系：地区人口规模和学校入学率、学生的学业表现、求学环境、教育支出和教育回报（Miller et al.，2009）。涉及的具体指标体系整理汇总于表 2.1。此外，还有部分国家的教育管理部门针对本国实际构建了教育质量指标体系。例如，智利教育质量评估机构提出了一系列指标以对教育质量进行综合考察，涉及教育服务的供给和需求、教学制度设计和环境建设等方面，具体包括：学术自尊和教学动机、学校环境、公民参与、健康的生活方式和习惯、留级率和退学率、专业技术培训和非性别歧视。其中，前四个是个人和社会发展指标，所关注的并不是学生标准化考试的结果，是对智利教育质量评估方法的有力补充。

表 2.1 代表性教育质量指标体系范例

作者（时间）	指标体系	具体指标
Walberg & Zhang（1998）	教育环境	对教育和教育预算的认知
		35 至 44 岁的公民上过中学的比例
	成本、资源和学校教学	中学数学课程的教学时间
		20 岁学生的大学入学率
		中学生人均支出
		各级教育的财政资金投入
		小学教师的起薪
	教育成果 / 学生成绩	9 ~ 14 岁学生的阅读成绩
		9 岁儿童的阅读水平
		化工企业职工的文化程度
		持有建筑工程学位的人口比例
Miller 等（2009）	人口和入学率	K-12 教育入学率
		大学留学生的比例
	学业成绩	四年级数学和科学素养
		15 岁学生的数学能力
	学习环境	班级规模
		师生比
		有关教师在数学和科学方面发展的报告
		校长对报告的使用情况
	教育支出和教育回报	按教育和收入划分的人口分布
		就业率
		学生人均支出
		按年龄和性别分组的完成高等教育的成人占比
		公立学校教师工资
		数学学习时间

国内学者在度量教育质量的研究中，主要有以下几种做法：一是选择以基础教育阶段小学和初中的巩固率、完成率、升学率，以及高中阶段的升学率作为教育质量的代理指标（王善迈，2008）。二是根据学校等级对教育质量加以区分。对于基础教育来说，主要区分为重点学校和非重点学校。具体有采用每平方千米的市重点中小学数量度量区域的基础教育质量（冯皓，陆鸣，2010）；胡婉旸等（2014）同样也采用"重点小学"作为优质教育的代理指标，但并未将民办小学（私立小学）纳入考虑范畴。对于高等教育来说，丁小浩（2006）通过把高校分为"一类院校"和"二类院校"，从而区分高等教育质量的差异。三是依据学校类型对教育质量进行分类。如吴愈晓（2013）在研究中将高中阶段的学校区分为普通高中和职业高中，作为两种不同质量教育服务的具体体现；刘精明（2006）则是依据高等院校的类型，将高等教育阶段的教育质量区分为普通高校本科、普通高校专科和成人高等教育等。四是建立综合指标体系对教育质量进行测度。这方面的研究主要是站在教育公平的视角，构建相应的教育评价体系，对中国教育发展存在的区域不平衡、不匹配现状进行量化分析并作出评价。代表性做法是基于统计指标进行具体测算，如测算出区域或校级层面教育经费或教育资源配置的基尼系数（傅禄建等，2013）、泰尔指数（成刚，2008）。但仅仅依靠教育投入的多少来度量地区公共教育水平的高低是有失偏颇的：首先，由于中国幅员辽阔，各地区在自然资源、经济发展、教育资源配置等方面差异显著，单纯依靠教育投入很难真实反映各地区居民所享有教育服务的质量差异；其次，从国家推进基本公共服务均等化的战略部署来看，政府要为所有居民提供大致均等的基本教育服务，实质上强调的是同时考虑入学机会、教育过程和教育结果的均等。由此出发，不少研究人员综合多方考虑对中国公共教育进行研究。例如，翟博（2008）初步尝试构建了教育均衡发展指数；卢洪友和祁毓（2013）从投入、产出和收益三维视角，构建了一个分六级共 37 项单项指标的指标体系，对 2003—2009 年中国分省、分地区的教育均等化水平进行打分并进行比较；同样借助这个指标体系，石绍宾和李敏（2018）测算了 2003—2014 年中国基础教育均等化的变化趋势。一些计量方法也被用于教育服务评价研究，温娇秀和蒋洪（2014）利用主成分分析法和聚类分析方法计算出中国省级层面基础教育变异系数；高天智和申莉涛（2016）基于教育的投入力度、产出能力和运作效率三个方面，构建了一个可用于评价教育均等化的标准，进一步结合因子分析和聚类分析两种方法，对中国各省公共教育均等化和差异化水平作出评价。

（三）Servqual模型在教育质量测度中的应用

1. Servqual模型介绍

伴随着需求方和使用者在公共服务质量评价中的重要作用日益凸显，满意度导向的公共服务质量测度思路被广泛采纳，与其他测度思路配合共同用于公共服务质量评价的研究当中，教育质量研究也不例外。Servqual模型是现有研究中认可度高、应用面广的公共服务质量评价模型（Parasuraman et al.，1985），它是一种揭示组织服务质量优缺点的诊断技术。最初的Servqual量表使用22个问题来衡量服务质量的五个维度：有形性（Tangibility）、可靠性（Reliability）、回应性（Responsiveness）、保证性（Assurance）和移情性（Empathy）。具体来说：有形性往往指的是服务相关的设施设备配备和人员社交礼仪；可靠性指的是服务提供方能够如实、完整地提供允诺的服务；回应性指的是服务供给方愿意提供帮助并及时满足使用者的合理需求；保证性主要考察了服务供给方的内涵修养和社交礼仪，是否能获得使用者的信任与认可；移情性则包括服务方是否能理解使用者的个性化需求并尽量予以满足，代表了沟通、可信度、安全性、能力、礼貌、理解和回访。Servqual模型的计算公式如下：

$$SQ_i=\sum_{j=1}^{n}\left(P_{ij}-E_{ij}\right) \tag{2.1}$$

其中，SQ_i为个体i对服务质量的总体评价；P_{ij}代表个体i对j服务项目质量的实际感知水平；E_{ij}代表个体i对j服务项目质量的预期期望值；j代表具体的服务项目；n代表服务总项目数。

Servqual模型由于具备适用性广的优点，被大多数私营行业和公共组织用于服务质量评价。该模型定义了服务提供方构成的组织和使用方组成的系统之间存在的几种差距类型。事实上，需求方和使用方所感知到的服务质量，源于他们认为服务提供方应该提供什么样的服务与他们对服务提供方实际提供服务情况的看法之间的比较（Parasuraman et al.，1985）。换言之，公共服务质量的测度是基于公共服务使用者对公共服务质量的预期期望值与实际体验值之间的差距。由此可以推得，教育服务质量可以被视为学生和家长期望得到的教育服务与他们对所接受教育服务的看法之间的差异。将 Servqual 的五个维度延伸到教育领域，服务提供方以学校为主，教育质量的有形性是学校设备设施和教职工的配备情况；可靠性是指学校可靠、准确地履行承诺教授学生的能力；回应性指代学校能够及时为学生和家长提供所需要的教育；保证性与教职人员自身的知识储备和道德品行相关，以及他们获得学生和家长群体认可的能力；移情性是指校方能够就不同学生发展的实际需求提供针对性辅导和关心。已有研究对于教育服务质量各维度的实证解释存在出入。有学者认为，可靠性是教育服务质量最重要的组成部分，其次是回应性、移情性、保证性和有形性（Ham & Hayduk，2003）。也有学者研究发现，教育质量的移情性与学生对教育服务质量的相关性最为显著，其次是保证性、有形性、回应性和可靠性（Hasan et al.，2009）。

2. Servqual 模型在教育质量评价中的应用

高等教育服务的使用者，具备思维逻辑清晰、判断洞察力敏锐的群体特征。可以发现，已有将 Servqual 模型或相关改进模型用于教育服务质量评价的研究大都以高等教育人群为研究对象。大多数研究人员遵循 Servqual 模型框架进行问卷设计，测量大学生对所就读大学服务质量的五个维度的感知和期望，发现学生的期望和感知在五个质量维度上均存在显著差距，以此判断高等教育服务质量处于较低水平。来自不同国家、不同大学的调查研究，使得研究人员对高等教育服务质量的评价结果不尽相同。Shekarchizadeh 等（2011）基于改进的 Servqual 方法，从留学生的角度对马来西亚大学的服务质量进行评价，通过逐项分析、逐结构分析和服务质量单一衡量指标的计算，并采用单均数 t 检验来评估差距分析的显著性，结果表明，所有质量维度均呈现显著负向。Yousapronpaiboon（2014）则对泰国的高等教育进行评估，研究结果显示，升级高校的设备设施以缩小本科生感知和期望之间的差距有助于提升泰国高等教育服务质量评价。此外，也有极少学者借助 Servqual 模型对其他阶段的教育服务质量进行研究。Mosahab 等（2010）将学生视作顾客、教师视为服务提供者，对德黑兰高中教育服务质量展开了调研，结果显示，两个群体对于高中教育服务质量的看法存在差异：学生群体认为平均差距最大的质量维度是回应性，而教师群体则表示急需改善的质量维度在于有形性；但两组一致认为在所有质量维度上的评价都为负，且可靠性维度的表现相对最好；进一步分析指出，教师满足学生教育需求的能力和意愿对学生期望的确定起着重要作用。

3. Servqual 模型的改进及拓展应用

尽管 Servqual 模型因维度权重赋值、量表内容设计等方面存在局限性而受到学界的批评，但不可否认，该模型仍然是现有文献中最实用的公共服务质量测度模型。随着研究的不断深入，研究人员在改进 Servqual 模型的道路上不断探索，且进展颇丰。意大利学者托尼·卢波（Toni Lupo）在其 2013 年的研究中，基于传统 Servqual 模型，结合模糊集理论（the Fuzzy Set Theory）和层次分析法（Analytic Hierarchy Process，AHP 方法），提出了一种有效处理服务性能分析中不确定性的方法，具体地，使用模糊集理论来处理这种不确定性，AHP 方法则作为工具来估计各项质量维度的重要性权重；随后，该研究还探讨了学生期望与管理层对服务质量评价的差距，学生期望与教授对服务质量评价的差距，以及这种差距对学生满意度的影响；研究结果显示，教授对服务质量的认知显著影响了整体服务绩效水平。伊朗学者马吉德·诺贾万（Majid Nojavan）等在 2021 年的论文中则提出了一种用于服务质量研究的混合模糊评价方法，该方法包括四个阶段：首先，基于模糊 Servqual 模型的问卷内容就学生个体对所获得服务质量的预期期望值和实际体验值进行打分和差值分析；其次，利用模糊层次分析法确定 Servqual 框架内各质量维度和二级子维度的权重；再者，利用模糊 TOPSIS 方法对各教育单位服务质量子维度进行排序；最后，运用模糊 DEA 方法，根据教育单位服务质量的等级来确定其效率高低；进一步地，该方法被用于伊朗 8 所高等教育机构的绩效评价，有效提高了基于 Servqual 模型的教育单位绩效评价的准确性。土耳其学者雅萨尔·奥兹德米尔（Yasal Ozdemir）等在 2020 年研发了一个测量工具，将本应是两个独立研究领域的话题——高等教育可持续性和高等教育服务质量评价联系起来，为了实现这一目标，该项研究对土耳其两所大学进行了问卷调查，制定了一个包含五个质量维度、具体有 22 个问题的新量表（SusServqual 量表），以衡量学生对可持续校园服务质量的看法；研究结果表明，位于社会经济较发达地区的大学在整体满意度及五个质量维度中的总体表现较好；进一步研究采用改进的层次分析法对得分进行加权，在比较标准时，使用了语言术语，每个术语对应于一个模糊数，而不要求决策者在比较标准时用数学术语来思考，当决策者的主观性和情境的模糊性作用突出时，这种做法有助于得到更准确的评估。

通过对国内相关文献进行梳理和归纳可知，国内研究人员在这个领域的探索起步较晚，基本遵循国外研究的路径，将 Servqual 模型及其延伸方法用于特定高校或专业的教育质量评价当中。王齐女奉（2003）和马万民（2005）可以说是这方面研究的开创者。为了能够更加直观了解国内相关研究的发展趋势，本书将部分代表性研究的要点进行了整理，如表 2.2 所示：

表 2.2 国内关于 Servqual 模型在高等教育质量评价的代表研究

作者（时间）	评价主体	研究内容	评价方法	质量维度	主要发现
王齐女奉（2003）	某普通高校和高等职业技术学院的在校大学生	统计测量两所高校的总体服务质量，以及学生对不同服务质量维度的期望与感知差异	Servqual 模型	有形性、可靠性、响应性、保证性、移情性	两所学校的学生均认为保证性和可靠性尤为重要；学生对服务的移情性和保证性两个维度的评价较低

续表

作者（时间）	评价主体	研究内容	评价方法	质量维度	主要发现
马万民（2005）	某财经大学的本科生	年级因素和服务质量评价指标之间的相关性	改进的Servqual模型	可靠性、反应性、保证性、移情性、可感知性	学生所在年级与其对教育服务质量的评价之间并不存在相关关系
沈勇（2007）	北京两所高校的部分高年级学生	对高等教育服务质量因素进行探索性分析	改进的Servqual模型	指导质量、有形性、可靠性	有形投入和无形投入对于学生的教育质量服务评价都很重要
周正嵩和孙月娟（2010）	江苏某高校研究生	调查研究生对教育服务的感知情况并制定相关评价体系	改进的Servqual模型	互动性、可信性、价值性、保证性、关怀性、品牌性	制定研究生教育的服务质量保障评价体系
贺莉（2012）	西部某高校某学院的学生	为服务质量测量量表的实际应用作出补充和完善	改进的Servqual模型	保证性、反应性、可靠性、移情性	对于特定教育质量的测度需要在已有量表上进行变量的删减和增补
余天佐和韩映雄（2013）	上海某大学的研究生	研究生的教育服务质量评价和其未来行为选择之间的关系	改进的Servqual模型	课程教学、膳宿、导师教导、图书馆服务、学生管理与支持、学术活动、文化体育、医疗服务	研究生教育服务质量评价对其行为选择的影响系数显著为负
张妍妍（2016）	辽宁地区某高职院校二年级在校学生	探索评价高职院校教学质量	改进的Servqual模型	有形性、可靠性、响应性、保证性、移情性、实践性	提升高职院校教育质量的关键在于加强对学生需求的重视
许长青（2017）	广东五所高校的研究生	测度研究生教育服务满意度及其影响因素	改进的Servqual模型	可靠性、响应性、保证性、有形性、移情性、交互性、发展性、区位性	调查对象对移情性维度最为满意，对保证性维度评价最低；服务质量满意度整体较为正面

对已有国内外文献进行归纳总结，可以发现：

第一，现有文献资料的研究内容都是利用传统或改进的 Servqual 模型对特定学校或专业的高等教育质量进行评价，并未对诸如启蒙教育、义务教育等更为基础阶段的教育质量进行研究。其中可能有多种原因，一方面，正在接受高等教育的学生已经具备较为完备的表达和辨析能力，能够清楚、准确地判断出自身对所接受教育的实际感知和预期期望，相较之下，处于更早期教育阶段的学生作出的判断可能更为模糊，甚至难以明晰教育质量的几个具体维度；另一方面，高等教育阶段基于层次划分的高校差异更为显著，能够有效避免校际层面的因素对评价主体造成的影响，由此得到的教育质量评价也更具针对性和说服力。

第二，基本所有研究对象都局限在特定高校或者某一高校特定学院的在校生，几乎没有针对国家或地区层间教育质量进行调研分析的相关研究。这可能是由于一方面，相比于进行大范围的普查，进行局部抽样问卷调查对人员和经费的要求更低，更为便利可行；另一方面，Servqual 模型工具本身更适用于对特定单位的服务质量进行测量，小范围内的使用更加能够突出该模型功能的优越性。

第三，学界基于 Servqual 模型的研究目标无非是两种。其一是借助此工具对教育质量的各个维度和影响因素进行剖析，根据特定研究对象对传统 Servqual 模型的质量维度进行增删，将所得到的影响指标与改进的 Servqual 模型进行整合，制定出一个行之有效的教育质量评价体系。其二则是通过调研分析学生对于教育质量的预期值和实际感知信息，识别出教育服务存在的问题和短板，以期为教育服务的提供方和政策制定者提供参考意见，从而帮助教育提质增效做到有的放矢。

大多数研究人员对教育质量维度的设定是在传统 Servqual 模型上进行了一定程度的改进，较少有学者将传统 Servqual 模型直接运用于教育质量的评价当中。这种改进主要围绕教育质量维度和具体指标设计两方面展开。对于前者，很多研究人员在原有的五个质量维度上进行增删，或者对已有维度进行整合处理，使整个质量评价体系总体更符合实际研究目标的需要。对于后者来说，改动的程度明显更大。大多数研究人员认为 Servqual 模型固有的 22 个细分指标不足以准确表达学生对教育质量的认知，故后期跟进的相关研究都在此基础上就具体指标内容进行了不同程度的拓展和补充。

第四节 早期教育对人力资本的影响研究

（一）教育对人力资本的生产效应

1. 公共教育投入的人力资本积累效应

美国经济学家理查德・R. 纳尔逊（Richard R. Nelson）和埃德蒙・S. 费尔普斯教授（Edmund S. Phelps）在其1966年的研究中开创性地考察了政府在教育服务的财政投入对个体能力的提升效应。之后，随着人力资本被引入经济增长模型，用于教育服务的财政支出的贡献开始引发学界的广泛讨论。20世纪60、70年代兴起的人力资本理论将个体的能力表现与其认知能力画上等号。根据美国心理学会（American Psychological Association，APA）的定义，个体的认知能力代表了一个人对世界的感知，对所经历的事物记忆、思考、判断以及做出相应反应的能力，智力水平（Intelligence Quotient，IQ）又被广泛认作最能反映个体认知能力的指标。但因为个体IQ数据难以直接获取，大多数学者将个体的学业表现或学历成就视为其认知能力的有力体现，用作人力资本的代理变量，并验证了增加教育支出对个体学业表现或学历成就的积极作用。如早期大多数学者经研究发现，生均教育费用的增加能显著带来学生学业成绩的提高。即使控制了家庭背景因素，学校教育投入增加对学生表现的积极影响也未发生改变。这一结论也得到了实证研究的支持，伦敦经济学院的研究人员利用英国学生数据，研究发现学校层面生均教育经费的增加能显著提高学生英语、数学和科学科目的考试成绩（Holmlund et al.，2010）。世界银行的专家德恩・菲尔默（Deon Filmer）和诺伯特・沙迪（Norbert Schady）在其2011年的研究中发现，加大教育投资能够显著改善儿童的学业表现，进而实现其人力资本积累的提升效应。

2. 教育对个体能力形成与发展的影响

直至20世纪末，随着心理学家对个体能力的进一步深入和拓展，学界开始认识到非认知能力在预测个体的教育成就、未来劳动报酬以及社会行为表现中的重要性（Heckman & Rubinstein，2001；Heckman et al.，2006）。人力资本理论开始重点关注非认知能力，并将其视为人力资本的重要组成内容，新人力资本理论由此形成。以詹姆斯·赫克曼为代表的新人力资本理论拥护者一直倡导早期教育投资和干预对人力资本发展尤为重要，长期来看，也会给家庭和社会创造巨大收益（Heckman et al.，2013）。基础教育作为个体接受正式学校教育的早期阶段，对个体能力发展的重要作用不言而喻。新人力资本理论所关注的是个体认知能力和非认知能力的全面发展，不仅考察了个体学习思考能力，同时将心理健康、性格培养等纳入考量。不少来自心理学的研究证据表明，教育干预能够有效培养和改善青少儿的非认知能力。美国芝加哥洛约拉大学心理学教授约瑟夫·A. 杜尔拉克（Joseph A. Durlak）与其合作者在2011年的研究中发现，早期教育干预有助于培养和提升个体的团队合作、亲社会性、自律性、专注力和情绪控制等一系列非认知能力，总而言之，学校教育能够促进个体社会情感能力的形成和提升。塔林大学的研究人员结合“大五人格”量表，利用爱沙尼亚18 ~ 23岁男性数据进行研究，结果表明，个体受教育程度与其开放性呈显著正相关，与神经质性的表现则截然相反，换言之，接受教育有助于个体保持情绪稳定以及探索欲和好奇心（Toomela，2008）。遗憾的是，由于针对非认知能力的研究起步较晚，且大多数国际评估项目、学校培养环节并未给予学生非认知能力足够重视，相比于学校教育在个体认知能力中的影响研究证据充分，现有关于学校教育对个体非认知能力提升效应的量化研究较为有限。

新人力资本理论除了强调非认知能力和认知能力一样，都是人力资本的重要组成以外，还着重提出了能力形成的生命周期模型，用以描述早期教育干预在个体能力形成和人力资本积累中的积极作用（Cunha &

Heckman，2007）。在该模型中，个体在某个生命阶段培养获得的能力在其之后的发展中会持续自我强化，并且前期形成的能力有助于后期其他能力的形成与发展，不同能力之间具备协同性。具体来说，其他条件不变的情况下，在个体幼年时期和基础教育阶段进行教育投资所得到的经济回报，会远远高出之后阶段相同投入带来的回报（Currie，2001）。弗拉维奥·库尼亚（Flavio Cunha）和詹姆斯·赫克曼（James Heckman）在2010年的研究中构建了一个多期个体认知能力和非认知能力的生产函数，利用美国1979年儿童调查数据，计算出不同阶段教育投资和个体能力发展的替代弹性，不仅验证了生命历程早期的教育投资回报率显著更高，还发现早期教育投资不足导致的后期补救成本也非常高昂，可见早期教育对人力资本的形成与成型非常重要。其中，早期教育干预对个体认知能力的发展最为关键，这种干预不仅有助于个体显性人力资本的积累，帮助个体培养良好学习习惯、科学思维方式以及解决问题的能力，还能够为非认知能力的发展奠定基础。由于早期教育阶段能力的发展会形成人力资本的积累优势或马太效应，国外已有充分的研究证据证明，早期教育在人力资本的积累中具有不可替代的重要作用（Lee & Seshadri，2019）。

3. 中国社会下的教育改革与人力资本积累

随着国外相关研究的丰富和完善，国内研究人员也开始关注教育在人力资本积累中的重要作用。从中国教育改革发展的逻辑来看，实施的改革与政策更多是在数量层面推进教育的扩张。伴随着人均受教育程度的不断提高，社会经济发展对公共教育提质增效提出了迫切要求。基础教育是实现微观人力资本积累与发展的关键阶段，李玲等（2019）构建了一个包含个体身体健康状况、认知能力和非认知能力的基础教育阶段人力资本发展评估指标体系，对中国西部某贫困地区6个区县的基础教育人力资本的发展情况进行测算，结果显示，这些地区的人力资本处于较低水平。国内关于教育的人力资本积累效应研究主要可归为以下几个方面。

首先，教育资源可及性的增加、教育机会的增大有助于实现人力资本的积累与发展。具体结合中国教育改革实际来看，无论是实施《中华人民共和国义务教育法》、免除义务教育学杂费保障了个体接受基础教育的法定权利和机会公平，还是高校扩招等改革增大了个体获取更高层次教育服务的机会，均对人力资本的积累与发展产生了积极作用，是中国“教育扶贫”的重要成果体现（Xiao et al.，2017；陈斌开等，2021）。以中国免费义务教育改革为例，该项改革的推行一方面保障了个体接受基础教育的标准年限，确保其认知能力能够稳定形成（Xiao et al.，2017）；另一方面义务教育学杂费的免除实际上增加了家庭的可支配收入，使得以家庭教育投资为代表的其他校外教育投资有所扩张，进一步推动个体的认知发展。

其次，政府加大教育财政投入也能产生积极的人力资本积累效应。郭庆旺和贾俊雪（2009）通过分析比较发现，在保持既定公共教育支出规模不变的情况下，相比于投资其他教育阶段，加大基础教育投入所产生的人力资本积累效应更为显著。基础教育投入的增加不仅有助于巩固学龄儿童的入学率，还能够提升个体的教育期望。孙萌和台航（2018）利用中国家庭收入调查数据（Chinese Household Income Project Survey，CHIPS）和县级教育财政经费数据，研究发现，县级政府加大对基础教育的财政投入，长期来看能够显著提高地区高学历人口占比，且加大教育投入在助力基础教育普及的同时，还有助于人力资本的长期积累与发展，特别地，以增加生均教育经费的方式提升基础教育质量所产生的人力资本积累效应最为显著。王静曦和周磊（2020）则利用中国教育追踪调查的最新数据考察了国家义务教育学生贫困补助的人力资本效应，结果表明，国家为义务教育阶段家庭经济困难学生提供的贫困补助在缓解了其辍学困境的同时，也提升了该群体的认知表现，并且贫困补助的人力资本提升效应在经济条件越差的家庭越为明显。高跃光和张蓉（2022）则聚焦 2001 年农村中小学教师工资的资金管理改革，发现县级政府在教育财政经费管理方面具有比较优势，该项改革有效提升了农村地区居民的文化程度。

再者，提升教育质量的关键仍在于改善校级层面的教育资源配置，优化学校教育资源投入对实现人力资本积累非常重要。例如，不少研究证实，学校场地规模、班级大小设置、师资团队建设等有形性资源投入均会显著影响学生的学业表现和非认知能力（李祥云，张建顺，2018）。毋庸置疑，学校教育资源投入力度越大，学生的综合表现会越好。在一众学校教育资源组成中，相比于学校的办学条件，教职团队规模和师资质量的差异能够更大程度地解释学生学业表现的差距（李祥云，张建顺，2018）。对部分特殊儿童群体来说更是如此，教师提供的学习辅导和情感支持有助于提升留守儿童的毅力、开放性、适应能力和社交能力等非认知表现（雷万鹏，李贞义，2020）。教师教学策略的选择和应用也不例外。此外，教育质量的提升还可以通过“同群效应”积极作用于人力资本的积累和发展。王春超和钟锦鹏（2018）的研究表明，同龄人之间的交流互动能有效提升个体的逻辑思维和情绪控制能力。

在看到中国教育改革的积极效应在不断被验证的同时，应注意到中国基础教育的提质增效还有很长的路要走。中国基础教育在很长一段时间都陷入了应试教育的误区，忽略了学校教育对个体能力全方位培养与提升的重要作用。正规学校教育是实现人力资本积累与发展的重要渠道，在教授学龄儿童最基本的阅读、计数等认知技能外，要加大对其非认知能力的关注与培养（何珺子，王小军，2017）。中国政府通过一轮又一轮的改革实践成功推广并普及了基础教育，但在此过程中也形成了人力资本积累的马太效应，拉大了不同学龄儿童之间的差距，要解决这一问题，唯有继续深化基础教育改革、切实提升基础教育质量，打破个体层面的累计劣势，为人力资本积累创造公平有序的机会与条件（赵颖等，2021）。

（二）早期学校教育对家庭教育投资的效应研究

1. 能力的自我形成与动态互补：学校教育的补偿性

新人力资本理论在能力形成的生命周期模型中就提出，个体能力的发展是一个不断积累和互补的过程，尤其是在生命早期。由此可得，早期学校教育在人力资本积累中的作用不仅仅是知识的传递，还在于提供一种结构化的环境，促进儿童认知和非认知能力的全面发展。不少国外研究已经证实，早期学校教育能够在一定程度上弥补家庭教育投资的不足，尤其是在低收入或低社会经济地位的家庭中尤为明显（Downey et al.，2004；Freeman et al.，2014）。生命历程早期儿童能够获得的家庭教育往往受到家庭社会经济地位的限制，而学校教育通过提供统一的教育资源和机会，可以在一定程度上平衡这种不平等，成为个体能力发展差距的均衡器。

杨娟等（2015）和江求川（2017）进一步探讨了中国社会中的这种现象。他们的研究表明，在中国快速发展的社会经济背景下，正式的学校教育，特别是基础教育阶段的学校教育，在缩小城乡教育资源和不同阶层家庭教育投资差距方面发挥了关键作用。虽然中国家庭普遍将子女的教育投资视为头等大事，但在经济条件的限制下，家庭层面的教育投入仍存在显著差异，尤其是在农村和城市之间。学校教育通过提供规范化的课程和教师资源，对这种固有差距进行了有效补偿，使得弱势家庭的孩子有机会接受与城市孩子同等水平的基础教育，从而促进了社会的整体教育公平。

2. 学校教育的实际作用：替代效应还是补充效应

尽管理论上学校教育在人力资本积累中的作用被广泛认可，但在实践检验中，学校教育与家庭教育之间的互动关系却引发了学界的不小争议。具体而言，学校教育是否能够有效弥补家庭教育的不足或可作为家庭教育的补充，往往取决于家庭对教育投资的态度和行为调整。

美国研究人员利用全国教育追踪调查数据（the National Education Longitudinal Study，NELS）研究发现，当学校教育质量得到明显提高时，社会经济地位较高的家庭往往会选择减少在子女教育中的直接参与和投资（Houtenville & Conway，2008）。这种现象被称为学校教育的“替代效应”，即父母认为学校可以提供足够优质的教育资源，从而减少了家庭教育的投入。这种效应在高收入家庭中尤为明显，因为这些家庭本身就具备资源优势，可以通过诸如课外实践活动、兴趣班等其他形式来补充学校教育的不足，而不需要直接参与孩子的日常学习。

相反，对于社会经济地位较低的家庭，学校教育质量的改善并不会显著改变他们的教育投资决策和行为。这些家庭往往由于经济和文化资源的限制，无法通过额外的方式来对学校教育进行补充，因此对学校提供的公共教育资源极为依赖。瑞典学者的研究进一步证实了这一点（Fredriksson et al.，2016）。他们发现，在低收入或低社会阶层的家庭中，父母对子女教育的参与度和投入度并不会因为学校的教育质量的变化而有所调整，孩子学业的表现也与学校教育质量密切相关，当学校教育能够提供足够支持时，这些家庭的子女在学业上也能取得显著进步。

这种差异也为教育政策的制定提供了空间。政府可以通过针对性举措改善学校教育以减少家庭背景对学生发展的影响，从而实现教育公平。例如，政策制定者可以加大对弱势家庭孩子就读学校的资金和资源支持，提升学校的教育质量，进而对劣势家庭教育投资不足形成有力补充。此外，政府还可以通过开设家长培训和社区教育项目，呼吁弱势家庭增加对子女教育的参与度和支持度，从而进一步缩小教育差距。具体地，在早期教育阶段，学校可以通过家长参与计划，鼓励家长积极参与到孩子的学习过程中。这种参与不仅有助于增强家校之间的联系，还能使得家长了解孩子的学习进度和需求，从而提供更有针对性的支持。同时，学校还可以通过家长培训和社区教育项目，提升家长的教育能力，使得他们能够在家庭环境中为孩子创造更有利的学习氛围。

国内研究人员立足中国国情对公共教育和家庭教育投入之间的关系进行了类似探讨。例如，北京大学的袁诚和上海交大的张磊在2015年的研究中聚焦城镇地区，研究发现财政教育经费支出的增加会显著带来家庭教育支出规模的缩减，公共教育和家庭教育之间的这种替代效应在收入分布处于高位和低位的家庭最为明显。（Yuan & Zhang，2015）而刘文杰等（2022）基于教育投入产出框架，对教育生产函数进行重构，并利用中国家庭追踪调查（Chinese Family Panel Studies，CFPS）研究发现，2009—2017年间中国公共教育支出和家庭教育投资之间存在显著的互补关系，两者之间的互补效应受到校外教育的较大影响。

3. 学校教育与家庭教育投入的社会经济影响：一个比较视角

关于学校教育与家庭教育投入的相对作用，已有大量研究探讨了二者对人力资本积累、收入差距缩小和经济增长拉动的影响。在这方面，学校提供的公共教育通常被视为社会经济发展的主要推动力。来自智利的研究证据表明，学校教育在培养个体的基本认知能力方面发挥着主导作用，在发展中国家和低收入家庭中作用更为凸显（McEwan，2008）。Glomm 和 Kaganovich（2008）的研究结论也支持这一观点。他们的研究表明，公共教育不仅有助于个体的认知能力发展，还能够促进社会的整体经济增长。通过提升全民的受教育程度，公共教育可以增加劳动力的技能水平并提高其生产率，从而推动整体经济增长。同时，公共教育还可以通过提高教育的普及率，减少收入不平等，使得更多的人能够分享到经济增长的成果（Barro，Lee，2013）。

在中国语境下，郭凯明等（2011）的研究也对这一观点进行了验证。经历过去几十年的深化改革，中国基础教育取得了显著进展，其中，农村地区义务教育的普及和教育质量的改善尤为斐然。然而，尽管如此，家庭教育投入的差异仍然对学生的教育结果产生了显著影响。特别是在中考分流叠加高考筛选制度的压力下，家庭教育投入的多少往往决定了孩子能否顺利进入重点高中，以及能否考入重点大学，从而影响了其未来的职业发展和社会地位（庞圣民，2017）。

为了应对这一问题，中国政府在教育政策上做出了一系列调整。例如，近年来推行的教育扶贫政策和义务教育均衡发展计划，旨在通过增加对农村和贫困地区学校的投入，缩小城乡教育差距，提升弱势群体的教育质量。这些政策措施在一定程度上减轻了家庭教育投资对个体教育结果的影响，使得公共教育能够更好地发挥其均衡社会不平等的功能（宋弘等，2022；汪德华等，2019）。此外，加大公共教育支出在微观层间也产生了传导效应，如李力行和周广肃（2015）研究发现，财政教育经费的增加会促使家庭加大对人力资本的投资力度，进而改善教育代际流动性；范子英（2020）则关注了财政转移支付的人力资本效应，基于人口普查数据的研究结果表明，政府增加转移性支出有助于提高人力资本的代际流动。

第五节　教育质量获取不均等的因素研究

（一）家庭经济资本

自从1966年美国《科尔曼报告》（Coleman Report）问世以来，家庭社会经济地位被公认为是影响孩子学业表现和长期发展的重要因素。早期研究将家庭经济收入作为家庭社会经济地位的衡量指标，发现家庭经济资本能够积极作用于子女的学业表现。家庭经济资本是决定孩子获得教育情况的关键因素，信贷约束被广泛用于解释父母收入与子女教育之间的关系。家庭经济条件越好，意味着父母的教育投资能力和风险承受能力更强、受限于信贷约束的可能性越小，能够持续积极地投身子代的教育事业。来自美国的研究数据表明，家庭经济条件优越意味着更为充足的资源投入以保障孩子教育能够有序稳步地进行（Zhan，2006）。收入丰厚的父母能够在子女生命历程早期教育阶段通过报名参加课外辅导、购置高价学区房等方式为子女谋得更为优质的基础教育（Orr，2003），从而积极影响孩子各项能力的发展，提高了孩子接受更高层次教育的可能。相较之下，收入微薄的父母更容易遭受宏观经济波动和下岗失业的冲击，即便教育贷款的存在能够使其继续投资子女教育，但其教育投资和决策行为受到极大制约。一些研究人员还认为，家庭经济资本不仅是衡量家庭财富状况的具体指标，也是揭示父母社会地位与子女学业成绩之间关系的重要指标之一。

家庭投资模型和家庭压力模型对家庭经济资本影响孩子受教育情况的作用机制作出了不同解释。由家庭投资模型推演可知，家庭在子代身上投入的经济资源越多，往往越能帮助孩子取得更高的学业成就（Haveman & Wolfe，1995）。换言之，与家庭资产积累本身一样重要的是父母将经济资源用于子女教育投资的方式和时间选择，具体地，投资活动包括但不限于提供学习相关的物资、参与子女课外生活、营造和谐家庭环境和保障一定生活水平等。与之对应的，家庭压力模型则提供了一个截然不同的视角。家庭资产的持有情况可能会对父母和孩子产生积极的心理影响，有利于家庭内部和谐关系的构建，进而促进家长在子女教育中的参与和引导，保障了孩子所获得的教育质量（Haveman & Wolfe，1995）。与此同时，现有的研究也表明，优渥的家庭经济资本会提高父母和子女对受教育程度的期望（Orr，2003；Zhan，2006）。而个体在早期教育阶段形成的教育期望对其未来的教育成就和个人发展具有深远影响。

（二）家庭文化资本

已有许多研究证实，除了家庭经济资本，通常以父母受教育情况度量的家庭文化资本，也是影响孩子教育成就的主要因素之一（Chen et al.，2018）。父母学历一直被学界视为孩子受教育程度的重要预测因素，即使在控制家庭经济资本和其他家庭背景因素的情况下也是如此。来自墨西哥家庭的研究证据表明，父母受教育程度越高，孩子接受更高层次教育的可能性越大（Creighton & Park，2010）。受教育程度较高的父母由于从小接受了良好的环境熏陶，他们不仅对于个人求学深造方面有着丰富的经历和经验，而且也深知教育对于个人未来发展的重要性，由此对子女教育抱有更高的期望（Li et al.，2020）。与之相对的，文化程度较低的父母会自认为不能给子女教育带来足够的帮助，以至于较少参与到子女教育当中，这显然无益于子女受教育质量的提升。已有很多实证研究的证据表明，父母教育和子女教育之间存在着强烈的关联，尽管这种关联程度的大小因母亲和父亲而异（Gibbs & Heaton，2014）。一般来说，随着家庭文化资本的提升，父母能够为子女提供更多优质教育资源的机会也会增加。由此产生父辈教育成就和子代教育成就之间的代际联系，进而对社会不平等产生更广泛的影响。

国内研究人员也关注到家庭文化资本对子女教育获得的影响。李煜（2007）从对子女的教育期望、父母的文化资本和人力资本三个方面出发，解释父母受教育程度对子女教育获得的影响，研究发现，文化程度高的家长会对子女表现出更高的教育期望，也更为重视子女的教育。杨娟和何婷婷（2015）基于2002年中国家庭收入调查数据，将外生的历史事件作为父亲文化程度的工具变量，研究结果表明，父亲受教育程度的提升会带来子女继续高等教育可能性的增大。林莞娟和张戈（2015）利用2005年全国人口抽样调查数据进行研究，将延长中小学年限的学制改革作为父母文化程度的工具变量，得出了类似的研究发现。邹薇和马占利（2019）利用CHNS数据，考察了父母受教育程度对子代教育的影响，除了基本结论和已有研究保持一致以外，该研究还发现母亲文化程度对子代接受高等教育的影响更大。汪鲸和罗楚亮（2019）则从时间维度比较了家庭文化资本对子女教育机会获得影响的变化，利用2002年和2013年中国家庭收入调查数据进行研究，发现相比于2002年，2013年父母受教育程度对子女高中教育机会获得的影响更为凸显。

（三）父母职业阶层

在许多关于社会阶层地位的讨论中，父母职业阶层往往与家庭文化资本一起被视为影响儿童教育的关键因素。现有围绕家庭社会地位和儿童教育成就之间联系的研究表明，父母双方的职业阶层往往与子女的教育表现有着紧密联系（Li et al.，2020）。父母在工作中培养的习惯和收获的经历，往往会融入到他们对子女的教养方式中。来自西班牙的研究数据显示，家庭社会文化背景对于年轻人学习深造的决策尤为重要，来自出卖劳动力维持生计的家庭或母亲受教育水平较低的年轻人，在完成基础教育后选择继续学业的概率明显更低（Calero，2008）。

并且，相比于父母的收入水平，父母的职业阶层更能准确体现家庭的社会经济地位。所以在很多研究中，直接用父母职业所属类别来指代家庭的社会经济地位。吴愈晓和黄超（2016）就根据家长职业对所属家庭进行区分，具体做法是，将管理类职业（机关单位人员、企业管理层）和技术类职业（教师、工程师、医生、律师等）归为精英阶层，其他职业则被划分为非精英阶层。李春玲（2003）在对中国1940—2001年教育机会不平等的因素进行剖析时发现，出生在职业地位较高家庭的子女在教育机会获得方面存在明显优势。针对厄立特里亚八年级学生的调查研究发现，高度重视子女教育的家庭，其社会阶层地位往往处于中上层，大都居住在城市，父母从事白领类职业，并且他们自己受教育程度也不低（Tesfagiorgis et al.，2020）。

（四）家庭结构组成

1992 年诺贝尔经济学奖得主、美国经济学家加里 · S. 贝克尔（Gary S. Becker）在 1981 年提出了“数量 – 质量权衡理论”以解释在面对家庭信贷约束时，家庭生育决策需要在生育数量与质量之间做出权衡。在家庭资源保持不变的情况下，对于子女数量较少的家庭，家庭可用于每个子女的货币性和非货币性教育投入相对更多，有利于帮助子女获得更高质量的教育。受该理论的启发，早期相关研究普遍发现孩子受教育情况与家庭内部子女数量存在显著的负相关关系。子女数量的增加、家庭规模的膨胀则会导致子女留级率的提高，并降低其教育成就，甚至使其未来收入水平降低近十年来，家庭规模变化的测度与衡量方法不断跟进，研究人员分别使用双胞胎出生率（Li et al.，2008）、家庭内部子女的性别比和性别混合策略（Conley & Glauber，2006）、生育的外部成本（Dang & Rogers，2016）、生育政策的外生冲击（Li et al.，2008）等作为捕捉家庭规模变化的指标，就家庭结构组成对子女教育获得的影响进行考察，但却并未达成共识。

家庭同辈人数量对子女教育获得的影响不仅存在于家庭层面的信贷约束，也存在于家庭内部资源在子女之间的分配方式。父母通常会将时间和资源在子代进行重新分配以应对不同子女在天生禀赋、技能培养和学业成就方面的差异（Del Bono et al.，2012）。美国经济学家加里 · S · 贝克尔和奈杰尔 · 托马斯于 1976 年提出的人力资本理论模型表明，如果家庭内存在多名同辈子女，父母会将更多投资用于能力表现优秀孩子的人力资本开发，以实现家庭总体效用最大化，即父母在子女教育中表现出强化行为。美国宾夕法尼亚大学教授杰尔 · R. 贝尔曼（Jere R. Behrman）和他的合作者们在 1982 年则提出一种极具对比性的观点，即父母会表现出对不同子女之间教育结果不平等的厌恶，从而在能力相对较弱的孩子身上投入更多，即父母会在子女教育中表现出补偿行为。关于父母对不同子女教育投资的经验证据在不同的社会经济背景下得出了不同的结论。基于美国青年追踪调查数据（National Longitudinal Survey of Youth 1979，英文简称 NLSY79）的研究显示，相对于能力表现较差的子女，父母倾向于加大对表现能力更强的子女的教育投资，从而强化了家庭内部子代的认知差异（Frijters et al.，2013）。与之相对的，有研究表明，父母对因天赋异禀和产前遭遇冲击导致的子代早期禀赋差异做出了补偿（Del Bono et al.，2012）。北京大学易君健和合作者们对中国家庭的教育投资行为进行追踪发现，虽然父母为应对早期健康冲击而进行补偿性投资，但后期的教育投资行为往往会强化这些早期冲击的作用（Yi et al.，2015）。除此之外，也有研究人员发现，父母在子代教育投资中表现出的强化倾向或补偿倾向，在很大程度上取决于父母自身的资源积累，资源更丰富的家庭在面对子代禀赋差异时，会通过教育投资表现出补偿行为，而资源较少的家庭则会表现出强化行为（Hsin，2012）。但也有研究人员对此予以否认，并没有充分的证据表明父母会基于自身社会经济地位表现出强化或补偿行为的差异（Figlio et al.，2014）。

本章小结

本章内容对于后续章节内容的展开起到抛砖引玉的关键作用，故在内容编排上主要围绕以下几个方面展开：

（1）对本书的研究关键词——教育质量，进行学理层面的概念界定。针对公共服务质量的特征，结合已有文献资料对服务质量的理解和认识，本书在充分考虑教育生产性功能的同时，突出教育服务需求方和使用者在教育质量评价中的主体地位，将教育质量定义为学校为教育需求方提供与其能力发展需要相适配的教育服务的能力。

（2）阐释基础教育质量影响人力资本积累的理论基础。从经典人力资本理论着手，强调教育是人力资本投资的重要途径，并且，通过接受教育获得的技能与知识构成了人力资本价值的重要组成。文化资本再生产理论的提出，让社会各界认识到，教育系统本身就是社会不平等再生产的关键场所，社会阶层之间的差距意味着家庭背景不同的孩子在教育系统中的成功概率差异显著。“最大化维持不平等”理论和“有效维持不平等”理论作为解释教育不平等发生机制的主流理论，两者的主要区别在于，前者更多关注教育机会在不同社会阶层之间的分配不均问题，教育扩张会优先惠及优势阶级群体，扩张程度只有使得这部分群体的教育需求达到饱和，进一步扩张才能缓解各阶层之间的不平等；后者则侧重于揭示教育机会得到全面扩张后，教育质量和结果的不平等如何得以维持甚至放大。

（3）梳理归纳现有关于教育质量的测度方式研究。根据已有研究在界定教育质量时的侧重点差异，将教育质量的测度思路归为七种，并以此为线索，对学界常用的教育质量测度指标进行归纳总结，发现主要有教育投入性指标、教育产出性指标和综合指标体系三种做法。紧接着，介绍广泛用于公共服务质量评价的 Servqual 模型，对其包含的五个质量维度——有形性、可靠性、回应性、保证性和移情性所刻画的公共服务质量内容进行概括。结合 Servqual 模型在教育质量评价中的应用，特别是相关改进或拓展模型在高等教育服务质量评价中的实际应用，展示该模型是如何通过需求方和使用者对所接受教育服务的预期期望和实际感知之间差距的判断和认定，对教育服务质量进行量化测算分析，识别出教育服务存在的问题与短板，并对现有利用该模型进行教育质量研究存在的共性与不足做出总结。

（4）梳理归纳现有关于早期教育对人力资本的影响研究。这部分研究综述主要围绕两条主线展开：一是教育对人力资本的生产效应，分别从公共教育投入对人力资本积累的效应评估、教育对个体能力形成与发展的影响研究以及中国社会下的教育改革与人力资本积累研究三个方面，同时呼应第二节对人力资本理论和新人力资本理论内容的阐述，系统性梳理现有经典的、前沿的理论和实证研究；二是就生命历程早期阶段学校教育对家庭教育投资究竟是产生了替代效应还是补充效应进行文献层面的探讨，同样也是从学校教育对个体能力自我形成和家庭教育投资不足的补偿性、学校教育的实际作用评价以及学校教育和家庭教育的社会经济影响比较三个方面，对国内外相关研究的发展进行梳理。

（5）梳理归纳教育质量获取不均等的因素研究。遵循家庭背景是影响孩子教育获得的重要因素这一被反复验证的观点，将家庭背景细分为家庭经济资本、家庭文化资本、父母职业阶层和家庭结构组成这四个方面，分别展开论述每个因素对子代教育质量获取不均等的影响。其中，家庭经济资本影响子代教育获得的作用机制可由家庭投资模型和家庭压力模型做出解释；家庭文化资本的影响则更多体现了人力资本的代际流动；父母职业阶层对子代教育的影响反映了家庭社会地位的重要性；家庭结构组成则体现了父母将有限的家庭资源在不同子女之间的配置。

本章内容为后续基础教育质量的测算提供了基于 Servqual 模型的研究框架，也为量化评估基础教育质量的人力资本效应提供了理论基础和文献参考，同时为研究基础教育质量获取不均等的影响因素提供了思路和方向。可以说，本章引经据典、抛砖引玉，所引用的大量参考文献资料，既涵盖了研究领域内必读的经典著作，又融合了前沿研究成果，理解本章的内容，有助于厘清本书的研究主题和研究思路，后文研究中也会反复对本章内容进行呼应和探讨。

第三章　我国基础教育质量的特征事实

本章研究的主要贡献在于：第一，结合我国基础教育重大改革和相关政策文件，对改革开放以来我国基础教育改革历程进行系统性梳理，以准确把握在不同发展阶段下的基础教育建设和发展重点差异，为理解各项代表性改革举措提供学理依据；第二，基于供给和需求两个维度，提出一个全面综合的基础教育质量评价体系，打破了既有研究大都以教育投入或教育成就作为教育质量代理指标的做法，将教育需求方对所获得教育服务的感知和评价纳入统一分析框架，同时遵循国家《义务教育质量评价指南》的指导思想，为基础教育质量评价提供了可参考的研究范式；第三，拓展了 Servqual 模型在教育质量评价中的应用范围，现有文献大都利用改进的 Servqual 模型对特定学校或专业的高等教育质量进行评价，少有针对某一国家或地区基础教育质量的相关研究，本章在 Servqual 模型框架内，同时将基础教育的客观供给和主观需求纳入考量，基于五个质量维度对现阶段我国基础教育质量进行了测算。整章结构安排如下：第一节为我国基础教育重大改革及政策梳理；第二节基于 Servqual 模型测度了我国基础教育质量；第三节比较了我国基础教育质量在校级层面和地区层面的分布特征；最后为本章内容小结。

第一节　我国基础教育重大改革及政策梳理

（一）“效率优先，兼顾公平”目标下的基础教育发展（1978—2000年）

2000年以前在普及义务教育的目标导向下，我国政府从法制健全、权责划分、经费保障、办学形式多样等方面出发制定相关政策文件，以实现基础教育资源的规模扩张和可及性增强。

相关法律法规和政策体系的建设为推进义务教育全面普及的阶段性目标提供了指引和方向。1982年颁布的《中华人民共和国宪法》提出“普及初等义务教育”，这是首次以宪法形式明确普及初等义务教育的目标。1985年中共中央颁布《关于教育体制改革的决定》提出“有步骤地实施九年义务教育”，使得“普九”成为当时基础教育事业的发展重心。1986年《中华人民共和国义务教育法》的通过标志着九年义务教育制度的全面确立，义务教育普及工作的全面开展有了独立的法律保障。1993年，中共中央、国务院发布《中国教育改革和发展纲要》，提出“基本普及九年义务教育、基本扫除青壮年文盲”的“两基”工作目标，为基础教育发展定下了新的基调。经过各级政府的不懈努力，截至2000年底，全国85%以上人口和地区已经实现了“两基”目标。

政府间关于基础教育事权的划分，也构成了这一阶段基础教育管理体制改革的重要内容。从新中国成立初期至20世纪80年代中期，中国基础教育管理体制呈现高度集权的特征，这也与当时社会经济发展条件有限情况下突出强调教育资源配置使用效率相适应。但随着中国经济体制由计划经济向社会主义市场经济过渡，高度集权的基础教育管理体制已不再满足社会经济发展需要。为解决基础教育管理体制与各类社会关系的矛盾，1985年《中共中央关于教育体制改革的决定》的发布明确了中国基础教育管理体制改革的思路和方向，“扩大学校的办学自主权”“把发展基础教育的责任交给地方”，1986年颁布的《中华人民共和国义务教育法》则明确了我国基础教育“地方负责、分级管理”的原则。1993年，中共中央国务院印发《中国教育改革和发展纲要》，提出为实现“全面普及九年义务教育”目标，需要“深化中等以下教育体制改革，继续完善分级办学、分级管理的体制”。一系列政策的发布，促使基础教育管理权责层层下移至地方，即中央政府向地方政府放权、政府又将具体的管理责任下放至基层学校，逐步形成了县、乡两级管理，农村义务教育“以乡为主”的管理格局。

用于基础教育事业的财政经费投入保障机制与财政体制改革、基础教育权责划分调整一脉相承。20世纪80年代，中国财政体制由“统收统支”的集中管理改为“划分收支、分级包干”的“分灶吃饭”模式，一级政府与一级财政相对应。1980年3月，教育部党组发布《关于实行新财政体制后教育经费安排问题的建议》，提出从1980年起由中央财政和地方财政共同承担教育支出责任，其中中小学的教育经费由省市一级财政负担。1983年5月，中共中央、国务院发布《关于加强和改革农村学校教育若干问题的通知》，围绕农村学校教育改革进行了系列部署，其中，提出要通过多种渠道解决农村教育经费不足的问题。但这一时期义务教育财政经费投入机制仍是单一的管理模式。1985年5月，中共中央在《关于教育体制改革的决定》中明确基础教育管理权责划至地方，为保证地方用于发展教育事业的财政投入，“除了国家拨款以外，地方政府可以征收教育费附加”，并基于自愿原则，鼓励各单位、集体和个人捐赠资助教育经费。相关的政策文件主要有国务院于1986年发布的《征收教育费附加的暂行规定》、国家教育委员会于1988年发布的《关于加强普通教育经费管理的若干规定》等。教育事业的发展离不开经费的充足保障，1993年中共中央、国务院印发《中国教育改革和发展纲要》，正式提出“逐步提高国家财政性教育经费支出占国民生产总值的比例，本世纪末达到百分之四”。随后，分税制改革的推行进一步理顺了政府间财政关系，充分调动了地方大力发展教育的积极性。教育财政经费规模得到大幅提升，2000年国家财政性教育经费（包括各级财政对教育的拨款、城乡教育费附加、企业办中小学支出以及校办产业减免税等项）达2562.61亿元，相比于1994年的1174.74亿元增长了

118.14%，同期全国普通小学生均预算内公用经费也从11.73元增加至491.58元，增长了40.91倍[1]。但这一时期各省份之间的教育经费也存在着巨大差异，以基础教育阶段的生均经费为例，国际教育经济学专家曾满超（Mun C. Tsang）在其1994年的研究中发现，1989年中国省际层面小学生均教育经费最大值是最小值的5.2倍，初中生均教育经费最大值则是最小值的4.5倍。

这一时期，为更高效地实现普及义务教育的目标，国家鼓励多种形式办学。1980年，中共中央、国务院在《关于普及小学教育若干问题的决定》中就提出办学形式要多样化，“力求使学校布局和办学形式与群众生产、生活相适应，便于学生就近上学”方便学生就近入学。1985年中共中央在《关于教育体制改革的决定》中也提出为满足推行九年义务教育的阶段性需要，鼓励多种形式办学。1997年，国家教育委员会印发《关于规范当前义务教育阶段办学行为的若干原则意见》，提出建立以政府办学为主、社会广泛参与的基础教育办学格局，鼓励发展多种形式的民办中小学。1999年中共中央、国务院在《关于深化教育改革全面推进素质教育的决定》中再次强调了多种形式办学的理念，“形成以政府办学为主体、公办学校和民办学校共同发展”的基础教育资源配置格局。

（二）“规模效益”目标下的基础教育改革（2001—2011年）

进入21世纪后，基础教育改革步入深水区、攻坚期。以2001年国务院发布的《国务院关于基础教育改革与发展的决定》、2002年国务院办公厅发布的《国务院办公厅关于完善农村义务教育管理体制的通知》、2004年国务院印发的《2003—2007年教育振兴行动计划》等政策文件为指引，我国政府明确了新阶段基础教育体制改革的基本思路和工作重点。具体为，以管理体制机制改革为抓手，围绕财政经费分担、重点地区基础教育帮扶建设以及民办教育发展等几个方面展开，为整合基础教育资源配置格局、进一步推进基础教育的全面普及提供制度保障和政策支持。

[1] 数据来源于1994年和2000年《全国教育经费执行情况统计公告》。

首先进行的是基础教育统筹管理主体责任的调整。鉴于前期确立的“以乡为主”的基础教育管理体制在实践当中存在诸多问题，2001 年国务院在《国务院关于基础教育改革与发展的决定》中，提出在不改变“地方负责、分级管理”的管理原则基础上，突出强调县级政府在地方基础教育事业建设和发展中的主体责任，即将中国基础教育管理权限上移至县一级，由“以乡为主”逐步转变为“以县为主”，调整后的基础教育管理体制呈现“国务院领导，地方负责、分级管理、以县为主”的格局，县级政府在基础教育发展中的主体地位首次得到明确和强化。随后，2006 年新修订的《中华人民共和国义务教育法》明确规定，“义务教育实行国务院领导，省、自治区、直辖市人民政府统筹规划实施，县级人民政府为主管理的体制”，由此，我国“三级管理”的基础教育管理体制在法律层面得以确立。

同样，基础教育财政经费投入分担机制也随着基础教育管理体制改革进行了相应调整。在基础教育财政经费投入方面，自 2001 年国务院在《关于基础教育改革与发展的决定》提出省级政府要“对财力不足、发放教师工资确有困难的县”调整财政体制和增加转移支付，即以财政统筹的方式解决农村中小学工资发放问题，旨在保证各省教师工资按时足额发放，基础教育经费“省级统筹”的概念开始被提及。之后，省级政府在基础教育财政投入中的统筹职能不断被强化，由最开始的单一统筹发放农村基础教育教师工资逐步转变为全方位统筹省内基础教育的财政兜底责任。2005 年国务院发布《关于深化农村义务教育经费保障机制改革的通知》，标志着“省级统筹、多级共担”的基础教育财政体制的形成。配合同一时期“两免一补”等改革的落实和推进，中国基础教育全面纳入国家财政保障体系（胡咏梅，周威，2024）。随后，2006 年新修订的《中华人民共和国义务教育法》进一步明确规定，基础教育经费投入“实行国务院和地方各级政府根据职责共同负担”，省（自治区、直辖市）人民政府负责制定本地区基础教育经费的统筹和落实。农村地区基础教育经费由各级地方政府根据中央政府规定分项目、按比例分担。并且，还对基础教育财政经费的增长提出了明确要求，即“用于实施义务教育财政拨款的增长比例应当高于财政经常性收入的增长比例，保证按照在校学生人数平均的义务教育费用逐步增长，保证教职工工资和学生人均公用经费逐步增长”。为有效解决基础教育经费总量长期不足、地区经费投入差异过大的问题，中央对各地区基础教育经费实行差异化支持，具体地，中央财政对西部地区基础教育经费的分担比例达 80%，中部地区的分担比例为 50%，经济发展水平较好的东部地区则需要完全自筹基础教育经费。这一做法在促进地区间基础教育财政经费投入均衡的同时，也为地方政府留有充足的自由裁量空间。尽管中央和省级政府关于基础教育经费的分担比例得到了全面确定，但省以下各级地方政府关于经费分担却出现了较多问题，主要集中在作为发展基础教育主体的县级政府，其财力有限意味着负担基础教育经费的困难。胡咏梅和周威（2024）研究发现，2008—2010 年中国基础教育生均财政经费的基尼系数出现小幅回升，并将其解释为各省因财政状况差异，对 2007 年财政部、教育部《关于调整完善农村义务教育经费保障机制改革和有关政策的通知》这一文件的落实周期有所不同，导致省级层面基础教育经费的基尼系数出现短期上升。

此外，民办中小学的规模持续扩张，地位也得到不断提升。2002 年《中华人民共和国民办教育促进法》的颁布标志着民办教育事业的重要地位得到了法律保障，各级政府随即将民办教育作为国民经济和社会发展规划的重要内容。2006 年新修订的《中华人民共和国义务教育法》明确提出，“社会组织或者个人依法举办的民办学校实施义务教育的，依照民办教育促进法有关规定执行；民办教育促进法未作规定的，适用本法。”得益于法律法规的健全完善，民办基础教育快速发展。2004 年至 2011 年，民办普通小学在校学生数由 328.3213 万人增至 567.8255 万人，涨幅达 72.95%[1]。

这一时期的基础教育改革以及相关政策所呈现出的显著特征是通过加大基础教育投入、调整基础教育资源配置，以实现基础教育的规模效应，特别是经济欠发达、农村地区基础教育的普及和改善。现将此阶段发生的

[1] 数据来源于国家统计局。

重要改革进行梳理归纳。

1. 国家贫困地区义务教育工程

自1995年末至2000年底，中央政府在中西部地区22个省份选择了852个贫困县，实施以改善这些地区基础教育办学硬件为主要内容的第一期“国家贫困地区义务教育工程”（以下简称“义务教育工程”）。该项工程的主要目标是改善目标地区的基础教育办学条件，力求通过提升硬件设施来推动贫困地区的教育事业发展。在第一期工程实施过程中，中央政府和地方政府紧密合作，通过资金支持和政策引导，提升贫困地区基础教育水平。2001年4月，教育部、财政部发布《关于制定第二期“国家贫困地区义务教育工程”项目实施规划的通知》，决定对尚未实现“普九”的地区实施第二期“义务教育工程”。第二期工程的重点工作是解决经济薄弱地区初中和小学的基本办学问题，特别是加大基础教育学校布局调整的力度。这一阶段工程的实施，旨在推动贫困地区实现义务教育的普及，进一步确保学龄儿童的教育机会公平。第二期“义务教育工程”涉及的县有85%以上处于西部省份，反映出国家在区域发展不平衡背景下对西部地区的特别关注。中央专款和省级配套资金大体根据各县农民人均纯收入、财政收入、贫困人口规模等因素进行分配，这种分配方式确保了资金的使用效率，优先保障了少数民族地区、革命老区、边境地区、产粮大县等特定地区的资金落实（汪德华等，2019）。同年7月，教育部印发《全国教育事业第十个五年计划》，明确提出中央财政继续设立专项资金，推进“国家贫困地区义务教育工程”二期计划（2001—2005年）和三期计划（2006—2010年），进一步加大对贫困地区义务教育的扶持力度，为目标地区的基础教育发展提供了更为坚实的保障。

在两期“义务教育工程”项目中，中央和各级地方政府的大力财政支持确保了工程的顺利推进，共落实到位的资金规模达205.48亿元，其中，中央财政拨款占比达38.41%，省级财政配套资金占比为47.39%。这些资助金的有效投入极大改善了项目县中小学的办学条件，具体表现为生均校舍面积的显著提升：小学生均校舍面积达到4.5平方米，初中生均校舍面积达到6平方米。随着“义务教育工程”的持续进行，义务教育普及程度得到了显著提高。“义务教育工程”第二期实现了年均资助贫困学生150.3人，资助资金规模达2.1亿元，惠及了大量农村孩子，使其能够顺利完成义务教育。在涉及的522个项目县中，有435个通过了“普九”验收[1]，这一成就不仅有力证明了工程的实施效果，也表明国家在推动教育公平方面做出的努力得到了社会各界的认可。

2.“撤点并校”——农村基础教育资源布局的全面调整

为提高农村地区人口出生实际和基础教育资源配置的匹配性，2001年6月，国务院在《关于基础教育改革与发展的决定》中明确将调整农村基础教育资源布局列为重要工作，提出“农村小学和教学点要在方便学生就近入学的前提下适当合并”。自此开始，涉及全国农村中小学的“撤点并校”改革正式在各省开展。改革推行的当年，全国有超过6万所小学被撤销合并，减少的小学数量占比约为12%，随后每年被撤并的小学规模基本维持在2万至3万所左右（梁超，王素素，2020）。随后，在2002年和2003年，国务院办公厅和财政部分别下发《关于完善农村义务教育管理体制的通知》和《中小学布局调整专项资金管理办法》两份政策文件，进一步推动了以“撤点并校”为载体的农村基础教育资源配置调整。2004年教育部、财政部联合发文，在《关于进一步加强农村地区“两基”巩固提高工作的意见》中提出各地在开展调整农村中小学布局、提高办学规模效益工作的前提是要遵循“小学就近入学，初中相对集中”这一原则，“撤点并校”工作的推进要稳步进行。2005年，教育部在《关于进一步推进义务教育均衡发展的若干意见》中着重强调要提高农村学校的教育质量，“撤点并校”关键在于撤并一批生源不足、办学条件较差的薄弱学校。

但随着中小学撤并改革的不断推进，部分地区采取“一刀切”的方式减少教育财政投入，致使农村中小学及教学点数量骤减，农村地区基础教

---

[1] 宋梓铭．我所经历的“国家贫困地区义务教育工程”中国财政，2008.（16）：75-77（参见https://www.mof.gov.cn/zhuantihuigu/czgg0000_1/czgg0000/200811/t20081106_88367.htm）。

育阶段学龄儿童再次面临“上学难”的困境，这些问题引起了中央的重视。2006年6月，教育部印发《关于实事求是地做好农村中小学布局调整工作的通知》，明确提出要在保证学生方便就学的原则下稳步推进农村中小学布局的调整。中央开始有意识对撤点并校改革进行纠偏，同年起农村地区中小学规模的缩减速度有所放缓，但基础教育阶段学校的撤并工作仍在进行。2012年9月，国务院办公厅发布《关于规范农村义务教育学校布局调整的意见》，要求“处理好提高教育质量和方便学生就近上学的关系”，对农村中小学校的撤并程序加以规范，坚决制止盲目撤并行为，并就改革导致的问题开展专项督查。至此，各地农村地区撤并中小学的力度显著减弱，之后每年被撤并的农村小学数量减少至1万所左右（梁超，王素素，2020）。

3.“两免一补”——减轻义务教育阶段家庭支出负担

2001年国务院印发《关于基础教育改革与发展的决定》，提出“对贫困地区家庭经济困难的中小学生进行免费提供教科书制度的试点”“采取减免杂费、书本费、寄宿费等办法减轻家庭经济困难学生的负担”，标志着“两免一补”（免杂费、免书本费、补助寄宿生生活费）政策面向农村基础教育阶段家庭经济困难学生实施，以保障其不因家庭经济问题无学可上。2003年国务院发布《关于进一步加强农村教育工作的决定》，对“两免一补”工作目标进一步明确，即到2007年使所有基础教育阶段家庭经济困难学生都能享受到“两免一补”政策的实惠。2004年财政部、教育部联合印发《对农村义务教育阶段家庭经济困难学生免费提供教科书工作暂行管理办法》，详细阐释了“两免一补”政策的实施细则及具体方案。2005年中央一号文件和财政部、教育部联合发布的《关于加快国家扶贫开发工作重点县“两免一补”实施步伐有关工作的意见》均强调，“两免一补”政策要全面覆盖农村基础教育阶段贫困家庭学生。其中，中央财政负担免费教科书所需经费，地方财政则负责杂费和寄宿生生活费开支。由此开始，“两免一补”政策从初步试点过渡到渐进推开阶段。2006年新修订的《中华人民共和国义务教育法》明确规定，“实施义务教育，不收学费、杂费”，给予免费基础教育以法律制度保障。2008年8月15日，国务院发布《关于做好免除城市义务教育阶段学生学杂费工作的通知》提出国家将对城市义务教育阶段的所有公办学校的学生，于2008年秋季学期开始免除其学杂费。此外，继续免费为享有城市居民最低生活保障政策的义务教育阶段学生，提供教科书；为家庭经济条件较差的寄宿学生，资助生活费。“两免一补”政策正式进入城乡全面覆盖阶段。

“两免一补”是我国政府为全面推进基本公共教育服务均等化的重要阶段性探索，主要围绕保障家庭经济困难学生在基础教育阶段的受教育公平展开。“两免一补”从解决基础教育公平的角度出发进行政策设计，在满足教育普惠性政策诉求的同时，突出强调基础教育的纯公共物品属性，能够为早期教育起点公平提供有力的制度保障。截至2007年春季学期，农村基础教育阶段学生的学杂费得到全免，西部地区有42%共计1955万名家庭困难学生能够获取免费教科书，50%寄宿生享受到生活费补助。得益于此，西部地区农村基础教育阶段学生入学率和巩固率均得到显著提高，其中，2006年初中辍学率已降低至1.87%，相比于2002年下降了2.43个百分点，基本与东部地区持平[1]。

4. 农村义务教育学生营养改善计划

在全国营养改善计划实施前，部分地方政府和社会团体已开始探索儿童营养干预项目。其中，福建省政府推出的“免费营养早餐工程”为农村义务教育寄宿学生提供了有益的营养支持。这些初步尝试为国家层面营养改善计划的全面实施奠定了基础。在2010年发布的《国家中长期教育改革和发展规划纲要（2010—2020年）》中，中央就明确提出“改善学生营养状况，提高贫困地区农村学生营养水平”这一战略目标，标志着国家开始重视农村学龄儿童生长发育情况并通过具体政策干预改善其营养摄入。中央政府宣布于当年正式启动义务教育学生营养改善计划，宁夏回族自治区为首批试点地区。随后，2011年国务院办公厅印发《关于实施农村义务教育

[1] 教育部 国家发展改革委 财政部关于《国家西部地区“两基”攻坚计划（2004—2007年）》完成情况的报告（参见 http://www.moe.gov.cn/srcsite/A05/s7052/200712/t20071229_181445.html）。

学生营养改善计划的意见》(简称《意见》),进一步细化了营养改善计划的实施细则。根据《意见》安排,自当年秋季学期起,计划开始为集中连片特殊困难地区和家庭困难学生提供营养膳食补助,所需资金由中央财政全额承担。农村义务教育学生营养改善计划的试点工作由此全面启动,为后期的推广奠定了基础。随着计划在目标地区的有序推进,2012 年 3 月,中央政府发文鼓励各地方政府根据辖区实际情况,以贫困、特殊地区为重点,因地制宜开展计划试点,地方财政负责,中央提供奖励性补助。这一策略得到了各地方政府的积极响应和参与,通过中央主导和地方协调的配合模式,营养改善计划的推广范围得以进一步扩大。

截至 2017 年 3 月,全国共有 29 个省份 1590 个县实施了营养改善计划,全国范围内超过一半的县实施了营养改善计划,超过一半的义务教育学校为学生提供了营养餐,近四分之一的义务教育阶段学生享受了营养膳食补助[1]。这些数据不仅反映出政策的覆盖面广泛,也表明在政府的推动下,农村中小学生营养状况的改善得到了广泛的关注和支持。追踪调查结果显示,多数实施营养改善计划的省份,义务教育学生的身体素质得到了显著提高。中国发展研究基金会对 62 个实施计划县的 192 万名学生的监测数据显示,从 2012 年至 2016 年,每年新入学的 7 岁义务教育学生身高无明显差别,而受益于国家营养改善计划的 8 至 12 岁学生的平均身高却有所增长[2]。这表明,营养改善计划在促进学生身体发育方面确实发挥了积极作用。

从更深层次来看,这项由政府主导的营养干预计划,为早期教育的干预和人力资本的积累提供了坚实的基础。学生的身体健康状况直接影响到他们的学习能力和未来发展。营养的改善不仅提升了学生的身体素质,也增强了他们的学习动力和学习效率,有助于他们在求学道路上的持续进步。更进一步,营养改善计划的实施有助于缩小城乡、地区之间的教育差距。

---

[1] 教育部《关于农村义务教育学生营养改善计划实施情况的报告》(参见 http://www.moe.gov.cn/jyb_xwfb/gzdt_gzdt/s5987/201703/t20170302_297934.html)。

[2] 中国发展研究基金会 . 贫困地区农村学生营养改善进展 . 2018-10-22.http://www.moe.gov.cn/jyb_xwfb/xw_zt/moe_357/s6211/s6329/s6334/201810/t20181022_352375.html。

在欠发达地区和落后地区，由于经济条件限制，许多家庭无法为孩子提供足够的营养，而营养不足又会影响孩子的学习能力，形成一个恶性循环。通过国家政策干预，营养改善计划有效打破了这一循环，使得更多农村孩子能够在更为平衡的条件下接受教育，追求自己的梦想。总体而言，农村义务教育学生营养改善计划的成功实施，不仅改善了学生的营养状况，也为国家的教育公平、社会和谐及人力资本的积累提供了重要支撑。

（三）“公平且有质量”目标下的基础教育改革（2012 年至今）

2011 年 11 月，中国宣布已经全面普及九年义务教育和扫除青壮年文盲。“两基”目标的全面实现意味着中国基础教育的全面普及和国民文化素质的根本提升，同时，也意味着作为最大的发展中国家，中国在促进教育公平，特别是早期教育机会公平方面取得了巨大成就。从 1990 年到 2005 年，世界文盲每减少的十人中，就有一人来自中国，可以说，中国在基础教育建设和发展中的投入也成为推动世界全民教育发展的重要力量[1]。虽然 2010 年发布的《国家中长期教育改革和发展规划纲要（2010—2020 年）》提出的“教育公平”目标随着“两基”的全面实现取得了实质性进展，但优质基础教育资源供给不平衡不充分的问题仍较为突出。党的十八大以来，我国政府围绕“办好人民满意的教育”，持续深化教育领域综合改革，致力提升基础教育质量，为实现“公平且有质量”的基础教育进行了全方位的深入探索。

《2012 年全国教育经费执行情况统计公告》显示，2012 年国家财政性教育经费占 GDP 比重达到 4.28%，意味着我国政府在教育财政投入的“追 4”工作目标如期实现。在扩大经费投入总规模的同时，为解决长期存在的城乡基础教育不均衡问题，2015 年国务院印发《关于进一步完善城乡义务教育经费保障机制的通知》，明确提出中央以“分项目、按比例”分担的形

[1] “两基”耀中华 丰碑立千秋 . 中国教育报 . 2012-11-13. 参见 http://www.moe.gov.cn/jyb_xwfb/moe_2082/s6236/s6688/201211/t20121113_144413.html。

式给各省政府下达任务，具体从“两免一补”、公用经费基准定额、中小学校舍维修改造、教师工资发放四个方面对省以下各级政府提出了经费投入和组织保障的要求，各省级政府需建立“城乡统一、重在农村”的基础教育经费保障机制。此政策文件的发布旨在缩小城乡基础教育发展差距、补齐农村籍基础教育发展的不足，从财政经费入手推动城乡基础教育的优质、均衡。有研究数据显示，近十多年来，我国基础教育财政投入的不平等中大约有四分之三来自省际层面，细分区域来看，东部省份的不平等程度最高，得益于2015年城乡统一的义务教育经费保障机制的确立，中央对西部省份的经费支持力度持续增加，西部地区基础教育财政投入的公平性近年来表现最佳（胡咏梅和周威，2024）。紧接着，2017年9月，中共中央办公厅、国务院办公厅印发《关于深化教育体制机制改革的意见》，明确提出要切实做到“一个不低于、两个只增不减”（国家财政性教育经费支出占国内生产总值比例一般不低于4%，确保一般公共预算教育支出逐年只增不减，确保按在校学生平均的一般公共预算教育支出逐年只增不减），这些政策的出台旨在保障国家对公共教育的持续性投入，提升教育质量、促进教育公平。

1. 精准扶贫中的教育脱贫

脱贫攻坚是十八大以来我国政府工作的核心关键，体现了国家对消除贫困、实现共同富裕的坚定决心。在脱贫攻坚战的推进过程中，教育被视为促进社会公平、培育人力资本、从根本上助力脱贫的重要途径。为充分发挥教育在扶贫开发中的重要作用，教育部、发展改革委、财政部等七部门于2013年9月发布《关于实施教育扶贫工程的意见》，明确了教育扶贫工作的目标和措施，旨在通过加强教育提升贫困地区的整体发展水平。该项工程主要聚焦于《中国农村扶贫开发纲要（2011—2020年）》所确定的连片特困扶贫攻坚地区，开展教育扶贫工作[1]。这些地区因地理、经济、文化

[1] 具体是：六盘山区、秦巴山区、武陵山区、乌蒙山区、滇桂黔石漠化区、滇西边境山区、大兴安岭南麓山区、燕山－太行山区、吕梁山区、大别山区、罗霄山区等区域的片区和已明确实施特殊政策的西藏、四省藏区、新疆南疆三地州。

等多重因素，长期陷于发展滞后难题，教育资源匮乏，教育质量亟待提升。文件中特别提到，要全面加强基础教育，从初级教育着手提升教育质量、保障教育公平。这一战略目标不仅构成了扶贫工作的必要组成部分，更是培养人力资本、促进地区经济发展的重要途径。

在具体措施方面，文件提出了多项重要内容。首先，要加大目标片区的教育投入度，确保扶贫资金能够精准有效投向最需要的地方。根据公布的数据可知，2014—2018 年期间，中央财政和地方财政累计投入超 5392 亿元，用于改善目标地区中小学办学水平[1]。这一教育财政经费投入不仅体现了国家的财政支持，也为地方政府开展具体举措提供了强有力的资金保障，使得教育扶贫能够落到实处。其次，推进学校标准化建设是提升教育质量的另一重要途径。具体是通过新建、扩建校舍，确保每所学校都能具备基本教学设施、改善教学环境。数据显示，同期全国新建、扩建校舍面积达 2.24 亿平方米，教学设施设备投资超 1000 亿元。连片特困扶贫攻坚地区的教育基础设施得到了明显改善，为学龄儿童提供了更为良好的学习条件。如何合理布局基础教育资源并与就近上学的基本原则相适配是工程实施的另一重点。教育扶贫不仅要解决目标地区学龄儿童“有学上”的问题，更要关注如何让这些欠发达地区的孩子能够“上好学”。通过完善目标地区学校的基础设施建设，优化学校层面的教育资源分布，确保每一个孩子都能在家门口享受到优质教育资源。为此，信息化基础设施建设不可忽视，通过现代技术手段的介入，有效帮助提升教育质量和学校管理水平，使得优质教育资源得以更加高效地发挥作用。此外，保障中小学课程的开齐开足，确保教育的全面性和系统性，是实现教育公平的重要基础。在这一方面，各级教育部门严格落实国家课程标准，确保贫困地区的孩子能够与其他地区的孩子享有同等的教育机会。各部门的通力合作切实推动了教育扶贫措施的落地，在师资队伍建设和人才引进方面，截至 2020 年底，中

---

[1] 数据来源于 http://fpzg.cpad.gov.cn/429463/430986/430999/index.html，本段以下数据来源同此处。

西部22个省份725个集中连片特困地区县全部实施了乡村教师生活补助政策，使得超过127万名教师受益。2019年特岗计划和银龄讲学计划的规模不断扩大，国培计划全面覆盖所有贫困县，进一步加强了对乡村教师的支持，确保他们能够在教学一线持续发挥作用。同时，援藏援疆万名教师支教计划也为目标地区输送了近15万名优质教师，为教育扶贫注入了新的活力。在学生资助方面，教育扶贫政策的成效同样显著。2012年至2018年间，全国累计资助各教育阶段学生（包括幼儿）6.2亿人次，累计资助金额达10907亿元（不包括“两免一补”）。这些资助政策不仅减轻了贫困家庭的经济负担，更激励了无数孩子继续求学的信心，让他们看到了通过教育改变命运的希望。

总结来看，教育扶贫工程的实施是我国打赢脱贫攻坚战的重要一环，体现了国家对教育公平的重视。通过加大财政投入、改善教育基础设施、加强师资队伍建设、合理配置教育资源、全面保障课程实施，教育扶贫工程有效提升了贫困地区的教育水平，为实现全面脱贫、促进社会和谐作出了积极贡献。2023年中共中央一号文件在全面推进乡村振兴重点工作中强调，要增强脱贫地区和脱贫群众内生发展动力，如何借助公共政策干预全面提升基础教育质量，是乡村振兴推动共同富裕需要解决的重要现实问题。

2. 在线教育普惠行动

2016年国务院发布《“十三五”国家信息化规划》，其中明确提到将数字技术广泛引入公共教育领域，借助在线教育有效缩小城乡学校的数字鸿沟，推动优质教育资源向革命老区、民族地区、边远地区和贫困地区的覆盖，促进教育发展成果的共享。并将行动目标定为：2018年要实现“宽带网络校校通”“优质资源班班通”“网络学习空间人人通”的显著进展；到2020年“基本建成数字教育资源公共服务体系”，“形成覆盖全国、多级分布、互联互通的数字教育资源云服务体系”。实际上，我国政府对于在线远程教育的关注始于2003年，当年全国农村教育工作会议上，中央明确提出在农村地区实施中小学现代远程教育工程具有战略意义，具体要在五年左右的时间内，使全国农村初中基本配备计算机教室，小学基本配备卫星教学收视设备和教学光盘播放设备及成套教学光盘，小学教学点具备教学光盘播放设备和成套教学光盘，以信息化带动农村教育的发展。当年12月，教育部、国家发展改革委、财政部联合制定《农村中小学现代远程教育工程试点工作方案》，要求19个省[1]（自治区、直辖市）及新疆生产建设兵团政府组织实施农村中小学现代教育工程试点[2]，全面探索三种运行模式的适用性和经济性。《国家西部地区“两基”攻坚计划（2004—2007年）》完成情况的报告显示，截至2007年，中央和地方财政共投入110亿元，该项工程已覆盖全国所有农村中小学校，共配备教学光盘播放设备40.2万套，卫星教学收视系统27.9万套，计算机教室和多媒体设备4.5万套，初步构建起惠及全国基础教育阶段学龄儿童的远程教育网络。

虽然2003年开始实施的农村中小学远程教育工程，为缩小城乡基础教育资源配置差距、促进基础教育优质均衡发展奠定了重要基础，但不可否认的是，以互联网为核心的信息技术迅猛发展使得该工程建设的部分基础设施已不能够满足数字时代下学生和家长对于优质教育资源便捷高效的需要，教育信息化2.0行动刻不容缓。2012年3月，教育部发布《教育信息化十年发展规划（2011—2020年）》，标志着以“三通两平台”建设（宽带网络校校通、优质资源班班通、网络学习空间人人通，建设教育资源公共服务平台和教育管理公共服务平台）为主的教育信息化1.0时代开启。“十二五”教育信息化将“三通两平台”建设作为教育工作的重点内容，自此开始，以互联网为依托的教育信息化1.0行动全面展开。根据《2016年全国教育信息化工作专项督导报告》的调查数据，截至2016年6月，全国中小学互联网接入比例为87.5%，北京、江苏、上海、浙江、广东和新疆生产建设兵团等省份已全面实现学校“宽带网络”全覆盖。全国普通教室全部配备多媒体教学设备的中小学比例为56.6%，浙江、新疆等地已将

---

[1] 具体有，河北、内蒙古、吉林、安徽、山东、河南、湖北、湖南、广西、重庆、四川、贵州、云南、西藏、陕西、甘肃、宁夏、新疆、青海省这19个省（自治区、直辖市）。

[2] 三种模式详情见教育部、国家发展改革委、财政部关于实施《农村中小学现代远程教育工程试点工作方案》的通知（教基〔2003〕22号）。

“校校通”列入学校基本办学标准，有力推动了信息化基础设施的配备。教学点基本实现数字教育资源全覆盖，其中，大约40%的教学点接通了互联网，72%中小学教师已运用相关设备和资源开展教学活动。得益于此“教育新基建”，城乡学龄儿童得以同上一堂课、共享优质教学资源，搭载互联网的教育信息化工程紧跟数字时代下基础教育优质均衡高效实现。我国政府对于教育信息化事业的建设一直在进行，在人工智能、大数据、区块链等技术不断更新迭代的背景下，2018年4月13日教育部发布《教育信息化2.0行动计划》，为弥合城乡和区域间的数字鸿沟推进“互联网+教育”实施方案，具体是通过“三通两平台”的深入推进，到2022年基本实现“三全两高一大”的发展目标，即教学应用覆盖全体教师、学习应用覆盖全体适龄学生、数字校园建设覆盖全体学校，信息化应用水平和师生信息素养普遍提高，建成“互联网+教育”大平台。

3.“双减”——减轻中小学生的书包重量

2021年7月，中共中央办公厅、国务院办公厅联合发布了《关于进一步减轻义务教育阶段学生作业负担和校外培训负担的意见》(以下简称《意见》)，提出了“双减”政策，标志着中国基础教育领域进入新的改革阶段。该政策旨在全面减轻中小学生过重的作业负担和校外培训压力，促进学生的全面发展和健康成长，推动教育回归育人本质。“双减”政策的出台源于近年来我国基础教育领域存在的几大问题。首先是基础教育阶段学生的学业负担普遍过重。长期以来，受应试教育体制的影响，学校和家长普遍追求高分数、重成绩，导致学生课业压力增大，不仅课堂学习时间较长，课后作业量也大幅增加，学生身心健康受到了影响。其次，校外培训行业的快速发展加剧了这一问题。“鸡娃”风气的兴起促使一些家长为孩子报读课外辅导班，使得学生承担课业压力的同时，还需要应对课外沉重的学业负担。此外，长期以来校外培训机构的无序扩张和过度商业化，也招致了一些社会问题，例如教育不公平的加剧、家庭经济负担的加重等。在此背景下，我国政府决定采取有力措施，规范基础教育秩序、减轻学生和家庭的压力、全面提升教育质量。“双减”政策的实施不仅是对长期存在的教育问题的回应，也体现了我国政府对教育公平和质量提升的高度重视。

“双减”政策的核心是减轻基础教育阶段中小学生的作业负担和校外培训负担，这主要通过以下几方面的举措得以实施。（1）作业负担的减轻。在减轻学生作业负担方面，政策明确规定了学校作业量的“红线”。《意见》要求，小学一、二年级原则上不布置书面作业，其他年级作业量也应控制在合理范围内，确保学生在规定时间内能够完成作业。具体规定为：小学三至六年级每天书面作业不超过60分钟，初中不超过90分钟。作业形式也要求多样化，注重发展学生的动手能力和创新思维，避免机械重复的书面练习。此外，政策还提出，学校要加强作业的管理和监督，教师要有针对性地布置作业，确保作业难度符合学生的接受能力，杜绝过度依赖课后补习和校外辅导。（2）校外培训负担的减轻。《意见》要求，基础教育阶段的学科类培训机构须统一登记为非营利机构，不得上市融资，严禁资本化运作。学科类培训机构还被禁止占用法定节假日、休息日及寒暑假进行学科培训，这一举措有效减少了学生和家长对校外培训的依赖。政策进一步规定，各地要严控培训机构的数量、规模和收费标准，坚决整治虚假宣传、过度收费等问题。与此同时，要求各级政府加强对校外培训机构的监管，杜绝不合规的办学行为，确保培训行业回归教育本质，减轻家庭经济负担。（3）学校教育质量的提升。“双减”政策并不仅仅是减负，还通过增强学校教育的吸引力和有效力，促使教育资源回归学校。《意见》指出，学校要提高课堂教学质量，开展个性化、差异化的教育服务，满足不同学生的学习需求。为此，政策要求学校建立“课后服务”制度，学生可以自愿留校参加课后活动，教师为学生提供作业辅导和课外兴趣活动。课后服务的时间与校外培训时间形成错峰，既减轻了家长的接送负担，也为学生提供了一个在校内解决学业问题的途径。此外，政策还特别强调教师的职责，要求教师在工作时间内完成对学生的辅导和教学任务，不得将工作职责外包给校外培训机构。这一举措从根本上遏制了校外培训对学校教育的替代效应。

可以说，“双减”政策的实施对我国基础教育的影响是重大且深远的。

首先，政策有效减轻了学生的课业压力，有助于推动学生全面发展，培养他们的创新能力和综合素质。通过减少书面作业、规范校外培训，学生有更多的时间参与体育、艺术等素质教育活动，促进身心健康发展。其次，政策对校外培训行业的监管有助于缓解家庭的经济压力，减少教育不公平现象。过去，一些家庭为了让孩子获得更好的教育机会，花费大量资金报读校外辅导班，导致家庭教育开支过高。通过"双减"政策的限制，校外培训的过度商业化得以遏制，教育公平性进一步提升。同时，我们也应该看到政策实施的另一面。"双减"政策对校外培训行业的严厉限制，导致许多培训机构面临转型或关闭，这对相关从业者产生了较大影响。并且，学校教育质量的提升需要一定的周期，尤其是对于一些教育资源相对薄弱的地区和办学条件相对落后的学校来说，如何提升教师素质和教学质量仍然是一个需要持续关注的问题。但不可否认，政策的实施通过减少作业量、规范校外培训和提升学校教育质量，有效缓解了中小学生的学业压力，促进了教育公平和学生的全面发展。关于"双减"政策的人力资本积累效应有待后期研究跟进。

（四）改革开放以来我国基础教育改革历程梳理

本书将 1978 年改革开放以来我国在基础教育领域实施的重大改革及发布的重要政策文件绘制于图 3.1。可以看到，中国基础教育改革历程与经济社会发展进程紧密关联。改革开放初期，受制于基础设施、办学资源的限制，重点学校制度得到了重建与强化，尽管该制度充分发挥了"集中力量办大事"的优势，"效率优先，兼顾公平"的基础教育发展导向将有限的教育资源用于为国家培养优秀人才的刀刃上，为社会经济快速发展提供了人力资本的基础，但同时，也在一定程度上损害了受教育权的公平。1986 年《中华人民共和国义务教育法》的颁布标志着中国基础教育的规范发展上升到法律层面，随着"两基"目标的提出至 20 世纪末该目标的基本实现，我国基础教育改革呈现出由建设法制规范到健全配套设施、人力物力财力并重、培养重点学校到帮扶农村学校等特征。基础教育在全国范围内得到了快速普及，在“就近入学”的基本原则下学龄儿童有学上得到了较好的保障。

- 1986年　颁布《中华人民共和国义务教育法》，明确提出适龄儿童和少年须接受九年义务教育。
- 1993年　中共中央、国务院发布《中国教育改革和发展纲要》，提出全国“基本普及九年义务教育、基本扫除青壮年文盲”的目标。
- 1995年
2000年　实施第一期“国家贫困地区义务教育工程”。
- 2001年　国务院发布《关于基础教育改革与发展的决定》，全国农村地区中小学“撤点并校”改革开始积极开展。
- 2003年　实施西部地区“两基”攻坚计划，教育部等三部委联合制定《农村中小学现代远程教育工程试点工作方案》。
- 2005年　“两免一补”率先在592个国家重点贫困县实施；国务院发布《关于深化农村义务教育经费保障机制改革的通知》。
- 2006年　建立中央和地方分项目、按比例分担的农村义务教育经费保障新机制；新修订《中华人民共和国义务教育法》，义务教育所需经费全面纳入财政保障范围。
- 2008年　全面免除城市义务教育阶段学生学杂费。
- 2010年　中共中央和国务院发布《国家中长期教育改革和发展规划纲要（2010—2020年）》。
- 2011年　国务院办公厅印发《关于实施农村义务教育学生营养改善计划的意见》，开始实施农村义务教育学生营养改善计划。
- 2012年　实现国家财政性教育经费占GDP的比例达到4%的目标；教育部发布《教育信息化十年发展规划（2011—2020年）》。
- 2013年　教育部等七部门联合印发《关于实施教育扶贫工程的意见》，启动中国教育扶贫工程。
- 2014年　教育部等三部委联合印发《关于推进县（区）域内义务教育学校校长教师交流轮岗的意见》，促进义务教育优质师资配置；19个大城市所有县（市、区）实行划片就近入学政策。
- 2015年　国务院发布《关于进一步完善城乡义务教育经费保障机制的通知》，提出建立“城乡统一、重在农村”的义务教育经费保障机制；明确从2016年春季学期起统一城乡义务教育学校公用经费基准定额。
- 2017年　中共中央办公厅、国务院办公厅印发《关于深化教育体制机制改革的意见》，明确提出国家财政性教育经费“一个不低于、两个只增不减”。
- 2018年　国务院办公厅印发《关于全面加强乡村小规模学校和乡镇寄宿制学校建设的指导意见》，乡村义务教育建设持续发力；教育部发布《教育信息化2.0行动计划》。
- 2019年　国务院办公厅印发《教育领域中央与地方财政事权和支出责任划分改革方案》，调整了义务教育经费的中央和地方分担比例。
- 2021年　中共中央办公厅、国务院办公厅印发《关于进一步减轻义务教育阶段学生作业负担和校外培训负担的意见》，全面规范校外培训机构。

图3.1　改革开放以来我国基础教育重大改革政策文件梳理

"两基"目标的基本实现标志着基础教育可及性得到了实质性提升，我国政府开始致力于通过整合基础教育资源在城乡和区域间的配置，以实现基础教育的规模效益。在这一时期，教育财政经费投入机制和政府间关于基础教育事权责任的划分是我国政府推进基础教育提质增效的重要抓手，保证偏远落后地区学龄儿童"有学上""上好学"是这一阶段攻坚克难的关键，中央有意识地加大对西部地区和农村地区基础教育建设和发展的投入。农村中小学"撤点并校"、西部地区"两基"攻坚、"两免一补"、农村义务教育学生营养改善计划等代表性改革举措的实施，极大提升了农村学龄儿童的上学条件、减轻了农村家庭子女教育负担。可以说，"规模效益"导向下基础教育经费统筹责任向地方政府落实、基础教育财政经费增长标准落地，为基础教育改革侧重点由全民普及到提质增效提供了坚实基础，也为基础教育规模进一步有序扩张提供了制度和经济支持。

随着"两基"目标的全面实现，我国政府在基础教育领域的工作重点完全转向追求"优质且均衡"的发展目标。这一时期国家财政性教育经费占比实现了历史突破，在继续推进前期经费投入和制度保障相关改革的同时，通过增加财政投入规模、设立教师专项计划、提高学生资助标准等方式，积极推进连片特困扶贫攻坚地区的教育扶贫工作，并取得了显著成就。这一时期正值信息化技术快速发展，在线教育普惠行动应运而生。在前期农村中小学远程教育工程的基础上，我国政府先后开始实施教育信息化 1.0 和 2.0 行动，并将教育资源信息化建设和共享纳入中小学办学标准。在关注到中小学生课业压力过重以及校外影子教育不规范的社会问题后，中央提出实施"双减"政策，以保证基础教育阶段学龄儿童的全面发展和健康成长。相比于前期实施的系列政策措施，这一阶段的改革呈现出问题导向和目标多元的特征。如何保证不同地区的学龄儿童能够公平获取优质基础教育资源，进而实现其能力的全方位均衡发展，是十八大以来"公平且有质量"导向下的基础教育改革要解决的核心问题。

总而言之，近几十年来，我国政府不断加大财政资金在义务教育的投入力度、持续调整学校和教学点的地区分配格局，有效解决了义务教育资源供给不充分的困境。党的十八大后我国基础教育改革以提质增效为主基调，通过实施划片区就近入学、优化地区间师资配置、明确义务教育经费定额等政策，在保证基础教育公平可及的基础上，缩小基础教育资源在不同区域、不同群体的配置差异。从个人能力发展和人力资本积累的视角，基础教育在数量上的充分供给保证了个体最低受教育年限的统一，但由于基础教育质量分层的客观存在，优质基础教育资源在地区和群体间的分配不均，导致微观人力资本积累的差异。

第二节　我国基础教育质量：基于 Servqual 模型的讨论

自 2010 年 7 月《国家中长期教育改革和发展规划纲要（2010—2020 年）》正式发布以来，学生和家长作为基础教育的需求方和使用者，其对于基础教育提质增效的重要作用在相关政策文件中被不断强调。值得关注的是，2015—2017 年开展的义务教育质量监测深入了学生和家长群体，是一次针对全国基础教育质量评价的大型调查活动。根据 2018 年 7 月教育部基础教育质量监测中心发布的首份《中国义务教育质量监测报告》可知，当前我国基础教育的主要问题在于学生综合应用能力有待提高、部分课程的课时和内容安排不够合理、部分教师专业教学能力有待提升以及学校教学资源的使用不够充分。通过对此次义务教育质量监测活动的相关政策文本信息进行深度挖掘，可以发现，尽管这次质量监测调查强调了学生和家长的作用，但本质上，学生和家长仍是基础教育质量监测的客观对象，而不是作为基础教育质量评价的主体参与到监测活动当中。具体而言，即学生在给定六个学科的表现以及家长在家庭教育中的实际参与是此次基础教育质量监测的两大重要方面。

适逢教育部等六部门于 2021 年 3 月联合印发《义务教育质量评价指南》（以下简称《指南》），该指南从县域、学校、学生三个维度出发，构建了一套义务教育质量评价指标，为全方位评估我国基础教育质量提供了一个大致方向。深入剖析《指南》所提出的具体测度内容可知，文件在学校资源投入、教师团队建设以及学生综合发展等方面设立了相关标准，以是否达到国家标准来判断基础教育质量的高低，实际上这种做法仍属于目标导向型基础教育质量测度的范畴。学校办学质量评价中，将学生和家长对学校办学质量的满意度作为学生发展情况的具体测度指标，是《指南》仅有的涉及需求方和使用者主观感受的内容，但也并未对满意度调查涵盖的具体内容给出详细说明。根据公共服务质量评价模型的理论框架，公共服务需求方和使用者对公共服务质量的期望与实际感知之间的差距，能够科学有效地反映出公共服务质量水平的高低，也更符合“以人为本”的基本公共服务评价导向。

为此，在参考《指南》的基础上，本章在常用于公共服务质量评价的Servqual模型框架下提出了基础教育质量评价体系，考察基础教育服务供给实际的同时，充分考虑了基础教育服务使用者对学校方方面面的感受和评价。具体做法是，利用针对基础教育阶段七年级和九年级学生、家长以及校方的调查数据，对我国基础教育质量进行测算分析，识别出现阶段实现基础教育提质增效的关键瓶颈，为“后普九时代”提升基础教育质量提供重要参考。

由第二章的内容可知，应用Servqual模型开展公共服务质量评价的关键在于，需求方和使用者所感知到的公共服务质量，源于他们对公共服务提供方的期待与提供实际情况之间的比较（Parasuraman et al.，1985）。本章沿用Servqual模型的五个评价维度，即有形性、可靠性、回应性、保证性和移情性，立足于需求方和使用者的切身感受以及供给实际对基础教育质量进行测度。所用到的数据源自2013—2014年中国教育追踪调查基线数据，该数据库全方位、客观调查了我国目前处于基础教育阶段的初中一年级和三年级学生的个体特征、家庭背景和学习环境，调研对象覆盖了全国112所学校、438个班级，约2万名学生及其家长接受了问卷调查。基于学生问卷和家长问卷的多项内容均涉及对学校教育服务的主观看法，深入挖掘后发现适用于 Servqual 模型的研究框架。由此，本书作者合并了该数据库关于学生、家长、教师和学校的数据，共得到有效观测值 19487 个，其中农村样本占比 54.49%，城市样本占比 45.51%。

在 Servqual 模型的基础上，结合基础教育的特点和问卷调查的内容进行部分调整，构建出以学生和家长为主体，同时考虑学校教育服务客观供给状况的基础教育质量评价指标体系（见表 3.1）。其中，基础教育质量的“有形性”维度指的是与学生学习、发展相关的有形资源投入，具体包括学校各类硬件设施设备的配备、教职团队的规模和班级规模的设置；“可靠性”维度重点考察了学校师资力量的配置，以及教师在教学过程中的投入力度和工作态度；“回应性”维度衡量了家校沟通情况，即学校教职工分别和学生及家长的互动情况；“保证性”维度侧重于教学过程的科学、合理和有效，涉及教学方式方法选择的多样性、课程安排的合理性以及教职团队的专业性；“移情性”维度着重考察了学生和家长对学校所提供的教育服务的主观感受。每一个维度下设若干项目指标，根据调查对象的不同回答分别赋值量化，使得每一个子指标成为基础教育质量的正向组成部分，即指标数值越大则基础教育质量越好。在对每一项具体指标进行赋值后，借鉴西南财经大学张楠等（2020）研究的做法，采用平均欧几里得距离法得到 Servqual 模型框架下基础教育质量的五个维度指标，即对各基础教育质量指标实际取值到最大值（最佳值）的反向距离和最小值（最差值）的距离取平均，该平均值即代表了某一具体指标所体现的基础教育质量水平。具体做法如下：

首先，对五个维度下的 31 个具体指标进行标准化：

$$d_i = \frac{A_i - A_{i\min}}{A_{i\max} - A_{i\min}},\ i = 1,2,3,\cdots,31 \tag{3.1}$$

其中，A_i 为第 i 个指标的实际取值；$A_{i\min}$ 为第 i 个指标的最小值；$A_{i\max}$ 为第 i 个指标的最大值；d_i 为标准化后的指标取值。

在各个质量维度内分别使用平均欧几里得距离法算得有形性指数（Tangibility）、可靠性指数（Reliability）、回应性指数（Responsiveness）、保证性指数（Assurance）和移情性指数（Empathy），具体算法如下：

$$\text{Tangibility}_1 = \frac{\sqrt{\sum_{i=1}^{6} d_i^2}}{\sqrt{6}}, \text{Tangibility}_2 = 1 - \frac{\sqrt{\sum_{i=1}^{6} d_i^2}}{\sqrt{6}},$$

$$\text{Tangibility} = \frac{\text{Tangibility}_1 + \text{Tangibility}_2}{2} \tag{3.2}$$

$$\text{Reliability}_1 = \frac{\sqrt{\sum_{i=7}^{12} d_i^2}}{\sqrt{6}}, \text{Reliability}_2 = 1 - \frac{\sqrt{\sum_{i=7}^{12} d_i^2}}{\sqrt{6}},$$

$$\text{Reliability} = \frac{\text{Reliability}_1 + \text{Reliability}_2}{2} \tag{3.3}$$

$$\text{Responsiveness}_1 = \frac{\sqrt{\sum_{i=13}^{19} d_i^2}}{\sqrt{7}}, \text{Responsiveness}_2 = 1 - \frac{\sqrt{\sum_{i=13}^{19} d_i^2}}{\sqrt{7}},$$

$$\text{Responsiveness} = \frac{\text{Responsiveness}_1 + \text{Responsiveness}_2}{2} \tag{3.4}$$

$$\text{Assurance}_1 = \frac{\sqrt{\sum_{i=20}^{24} d_i^2}}{\sqrt{5}}, \text{Assurance}_2 = 1 - \frac{\sqrt{\sum_{i=20}^{24} d_i^2}}{\sqrt{5}},$$

$$\text{Assurance} = \frac{\text{Assurance}_1 + \text{Assurance}_2}{2} \tag{3.5}$$

$$\text{Empathy}_1 = \frac{\sqrt{\sum_{i=25}^{31} d_i^2}}{\sqrt{7}}, \text{Empathy}_2 = 1 - \frac{\sqrt{\sum_{i=25}^{31} d_i^2}}{\sqrt{7}},$$

$$\text{Empathy} = \frac{\text{Empathy}_1 + \text{Empathy}_2}{2} \tag{3.6}$$

其中，Tangibility_1、Reliability_1、Responsiveness_1、Assurance_1 和 Empathy_1 代表的是五个质量维度指数的实际取值到最差值的距离；Tangibility_2、Reliability_2、Responsiveness_2、Assurance_2 和 Empathy_2 代表的是五个质量维度指数的实际取值到最佳值的反向距离；Tangibility、Reliability、Responsiveness、Assurance 和 Empathy 分别为取平均后得到的五个基础教育质量维度指数。

最后，对五个质量维度指数求平均，得到基础教育质量综合指数（Quality）：

$$\text{Quality} = \frac{\text{Tangibility} + \text{Reliability} + \text{Responsiveness} + \text{Assurance} + \text{Empathy}}{5} \tag{3.7}$$

表 3.1　基于 Servqual 模型的基础教育质量指标体系

质量维度	细分项目	具体指标	指标定义
有形性	硬件设施	A1. 学校环形跑道操场和学生场馆的设置	各场馆的设置情况从低到高依次赋值为 0、1、2，各项加总累计
		A2. 教室多媒体资源的配备与连接	教室多媒体资源的配备条件从低到高依次赋值为 0、1、2、4
		A3. 生均电脑数	学校可供学生使用的电脑与该校学生数的比值
		A4. 生均图书数	学校图书册数与该校学生数的比值
	班级设置	A5. 班级人数规模	据家长的回答赋值，班级人数规模正合适为 4、有点多 / 少为 2、太多 / 少了为 1
	师资规模	A6. 学校的生师比	该校学生数与该校教师数的比值
可靠性	教学过程	A7. 教师工作时间	教师工作时长总计
		A8. 教学方式的选择组合	三种教学方式的使用频率从低到高依次赋值为 0、1、2、3、4，三项加总累计
	工作态度	A9. 老师对待学生是否负责	据家长对教师责任心的评价，从无到强依次赋值为 0、1、2、3、4
		A10. 老师对待学生是否有耐心	据家长对教师耐心程度的评价，从无到强依次赋值为 0、1、2、3、4
	师资配置	A11. 高学历教师数和学生数之比	学历达到本科、研究生及以上的教师数与学校学生数的比值
		A12. 高职称教师数和学生数之比	职称达到二级及以上的教师数与该校学生数的比值
回应性	学生互动	A13. 学校举办生活辅导情况	据生活辅导次数赋值，没有为 0、一次为 1、二到四次为 3、五次以上为 5
		A14. 学校或班级组织活动情况	根据集体活动的组织频率，从低到高依次赋值为 0、1、2、4
		A15. 所在班级的同学相处氛围	根据班级友好氛围，从没有到很好依次赋值为 0、1、2、4
		A16. 所在班级的班风建设	根据家长对班级班风是否良好的评价，从低到高依次赋值为 0、1、2、4
	家长互动	A17. 学校举办与家长互动活动的次数	根据活动举办次数赋值，没有为 0、一次为 1、二到四次为 3、五次以上为 5，各项加总累计
		A18. 班级老师主动联系家长的频率	根据老师联系家长的次数赋值，没有为 0、一次为 1、二到四次为 3、五次以上为 5
		A19. 老师与家长联系谈及的内容	根据各项内容的谈及情况进行赋值，没有为 0、有则为 1，各项加总累计

续表

质量维度	细分项目	具体指标	指标定义
保证性	教学评价	A20. 老师的教学方法有利于哪些学生	根据家长的评价赋值，有利于所有学生赋值为 4、成绩较好的学生或说不上有利哪类学生赋值为 1、成绩较差或中等的学生赋值为 2
	信息化教学	A21. 多媒体教学的实际应用情况	根据各多媒体教学设备的使用频率，从低到高依次赋值为 0、1、2、3、4，各项加总累计
	课程安排	A22. 学生在课业的时间投入	学生用于完成学校老师布置作业的时间
	专业培训	A23. 学校是否组织教师培训	没有为 0，有则根据培训次数进行赋值
		A24. 学校是否对教师进行心理健康培训	没有为 0，有则根据培训次数进行赋值
移情性	学生感受	A25. 在校园中有归属感	据学生的回答赋值，完全不同意为 0、比较不同意为 1、比较同意为 2、完全同意为 4
		A26. 对校园生活感到无聊	据学生的回答赋值，完全不同意为 4、比较不同意为 2、比较同意为 1、完全同意为 0
		A27. 希望能够转学	据学生的回答赋值，完全不同意为 4、比较不同意为 2、比较同意为 1、完全同意为 0
	家长感受	A28. 老师更喜欢哪类学生	据家长感知到的情况赋值，都差不多为 4、本县户籍同学为 1、外县户籍同学为 2
		A29. 处理同学矛盾时老师的偏向	据家长感知到的情况赋值，都不偏向为 4、本县户籍同学为 1、外县户籍同学为 2
		A30. 老师对外县户籍同学是否有偏见	据家长对老师态度表现的评价，从没有到很大依次赋值为 4、2、1、0
		A31. 老师对外县户籍同学的家长是否有偏见	据家长对老师态度表现的评价，从没有到很大依次赋值为 4、2、1、0

第三节　我国基础教育质量分布的特征比较

由上一节的基础教育质量指标体系所测算得到的我国基础教育质量综合指数及各质量维度指数的描述性统计见表 3.2。利用 2013—2014 年中国教育追踪调查基线数据对（初中阶段）基础教育质量进行评估，可以发现，在 Servqual 模型框架下的五个质量维度中，移情性指数的平均得分最高但标准差也最大，保证性指数的平均得分最低。这说明一方面，在我国现阶段的基础教育中，大多数学生和家长对所就读学校的校园氛围较为满意，学生能够充分享受校园生活并乐在其中，大部分学校教师在日常教学工作中能够摒弃地域歧视，基本能够做到一视同仁对待本地和外地学生，但同时也存在少数学校未能创造公平舒适的校园环境，学校教师表现出对本地学生的偏好以及对外地学生的另眼相看，公平、友好的校园氛围在学校层面存在显著差距。另一方面，提升基础教育质量的难点和痛点在于解决保证性不足的问题，换言之，现阶段各个学校在教学模式评价、多媒体资源应用、学生课业安排以及教师专业培训等方面仍存在较大改进空间，这也与《中国义务教育质量监测报告》提到的部分课程课时和内容安排不够合理、教师专业教学能力有待提升以及教学资源的投入使用不够充分等问题如出一辙。部分教师在实际教学过程中未能充分优化教学方法以满足绝大多数学生的学习需求，也未能有效利用学校的多媒体资源实现多样化、信息化教学，这也潜在说明，当下仍存在部分基础教育工作者仍以应试教育下的传统方式开展教育教学活动，素质教育的全面推进仍需要付诸较大努力。与此同时，不少中小学校对于师资队伍建设和发展的重视程度不足，主要表现为学校未能给教职工提供必要的进修培训机会，这从根本上限制了基础教育提质增效的空间。

表 3.2　基础教育质量的描述性统计

指标名称（指标含义）	Tangibility（有形性）	Reliability（可靠性）	Responsiveness（回应性）	Assurance（保证性）	Empathy（移情性）	Quality（基础教育质量）
观测值	19487	19487	19487	19487	19487	19487
均值	0.3406	0.3788	0.3829	0.2536	0.7407	0.4193
标准差	0.1127	0.0924	0.1208	0.1255	0.1687	0.0795
最小值	0.0684	0.0712	0.0153	0.0077	0.0774	0.1218
最大值	0.6763	0.7450	0.8120	0.7004	1.0000	0.7304

就综合指标的表现来看，义务教育全面普及后的我国基础教育质量处于一个适中水平，但标准差的取值仍不容乐观，反映出现阶段我国基础教育在质量层面确实存在着不均衡的问题，学校与学校之间的基础教育质量存在着显著差距，学生和家长对所获得的基础教育质量评价也褒贬不一，实现基础教育的优质均衡目标任重道远。

为进一步了解不同类型学校提供的基础教育质量差异，本书根据学校类型进行分组比较，得到如表 3.3 所示的描述性统计结果。由基础教育质量综合指数的测算值可知，公立学校和普通民办学校的基础教育质量均达到 0.42 以上，整体表现优于民办公助学校和民办打工子弟学校。与此同时，这两类学校基础教育质量综合指数的标准差也相对更大，说明公立学校和普通民办学校的基础教育质量在校级层面的差距也相对更为显著。

表 3.3　按学校类型分组的描述性统计

指标名称（指标含义）	Tangibility（有形性）	Reliability（可靠性）	Responsiveness（回应性）	Assurance（保证性）	Empathy（移情性）	Quality（基础教育质量）
公立学校						
观测值	18043	18043	18043	18043	18043	18043
均值	0.3398	0.3809	0.3829	0.2536	0.7442	0.4209
标准差	0.1125	0.0929	0.1193	0.1251	0.1676	0.0790
最小值	0.0684	0.0712	0.0153	0.0077	0.0774	0.1218
最大值	0.6763	0.7450	0.8088	0.7004	1.0000	0.7304
民办公助						
观测值	110	110	110	110	110	110
均值	0.1948	0.3099	0.3034	0.1562	0.6591	0.3247
标准差	0.0732	0.0819	0.1059	0.1134	0.1593	0.0615
最小值	0.1461	0.1377	0.0963	0.0129	0.2291	0.1905
最大值	0.3038	0.4582	0.6310	0.3946	1.0000	0.4833
普通民办学校						
观测值	1049	1049	1049	1049	1049	1049
均值	0.3869	0.3594	0.4127	0.2413	0.7091	0.4219
标准差	0.0856	0.0820	0.1382	0.1221	0.1778	0.0786
最小值	0.2845	0.1171	0.0460	0.0323	0.1727	0.1978
最大值	0.5316	0.4849	0.8120	0.5111	1.0000	0.6254

续表

指标名称（指标含义）	Tangibility（有形性）	Reliability（可靠性）	Responsiveness（回应性）	Assurance（保证性）	Empathy（移情性）	Quality（基础教育质量）
民办打工子弟学校						
观测值	285	285	285	285	285	285
均值	0.2735	0.3428	0.3036	0.1642	0.6648	0.3498
标准差	0.1296	0.0757	0.1039	0.1181	0.1655	0.0655
最小值	0.1439	0.1172	0.0424	0.0161	0.2152	0.1618
最大值	0.4755	0.4748	0.5582	0.3761	1.0000	0.5218

在四类学校中，公立学校在基础教育的可靠性、保证性和移情性三个质量维度表现得分最高，说明基础教育阶段的公立学校在师资团队的配备与建设、教学活动的投入与保证以及教职工对待学生的公平性等方面要显著优于其他类型的学校。普通民办学校则在基础教育质量的有形性维度表现尤为突出，说明现阶段私立学校的核心竞争力在于能提供更完备、丰富的基础设施设备，人员配备也更为充分齐全。相较之下，民办公助学校和民办打工子弟学校所提供基础教育在各个质量维度的表现不尽理想。由此可知，不同类型学校所提供的基础教育服务存在显著质量差异，优质基础教育服务在各类学校中存在着分布不均的现象。

同时，本书也根据学校所在地的不同进行分组比较，考察基础教育质量在不同区域学校间的分布是否存在显著差异，所得到的描述性统计结果如表 3.4 所示。可以看出，无论市县学校所在地是属于中心城区、边缘城区还是城乡结合部，市区或县城学校所提供的基础教育质量始终优于农村学校，二者存在显著的质量差距。就市县学校的区位比较而言，位于中心城区的市县学校所提供的基础教育质量最优，其次是边缘城区的学校，再者是城乡结合部的学校，最后是镇学校。这也与优质基础教育资源在地理空间上集中与扩散的现实相吻合。相较之下，农村学校所提供的基础教育在质量层面毫无竞争优势，就各质量维度的表现来看，农村学校在基础教育的有形性和回应性两个方面尤为欠缺，说明尽管义务教育得到了全面普及，但农村地区中小学的基础设施设备建设投入不足，家校互动的频率较低，基础教育质量有较大提升空间。

表 3.4　按学校所在地分组的描述性统计

指标名称（指标含义）	Tangibility（有形性）	Reliability（可靠性）	Responsiveness（回应性）	Assurance（保证性）	Empathy（移情性）	Quality（基础教育质量）
市 / 县城的中心城区						
观测值	7481	7481	7481	7481	7481	7481
均值	0.3635	0.4021	0.4087	0.2688	0.7582	0.4403
标准差	0.1061	0.0886	0.1179	0.1259	0.1653	0.0791
最小值	0.1135	0.0712	0.0312	0.0129	0.1035	0.1618
最大值	0.6763	0.6601	0.8088	0.7004	1.0000	0.7304
市 / 县城的边缘城区						
观测值	2472	2472	2472	2472	2472	2472
均值	0.3565	0.4037	0.4163	0.2674	0.7475	0.4383
标准差	0.1407	0.1093	0.1190	0.1392	0.1715	0.0802
最小值	0.1001	0.0841	0.0625	0.0403	0.1727	0.2084
最大值	0.6039	0.7450	0.7954	0.6101	1.0000	0.7059
市 / 县城的城乡结合部						
观测值	2439	2439	2439	2439	2439	2439
均值	0.3549	0.3981	0.4078	0.2564	0.7504	0.4335
标准差	0.0817	0.0871	0.1355	0.1210	0.1668	0.0762
最小值	0.2113	0.1538	0.0371	0.0161	0.2032	0.1978
最大值	0.6294	0.6523	0.8120	0.5270	1.0000	0.6422
市 / 县城区外的镇						
观测值	3576	3576	3576	3576	3576	3576
均值	0.2990	0.3515	0.3544	0.2407	0.7134	0.3918
标准差	0.1075	0.0818	0.1161	0.1229	0.1690	0.0722
最小值	0.0684	0.0797	0.0153	0.0235	0.0774	0.1218
最大值	0.5994	0.5455	0.7681	0.5686	1.0000	0.6110
农村						
观测值	3519	3519	3519	3519	3519	3519
均值	0.2959	0.3605	0.3528	0.2228	0.7198	0.3904
标准差	0.0998	0.0911	0.1087	0.1125	0.1690	0.0728
最小值	0.0856	0.1157	0.0153	0.0077	0.1788	0.1756
最大值	0.5611	0.6366	0.6980	0.5458	1.0000	0.6080

本章小结

要全面深入研究基础教育质量的人力资本积累效应，需要对我国基础教育改革历程和基础教育质量水平进行梳理和测算。本章立足改革开放以来我国政府在基础教育领域实施的重大改革实践，结合相关的政策文件，系统梳理了我国基础教育改革脉络。具体地，依据改革目标的差异，将中国近几十年来的基础教育改革分为“效率优先、兼顾公平”“规模效益”“公平且有质量”三个发展阶段，并详细介绍了各阶段实施的代表性改革。通过改革历程的划分和具体举措的比较，我们可以清晰地看到不同发展阶段我国政府在基础教育领域的工作重点差异，以及实现基础教育全面普及和提质增效必不可少的制度基础和经济支持，即政府间关于基础教育的事权划分和财政性教育经费的投入保障机制。

得益于我国政府的多年努力，基础教育已经全面进入追求优质均衡的发展阶段。要真正实现基础教育的提质增效，势必要充分重视基础教育需求方和使用者的实际诉求和真实评价。作为基础教育的直接使用者和受益方，学生和家长恰恰最能感知到基础教育存在的薄弱环节和不足之处。结合公共服务评价理论，基础教育的提质增效，不仅要从数量层面保证基础教育的投入和供给，更关键在于为学生和家长提供满足其实际需求的基础教育。由此，构建一个充分考虑供给和需求的基础教育质量评价体系非常重要。不同于以往研究侧重于以教育的投入或产出作为教育质量的测度指标，本章依托常用于公共服务质量评价的Servqual模型，利用2013—2014年中国教育追踪调查基线数据，充分考虑基础教育客观供给的同时，结合学生和家长对所接受基础教育的评价，提出了一个包含五个质量维度的基础教育质量评价体系，并对我国现阶段基础教育质量进行测算。

本章的研究结果表明，在Servqual模型框架下，我国基础教育质量在移情性表现较好，短板在于保证性不足，即大多数学生和家长对学校所创造的公平舒适的校园生活表示满意，但同时，教师在教学方法的选择、教学资源的利用以及学校在教职团队的专业建设方面仍存在较大提升空间。基于五个质量维度所反映出的结果可知，当前阶段我国基础教育质量均等化仍有较大的提升空间。这一问题也体现在基础教育质量在学校类型和地区层面存在显著差异上，公立学校和普通民办学校的质量表现整体优于民办公助学校和民办打工子弟学校；位于城区的学校所提供的基础教育质量也显著优于农村中小学。优质教育资源在学校类型的分层和地理空间的集中，充分反映出现阶段基础教育质量的不平衡、不充分，要实现基础教育的优质均衡，仍有较长的路要走。

第四章　基础教育质量对人力资本积累的影响

基础教育阶段是人力资本积累和发展的关键时期，基础教育服务之所以对个体的发展十分重要，是在于它具备不可替代性、基础性以及高回报性三大特征（李玲等，2019）。首先，根据技能形成的动态生命周期模型，个体能力的形成在不同生命阶段会有所不同（Cunha，Heckman，2007）。个体能力在形成过程中存在敏感时期和关键时期，前者指的是在特定生命阶段个体能够更易获得某些能力，后者则指的是某项能力的获得被限定在某个特定的人生阶段。基础教育是个体接受正式学校教育干预的早期阶段，对于个体能力形成和人力资本积累极其重要，一旦错过这个有效的早期干预阶段，后期补救成本非常高昂（Cunha，Heckman，2010）。其次，有质量的基础教育能够帮助个体培养重要技能，而这些早期获取的能力会进一步影响后续其他能力的形成，且能够带来后期教育投资回报率的提升，可以说，接受有质量的基础教育是人力资本发展的基础，个体早期获得的情绪控制能力能够帮助其培养后期学习探索能力。此外，有不少学者通过研究“佩里学前项目”（Perry preschool program）、“启蒙计划”（Head Start）等早期教育干预项目，验证了对儿童非认知能力的早期教育干预能够使其在未来获得可观的回报（Currie，2001）。再者，新人力资本理论一再强调，人力资本投资开始得越早，所获得的回报则会越高。由此可见，相比于优化之后阶段的教育服务，提升基础教育质量能够给个体带来更高的经济收益（Cunha，Heckman，2010）。

正式的学校教育不仅是促进人力资本积累和发展的关键时期，也是推动社会阶层流动的重要渠道。新人力资本理论的另一个核心观点是，家庭和学校是生产人力资本的两个关键部门。可以推得，家庭背景和学校教育的差距可以对人力资本积累的差异作出解释。先天家庭条件的优劣是个体无法选择和改变的，要促进微观层面人力资本的积累与发展、实现宏观层间人力资本的均衡和提升，政府及相关部门的不二之选是从基础教育阶段的学校教育干预入手，在解决了基础教育资源供给数量问题的基础上，通过不断优化调整以提升基础教育质量，进而实现人力资本更高质量的积累。

那么，基础教育质量对以个体能力衡量的人力资本积累究竟有着何种影响？通过基础教育资源配置的调整和优化是否能在一定程度上消除由家庭背景差距导致的个体认知能力和非认知能力发展不均等？本章从一般意义上的实证分析出发，基于新人力资本理论框架探究基础教育质量在个体认知能力和非认知能力发展中的直接影响和均衡作用。本章具体内容安排如下，第一节对基础教育在人力资本积累中的作用进行了理论分析；第二节介绍了基础教育质量影响人力资本积累的实证研究设计，主要对模型设定和研究数据进行了简要说明；第三节则汇报了基准回归、异质性分析以及夏普利值分解的结果；第四节利用结构方程模型考察了基础教育质量在调节家庭背景差异导致的人力资本积累不均等中的均衡作用；最后是本章小结。

第一节 基础教育质量影响人力资本积累的理论分析

接受由学校提供的基础教育，意味着个体认知能力和非认知能力的培养与发展能够得到充分的帮助与引导。通过接受系统、规范、科学的基础教育服务，个体能够获得认识理解、辩证思考、情感表达等一系列能力。尽管在很长一段时间内，教育一直被学界认定为仅仅是培养个体认知能力的重要环节（Heckman，Rubinstein，2001）。但伴随对能力构成的深入探索，诸如专注力、责任感、亲和力、自律性等非认知能力也被纳入教育生产函数的研究范畴。总而言之，有质量的基础教育能够最大限度地开发并培养个体的认知能力和非认知能力，以实现人力资本的积累和发展。

在保持其他条件不变的情况下，获取有质量的基础教育服务有助于促进个体认知能力和非认知能力的形成，而基础教育的各个质量维度又与个体不同类别能力的发展息息相关。具体来说，学校设施配备的投入、师资团队的专业和高效以及是否能针对学生需求提供必要辅导等能够保证所有学生无差别接受知识的传授，最大限度地开发学生的认知表现。教学资源的丰富性、师资人员的专业性以及辅导回应的及时有效性，势必对启发个体思考判断、明辨是非的能力至关重要。再者，个体乐观开朗的性格养成、亲和友好的社交方式也离不开和谐的校园和班级氛围以及老师的耐心引导，如若教师不能客观公正、悉心友善教导每一位学生，可以预见的是，被老师忽视的学生在社会情感能力的培养方面会存在更大挑战。老师和同学是学龄儿童在接受基础教育过程中直接接触最多的群体，他们的言行会对个体行为表现和心理健康产生潜移默化的影响，可见，基础教育质量中涉及教师团队、班级建设的部分对个体非认知能力的发展尤为重要。这些在现有的少数研究中也得到了相应的论证（王春超，钟锦鹏，2018；靳振忠等，2019；雷万鹏，李贞义，2020）。

除了关注基础教育的提质增效对人力资本积累的直接促进作用外，一个更加值得思考的问题是，个体在接受正规的基础教育前，受家庭环境等校外因素的影响，已经存在认知能力和非认知能力发展的差异，那么，学校提供的基础教育服务对这种人力资本积累的不均等会产生助推效应还是弥合效应？要回答这个问题可以从两个方面进行探讨，一个是以家庭为代表的校外因素和以基础教育质量衡量的学校因素在人力资本积累中的相对重要性比较，再一个则是判断基础教育是否在个体认知能力和非认知能力发展不均等中起到了“均衡器”作用。首先，对于家庭因素和学校因素在人力资本积累中孰轻孰重这个问题，学界一直以来都存在着较大争论。有学者利用澳大利亚儿童的综合数据验证了弗拉维奥・库尼亚（Flavio Cunha）和詹姆斯・赫克曼（James Heckman）于2007年提出的人力资本形成理论，探讨了家庭收入条件对儿童认知能力和非认知能力发展的影响，研究发现，家庭收入对儿童的认知表现产生了显著的积极影响，但并未对其非认知能力或行为表现产生显著影响（Khanam，Nghiem，2016）。基于墨西哥和秘鲁的研究证据也表明，家庭背景在个体认知能力发展差异中占据了主导地位。美国经济学家大卫·菲格利奥（David Figlio）与其合作者在 2014 年利用 1992—2002 年美国佛罗里达州儿童的数据研究发现，家庭背景和学校教育在弥补先天发育不足导致的儿童认知差距中的作用有所不同，一方面，后天家庭的投资和培养能够有效弥补个体先天的生理劣势；另一方面，虽然高质量的学校能够改善儿童潜在的认知差距，但却无法弥补先天造成的缺陷。与此同时，也有部分研究认为，相比于个体特征和家庭社会经济地位，学校教育因素才是导致个体认知差异的决定性因素（McEwan，2008）。并且，心理学领域的代表性研究成果显示，学校教育还可以培养和提升儿童的非认知能力，早期教育阶段的有效干预能够显著提高青少年团队协作和自律自制的意识、缓解焦虑、提高专注力（Durlak et al.，2011）。

一般而言，具备家庭背景优势的个体通常能够获取更优质的基础教育资源，但即使基础教育的质量高低有别、存在不均等，只要基础教育的变化小于其他校外因素的变化，由学校提供的基础教育就可以作为“均衡器”，帮助缩小家庭优势和劣势个体之间认知能力和非认知能力的发展差距（Downey et al.，2004）。基础教育在人力资本积累的均衡作用可用图 4.1 表示。图中，A_1 表示拥有家庭资源优势的个体在初始阶段的认知能力和非认知能力水平；B_1 则为家庭资源相对劣势的个体初始的认知能力和非认知能力水平；ΔH_1 表示的是在不接受学校教育或者只接受了极少学校教育的情况下，家庭优势个体和家庭劣势个体之间存在的认知能力和非认知能力发展差距。通过正式的学校教育，家庭优势个体的能力发展水平提升到 A_2，家庭劣势个体的能力发展水平则达到 B_2，在接受了 ΔX 基础教育后，两者认知能力和非认知能力的差距缩小至 ΔH_2。两者能力发展水平的差距之所以缩小，是因为即使学校提供的基础教育在质量上并不完全一致、均等，学校教育的差距也会远小于家庭背景的差距，初始阶段处于人力资本积累劣势的个体进入到学校，会比停留在校外得到更好的发展，人力资本水平会得到显著提升。并且，在个体接受相同数量基础教育服务的情况下[1]，ΔH_2 的大小完全取决于具备家庭优势的个体和家庭背景处于劣势的个体所获取的基础教育质量差距。可以预见的是，要想提高家庭劣势个体的人力资本积累水平，在难以改变其原生家庭条件的情况下，唯有通过公共部门提升其获取的基础教育质量才能实现。

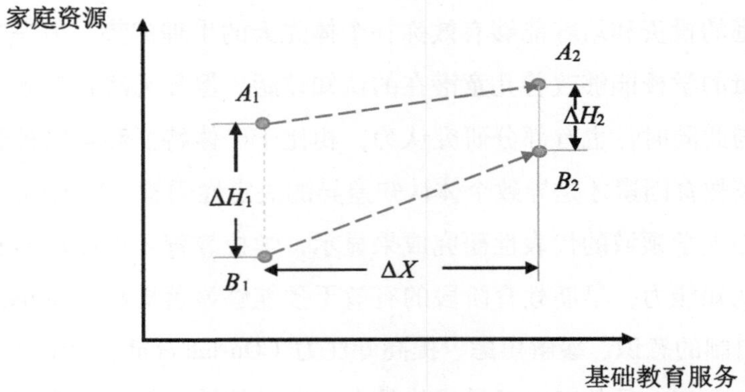

图 4.1　基础教育在人力资本积累不均等中的均衡作用

由此可见，当家庭社会经济地位差距阻碍个体层面人力资本积累的公平和均衡时，正式的学校教育往往是有效的解决方案。基础教育在个体能力发展不均等中的均衡作用也得到了实证研究的支持。美国知名社会学家芭芭拉·海因斯（Barbara Heyns）在 1987 年对数千名六、七年级学生进行研究发现，学校停课期间由于家庭等校外因素占据主导地位，家庭优势个体和家庭劣势个体之间的学业差距有所加大，但在校期间两类群体认知技能的增长大致相同。尽管学校提供的基础教育服务达不到绝对意义上的公平和均等，但是接受基础教育仍有助于缩小不同背景个体能力发展的差距。基础教育质量的差异不仅能对个体能力发展的差异作出有力解释，还能够在很大程度上调节个体家庭背景和学业表现之间的关系（Freeman et al.，2014）。但这并不意味着接受由学校提供的基础教育就能完全消除家庭

[1] 可以理解为国家和地区对基础教育阶段基本受教育年限的强制规定。

社会经济地位差距导致的人力资本积累和发展的不均等，相比于家庭经济社会地位处于劣势的个体，具备家庭资源优势的个体仍可以进入更好的学校、获取更优质的基础教育服务，但正是因为基础教育能够有效缓解劣势个体在校外环境中发展的困难与挑战，基础教育阶段的学校干预才能发挥出“均衡器”作用（Downey et al.，2004）。要改善微观层面人力资本积累和发展的不均等、提升宏观人力资本质量，必须实现基础教育的提质增效，尤其要提升家庭劣势学龄儿童获取的基础教育质量。

我国基础教育体制经过了多轮改革，在学校教学内容安排、学制设计等基础性制度方面均有国家法令文件的明确规定。换言之，在基础教育阶段，学校对个体认知能力和非认知能力的培养模式日渐均衡、统一。学校教育由地方政府统筹、教职人员落实，学校教育质量的高低直接影响了人力资本的积累与发展，学校教育质量在我国青少年认知表现差异方面具有较强的解释力。高质量的基础教育体系不仅要解决学龄儿童教育机会的获得公平，更要有效改善由学校以外因素造成的个体发展差异，毕竟教育的最终目标是实现人力资本的高质量积累和发展。由此出发，本章利用前文测得的基础教育质量数据，量化分析我国基础教育质量对人力资本积累的影响，进一步分析各质量维度在个体认知能力和非认知能力发展中的实际作用。在考虑家庭背景差异的基础上，探究基础教育质量在个体认知能力和非认知能力发展中的相对重要性，对基础教育在家庭背景差异导致的人力资本积累不均等中是起到助推作用还是阻断作用给出回答。

第二节　研究设计与数据说明

（一）模型设定

借鉴已有研究的通用做法，本节以教育生产函数为基础，考察基础教育质量对人力资本积累的影响。根据已有研究对教育生产函数的拓展，并结合 Cunha 和 Heckman（2007）提出的技能形成模型，从学校教育（Education）、家庭背景（Family）和个体特征（Individual）对人力资本（Capacity）做出解释，设定如下广义教育生产函数模型：

$$\text{Capacity}_{it} = \theta_0 + \theta_1 \text{Education}_{it-1} + \theta_2 \text{Individual}_{it} + \theta_3 \text{Family}_{it} + \tau_{it} \quad (4.1)$$

其中，Capacity_{it} 表示以个体能力度量的人力资本积累水平，具体是以个体 i 的认知能力或非认知能力表现衡量。Education_{it-1} 为第三章测算得到的基础教育质量综合指数，考虑到教育对人力资本的影响需要一定时间才能显现，故此处考察的是上一期个体所接受的基础教育质量对当期个体认知能力和非认知能力的影响。Individual_{it} 为一系列个体特征变量的集合，主要包括个体性别、年龄以及健康状况。Family_{it} 则为个体的家庭环境变量，进一步细分为家庭经济资本和家庭文化资本。

（二）数据说明

本章所用到的数据为第三章的研究数据以及 2014—2015 年 CEPS 追访数据，由于追访数据中只发布了 2013—2014 年七年级学生的追访数据，基于面板数据匹配分析的需要，本书只保留了两期数据均存在的样本，并利用唯一识别的学生个人代码将两期数据进行合并。并在此基础上，进一步匹配到每个学生的家庭数据。本章最终得到的样本观测值共计 9163 个。

根据两期 CEPS 学生问卷以及家庭问卷的内容，可以得到学生个体认知能力和非认知能力的表现，以及与学生个体相关的性别、年龄、健康状况、家庭背景等一系列信息。具体来说，认知能力的评估主要依据 2014—2015 年追访学生个人问卷中认知能力测试标准化得分。由于 CEPS 数据库中并没有对学生非认知能力进行直接的评估和测量，已有的相关研究也是基于不同量表，从逻辑思维、自我效能、情绪控制、社会行为、人际交往等多个方面对个体的非认知能力做出测度（雷万鹏，李贞义，2020；王春超，林俊杰，2021）。综合国内外研究个体非认知能力的文献来看，随着非认知能力测度指标的不断发展和完善，Goldberg 在 1990 年提出的“大五人格”（the Big Five Model）理论由于涵盖内容最为全面并且具有较高的普适性，而被学界广泛用于个体非认知能力的研究。在“大五人格”的理论框架下，个体的非认知能力主要可归结为五个方面：开放性（Openness）、责任感（Conscientiousness）、外向性（Extraversion）、宜人性（Agreeableness）和神经质性（Neuroticism）。本章基于 CEPS 调查问卷的已知信息，结合“大五人格”的考察内容，参考王春超和林俊杰（2021）的做法，从以下五个方面对个体的非认知能力进行测量：（1）开放性，体现了个体的创造性思维，开放性得分越高，说明个体的想象力越丰富、审美品位越高级，这部分内容取自 CEPS 追访数据中的家长问卷，通过家长对自己孩子的评价得到，涉及内容有孩子的反应速度和能力以及好奇心等；（2）责任感，指的是个体的办事效率和努力程度，责任感越强，则说明个体更具执行力和目标导向性，体现了个体的人生态度，评价依据是学生问卷中个体对自己在遇到困难、处理问题以及对待人生等方面的反馈；（3）外向性，反映了个体善于社交、活泼健谈以及乐于助人的品质，相关问卷内容为学生个体对自己在人际交往以及日常行为的主观评价；（4）宜人性，体现了个体在人际交往中的态度以及共情能力，主要考察个体在为人处事时的具体表现；（5）神经质性，是五个非认知能力维度中唯一的反向指标，该值越大，则说明个体稳定情绪的能力越差，根据学生问卷中关于沮丧、抑郁、难过、紧张等负面情绪的反馈得到。五个维度的具体衡量指标及相应的赋值方式汇总于表 4.1，由于每个维度下包含若干个问卷内容，故针对每个维度涉及的问卷信息进行因子分析，发现每个非认知能力维度下属的指标可分别构成一个因子值，最终利用主成分分析法得到的五个非认知能力维度分别为：开放性（α=0.7001），责任感（α=0.5667），外向性（α=0.4724），宜人性（α=0.5303），神经质性（α=0.6731）。

表 4.1　非认知能力指标体系

非认知能力	问卷内容	赋值方式
开放性（Openness）	孩子能够清楚表达自己的意见	非常不符 =1，不太符合 =2，比较符合 =3，非常符合 =4
	孩子的反应能力很迅速	
	孩子能很快学会新知识	
	孩子对新鲜事物很好奇	
责任感（Conscientiousness）	对自己的未来有没有信心	根本没有信心 =1, 不太有信心 = 2, 比较有信心 =3, 很有信心 =4
	如果我处理事情的方法不对，我会尽量想别的办法解决	完全不同意 =1, 不太同意 =2, 比较同意 =3, 完全同意 =4
	对于需要完成的任务，我通常很有信心	
外向性（Extraversion）	我很害羞	完全不同意 =1，不太同意 =2，比较同意 =3，完全同意 =4
	我常自己一个人坐着，而不愿与别人在一起	
	与同学或同伴在一起时，我不常讲话，多数时间是听他们说话	
	帮助老人做事情	从不 =1，偶尔 =2，有时 =3，经常 =4，总是 =5
宜人性（Agreeableness）	我能和大人轻松地交谈	完全不同意 =1，不太同意 =2，比较同意 =3，完全同意 =4
	当我不小心伤害或得罪人时，我会道歉	
	待人真诚友善	从不 =1，偶尔 =2，有时 =3，经常 =4，总是 =5
神经质性（Neuroticism）	过去的七天是否感觉沮丧	从不 =1，很少 =2，有时 =3，经常 =4，总是 =5
	过去的七天是否感觉抑郁	
	不快乐	
	生活没意思	
	悲伤、难过	
	紧张	

模型中的控制变量主要包括个体特征变量和家庭背景变量两个方面。个体特征变量主要包括：受访者的性别，女性赋值为 1，男性则为 0；个体

年龄；个体的健康状况，依据受访者的回答依次赋值（很不好 =1、不太好 =2、一般 =3、较好 =4、很好 =5）。家庭环境变量具体又分为家庭经济资本和家庭文化资本，前者主要以受访者的家庭经济状况衡量，由于 CEPS 问卷中并没有各学生家长收入的具体信息，故借鉴吴愈晓和黄超（2016）的做法，采用受访者的自评收入信息作为家庭经济状况的表征，以此将学生家庭分为非常困难、比较困难、收入中等、比较富裕和很富裕五个组别，分别赋值为 1、2、3、4、5；受访者是否为独生子女，是独生子女则赋值为 1，反之则为 0；父母双方职业阶层的划分参照李春玲（2003）、吴愈晓和黄超（2016）的做法，将父母职业类型归为三类，分别是管理技术型、一般技术型和底层职业，其中，管理技术型包括国家机关、事业单位和企业的管理工作人员、教师、工程师、医生、律师等，一般技术型包括技术工人、一般职工和个体户，底层职业包括农民和无业失业下岗人员，并将底层职业赋值为 1、一般技术型职业赋值为 2、管理技术型职业赋值为 3；个体的户籍情况，其中，个体为农村户口则赋值为 1，否则为 0。家庭文化资本则包括了父母双方的受教育程度以及除杂志以外的家庭藏书量，其中，根据父亲和母亲受教育的四个层次将其折算为相应的教育年限，小学及以下、初中、高中（技校、中专）、大学及以上，分别赋值为 3、9、12、16。上述变量的描述性统计汇总于表 4.2。

表 4.2　变量的描述性统计

类别	变量名	变量含义	观测值	均值	标准差	最小值	最大值
认知能力	cognitive	认知能力	8405	0.3255	0.8227	−3.1366	2.0628
非认知能力	openness	开放性	7993	−0.0000	1.6735	−6.0231	2.0882
	conscientiousness	责任感	8313	0.0000	1.3039	−4.6731	1.9896
	extraversion	外向性	8354	−0.0000	1.3747	−4.0982	1.9786
	agreeableness	宜人性	8360	−0.0000	1.2613	−4.7630	1.7948
	neuroticism	神经质性	8358	−0.0000	2.1707	−2.7996	7.0016
个体特征	gender	是否为女生	9004	0.4770	0.4995	0.0000	1.0000
	age	年龄	8963	13.9595	0.8754	12.0000	19.0000
	health	健康状况	8950	4.1902	0.8589	1.0000	5.0000

续表

类别	变量名	变量含义	观测值	均值	标准差	最小值	最大值
家庭经济资本	finan	家庭经济状况	8427	2.9560	0.6015	1.0000	5.0000
	child	是否为独生子女	9162	0.4474	0.4973	0.0000	1.0000
	m_occupation	母亲职业阶层	8507	1.8695	0.7668	1.0000	3.0000
	f_occupation	父亲职业阶层	8415	1.9810	0.6776	1.0000	3.0000
	registration	户籍	8444	0.5173	0.4997	0.0000	1.0000
家庭文化资本	m_edu	母亲学历	8964	9.3270	4.0773	3.0000	16.0000
	f_edu	父亲学历	8953	10.1444	3.7707	3.0000	16.0000
	book	家庭藏书量	9130	3.2692	1.2276	1.0000	5.0000
基础教育质量	quality	基础教育质量	9163	0.4323	0.0795	0.1618	0.7034
	tan	有形性	9163	0.3496	0.1135	0.0684	0.6763
	relia	可靠性	9163	0.3930	0.0910	0.0797	0.7450
	respon	回应性	9163	0.3876	0.1217	0.0153	0.8120
	assur	保证性	9163	0.2642	0.1273	0.0077	0.6101
	empa	移情性	9163	0.7672	0.1653	0.1044	1.0000

第三节　基础教育质量影响人力资本积累的实证结果

（一）基准回归分析

通过分别将基础教育质量、个体特征、家庭背景依次纳入回归模型，得到如表 4.3 所示的结果，即基础教育质量对个体认知能力和非认知能力发展的直接影响。由列（1）可知，在不考虑其他影响因素的情况下，基础教育质量的提高会给个体认知能力表现带来显著的积极影响。在加入个体特征变量后，基础教育质量的认知能力提升效应依旧显著。根据列（3）可得，在模型中控制了家庭经济资本变量后，基础教育质量对个体认知能力的影响系数依旧显著为正，但影响系数有所减小。在加入了家庭文化资本变量后，基础教育质量每增加 1 个单位，会带来个体认知能力提高 1.7377

个单位，且在1%水平上显著。进一步分析各个基础教育质量维度对个体认知能力发展的差异化影响，可以从列（5）看到，有形性、可靠性、回应性以及移情性这四个维度对个体认知能力的发展有着显著影响，保证性的影响系数为正，但不显著。换言之，学校教学设施越为完善，师资力量越为雄厚，学校教职团队越能如实履行承诺、对学生倾囊相授，能够及时感知不同学生的需求并提供相应的辅导与关怀，那么，接受此类基础教育的个体在认知能力方面的发展会得到显著提升。相较之下，有形性和移情性这两个质量维度对个体认知能力的发展更为重要。

表4.3 基础教育质量对个体认知能力的影响

变量	(1)	(2)	(3)	(4)	(5)
基础教育质量	2.8644***	2.6326***	2.0633***	1.7377***	
	(0.1084)	(0.1115)	(0.1238)	(0.1237)	
性别		0.0553***	0.0473**	0.0282	0.0268
		(0.0174)	(0.0185)	(0.0185)	(0.0185)
年龄		0.1275***	0.0998***	0.0849***	0.0830***
		(0.0105)	(0.0116)	(0.0116)	(0.0117)
健康状况		0.0097	0.0077	0.0203*	0.0202*
		(0.0106)	(0.0114)	(0.0113)	(0.0114)
家庭经济状况			0.0609***	0.0249	0.0229
			(0.0177)	(0.0178)	(0.0177)
是否为独生子女			0.0872***	0.0326	0.0300
			(0.0217)	(0.0220)	(0.0220)
母亲职业阶层			0.0293	0.0033	0.0056
			(0.0189)	(0.0191)	(0.0191)
父亲职业阶层			0.1278***	0.0696***	0.0658***
			(0.0214)	(0.0215)	(0.0214)
户籍			−0.0223	−0.0371*	−0.0371*
			(0.0218)	(0.0223)	(0.0224)
母亲学历				0.0076**	0.0079**
				(0.0033)	(0.0033)

续表

变量	（1）	（2）	（3）	（4）	（5）
父亲学历				0.0210***	0.0208***
				（0.0035）	（0.0035）
家庭藏书量				0.0871***	0.0867***
				（0.0091）	（0.0092）
有形性					0.5918***
					（0.0844）
可靠性					0.2399**
					（0.1207）
回应性					0.3651***
					（0.0872）
保证性					0.0527
					（0.0909）
移情性					0.5218***
					（0.0734）
常数项	0.9186***	0.9088***	0.3533*	0.0525	0.0610
	（0.0493）	（0.1628）	（0.1847）	（0.1871）	（0.1926）
观测值	8405	7906	6651	6465	6465
调整后的 R^2	0.076	0.094	0.115	0.140	0.142

注：括号中是聚类到个体层面的稳健标准误；*、** 和 *** 分别对应 10%、5% 和 1% 的显著性水平。以下各表没有特殊说明则同此处。

在验证了基础教育质量对个体认知能力的提升效应后，进一步比较分析基础教育质量对个体非认知能力的影响。表 4.4 汇报了对个体非认知能力中开放性的影响。由列（1）可知，在不考虑个体特征变量和家庭背景因素时，提高基础教育质量有助于促进个体非认知能力中的开放性发展。在依次控制了个体特征变量、家庭经济条件和家庭文化资本后，基础教育质量的提升依旧能显著带来个体开放性表现的改善。换言之，无论是否考虑个体特征、家庭经济条件和家庭文化资本的差异，基础教育质量越高，个体开放性维度的表现越好。但随着家庭经济条件和文化资本的加入，提高基础教育质量对个体开放性的积极作用有所降低。由列（4）的结果可知，基础教育质量每增加 1 个单位，能带来个体开放性提高 2.6186 个单位，且在 1% 水平上显著。进一步结合基础教育不同质量维度的影响来看，能对个体逻辑思维、想象力和好奇心产生显著影响的主要有可靠性、回应性、保证性和移情性这四个维度。其中，基础教育质量的可靠性和回应性对个体开放性表现的促进作用尤为重要，说明学校教职员工在教学工作中的投入以及家校互动的良好维系有利于激发青少年的创造性思维、提升他们的艺术感和品味。

表 4.4　基础教育质量对个体开放性的影响

变量	（1）	（2）	（3）	（4）	（5）
基础教育质量	4.8548***	4.2530***	3.1404***	2.6186***	
	（0.2336）	（0.2432）	（0.2764）	（0.2812）	
性别		0.0500	0.0684*	0.0383	0.0359
		（0.0373）	（0.0405）	（0.0406）	（0.0404）
年龄		0.1330***	0.0616**	0.0253	0.0185
		（0.0225）	（0.0251）	（0.0253）	（0.0252）
健康状况		0.2108***	0.1702***	0.1564***	0.1407***
		（0.0234）	（0.0254）	（0.0257）	（0.0257）
家庭经济状况			0.1705***	0.0859**	0.0791**
			（0.0373）	（0.0393）	（0.0392）
是否为独生子女			0.2917***	0.1856***	0.1824***
			（0.0468）	（0.0474）	（0.0472）
母亲职业阶层			0.0210	−0.0685*	−0.0610
			（0.0380）	（0.0391）	（0.0391）
父亲职业阶层			0.1377***	0.0692	0.0864*
			（0.0426）	（0.0447）	（0.0448）
户籍			−0.2343***	−0.1202**	−0.1233***
			（0.0466）	（0.0479）	（0.0478）
母亲学历				0.0367***	0.0377***
				（0.0073）	（0.0072）

续表

变量	(1)	(2)	(3)	(4)	(5)
父亲学历				0.0264***	0.0256***
				(0.0079)	(0.0078)
家庭藏书量				0.1273***	0.1158***
				(0.0208)	(0.0208)
有形性					0.1296
					(0.1897)
可靠性					1.3412***
					(0.2563)
回应性					1.2921***
					(0.1898)
保证性					0.4975**
					(0.1984)
移情性					0.7508***
					(0.1669)
常数项	−2.1112***	−0.8983***	−2.0740***	−2.7778***	−3.0923***
	(0.1048)	(0.3452)	(0.3925)	(0.3991)	(0.4061)
观测值	7993	7537	6358	6178	6178
调整后的 R^2	0.052	0.067	0.095	0.117	0.126

表 4.5 汇报了基础教育质量对个体非认知能力中责任感的影响。同样，列（1）所示的结果表明，不考虑其他影响因素的情况下，提升基础教育质量有助于培养个体责任感。在依次考虑了个体特征、家庭背景因素的影响后，基础教育质量对个体责任感的促进作用依然显著为正，只是影响系数略有减小。根据列（4）可知，基础教育质量每增加 1 个单位，会带来个体责任感提高 2.5564 个单位。与之前提升基础教育质量积极作用于个体认知能力和开放性有所不同的是，基础教育服务的五个质量维度均会显著影响到个体责任感的表现。其中，着重改进基础教育质量的保证性，对个体责任感的促进作用尤为明显。由列（5）可知，基础教育质量的保证性维度每

增加1个单位，会带来个体责任感表现提高1.7126个单位，且在1%水平上显著。这说明提高教师团队的知识储备和道德品行最有利于培养青少年的执行、担当和组织能力，老师的耳濡目染、言传身教能够帮助孩子树立积极的人生目标并促使其为之奋斗。

表4.5　基础教育质量对个体责任感的影响

变量	（1）	（2）	（3）	（4）	（5）
基础教育质量	3.4367***	3.2052***	2.8408***	2.5564***	
	（0.1814）	（0.1894）	（0.2131）	（0.2193）	
性别		−0.0187	−0.0117	−0.0044	−0.0081
		（0.0287）	（0.0311）	（0.0316）	（0.0312）
年龄		−0.0663***	−0.0517***	−0.0436**	−0.0356*
		（0.0175）	（0.0194）	（0.0199）	（0.0199）
健康状况		0.1080***	0.0958***	0.0874***	0.0701***
		（0.0172）	（0.0187）	（0.0191）	（0.0189）
家庭经济状况			0.1022***	0.0583*	0.0498
			（0.0310）	（0.0324）	（0.0323）
是否为独生子女			−0.0185	−0.0275	−0.0253
			（0.0353）	（0.0364）	（0.0361）
母亲职业阶层			0.0546*	0.0336	0.0432
			（0.0329）	（0.0339）	（0.0336）
父亲职业阶层			−0.0677*	−0.1215***	−0.1000***
			（0.0371）	（0.0383）	（0.0380）
户籍			−0.1107***	−0.0794**	−0.0856**
			（0.0350）	（0.0368）	（0.0365）
母亲学历				0.0004	0.0011
				（0.0054）	（0.0053）
父亲学历				0.0121**	0.0114**
				（0.0059）	（0.0058）
家庭藏书量				0.1093***	0.0917***
				（0.0159）	（0.0158）

续表

变量	（1）	（2）	（3）	（4）	（5）
有形性					0.3461**
					（0.1531）
可靠性					0.4652***
					（0.1483）
回应性					0.8617***
					（0.1229）
保证性					1.7126***
					（0.1498）
移情性					0.5546***
					（0.1960）
常数项	−1.4930***	−0.9325***	−1.1182***	−1.2734***	−1.4719***
	（0.0806）	（0.2740）	（0.3128）	（0.3212）	（0.3295）
观测值	8313	7829	6600	6422	6422
调整后的 R^2	0.043	0.051	0.052	0.061	0.085

个体非认知能力的外向性与个体的性格培养息息相关。根据表 4.6 所示的结果可以得到，基础教育质量的提高也有助于个体外向性的表现。无论是否考虑个体特征和家庭背景差异的影响，提高基础教育质量能够显著促进个体外向性的积极表现。但就基础教育质量的影响系数大小来看，相比于对个体认知能力和非认知能力开放性、责任感的影响，基础教育质量的改善对个体外向性的影响程度更小一些。由列（4）可知，在控制了个体特征变量、家庭经济条件和家庭文化资本的情况下，基础教育质量每增加 1 个单位，个体外向性表现提高 0.9850 个单位，且在 1% 水平上显著。除可靠性以外，其他四个基础教育质量维度均会对个体的外向性表现产生显著的积极影响。其中，基础教育质量的移情性对个体外向性表现的影响系数最大，意味着学校老师能否对每个学生提供辅导和关心在很大程度上决定了学生积极乐观性格的养成，青少年在日常生活中保持活力、积极向上，老师及时有效的支持和关怀必不可少。

表 4.6　基础教育质量对个体外向性的影响

变量	(1)	(2)	(3)	(4)	(5)
基础教育质量	1.5717***	1.1973***	1.0810***	0.9850***	
	(0.1931)	(0.2026)	(0.2292)	(0.2363)	
性别		-0.0448	-0.0316	-0.0420	-0.0462
		(0.0307)	(0.0335)	(0.0341)	(0.0339)
年龄		-0.0844***	-0.0594***	-0.0522**	-0.0449**
		(0.0187)	(0.0209)	(0.0214)	(0.0213)
健康状况		0.1375***	0.1330***	0.1308***	0.1198***
		(0.0188)	(0.0208)	(0.0211)	(0.0211)
家庭经济状况			0.1242***	0.1025***	0.0964***
			(0.0324)	(0.0336)	(0.0334)
是否为独生子女			-0.0462	-0.0636	-0.0616
			(0.0382)	(0.0397)	(0.0396)
母亲职业阶层			-0.0218	-0.0399	-0.0332
			(0.0338)	(0.0354)	(0.0352)
父亲职业阶层			-0.0066	-0.0145	-0.0006
			(0.0379)	(0.0399)	(0.0397)
户籍			-0.0811**	-0.0617	-0.0681*
			(0.0377)	(0.0394)	(0.0393)
母亲学历				0.0064	0.0071
				(0.0058)	(0.0058)
父亲学历				0.0048	0.0043
				(0.0063)	(0.0062)
家庭藏书量				0.0344**	0.0218
				(0.0173)	(0.0172)
有形性					0.4224***
					(0.1625)
可靠性					0.0418
					(0.2155)
回应性					0.6122***
					(0.1303)
保证性					0.5173***
					(0.1628)

续表

变量	(1)	(2)	(3)	(4)	(5)
移情性					1.0029***
					(0.1617)
常数项	-0.6829***	0.1007	-0.4524	-0.5836*	-0.7856**
	(0.0850)	(0.2956)	(0.3399)	(0.3492)	(0.3558)
观测值	8354	7862	6623	6438	6438
调整后的 R^2	0.008	0.018	0.019	0.021	0.032

表 4.7 汇报了基础教育质量对个体非认知能力中宜人性的影响。列（1）的结果表明，只考虑基础教育质量的影响，基础教育质量的提升同样能够帮助个体在宜人性方面获得更好的表现。如若加上对个体特征和家庭背景因素影响的考虑，提升基础教育质量对个体宜人性的促进作用依然显著为正，只是影响系数略有减小。具体来说，如列（4）所示，在控制了其他可能影响个体宜人性表现的变量后，基础教育质量每增加 1 个单位，能带来个体宜人性方面的表现显著提高 2.7002 个单位，且在 1% 水平上显著。比较基础教育各质量维度的影响可以得到，基础教育的可靠性、回应性和移情性这三个质量维度能够对个体宜人性的表现产生积极影响，且在 1% 水平上显著。而基础教育质量的有形性和保证性对个体宜人性的影响系数为正，但不显著。其中，回应性在个体宜人性表现中的影响最大，说明课后时间老师和学生、家长的积极交流有利于培养青少年的社交礼仪以及其换位思考的能力。

表 4.7　基础教育质量对个体宜人性的影响

变量	(1)	(2)	(3)	(4)	(5)
基础教育质量	3.5604***	3.3784***	3.0230***	2.7002***	
	(0.1704)	(0.1762)	(0.1979)	(0.2023)	
性别		0.3467***	0.3346***	0.3222***	0.3184***
		(0.0272)	(0.0293)	(0.0296)	(0.0293)
年龄		0.0130	0.0065	0.0197	0.0267
		(0.0164)	(0.0183)	(0.0186)	(0.0185)

续表

变量	(1)	(2)	(3)	(4)	(5)
健康状况		0.0866***	0.0742***	0.0666***	0.0532***
		(0.0164)	(0.0178)	(0.0181)	(0.0180)
家庭经济状况			0.0557*	0.0119	0.0028
			(0.0287)	(0.0296)	(0.0296)
是否为独生子女			0.0883***	0.0409	0.0406
			(0.0334)	(0.0343)	(0.0341)
母亲职业阶层			0.0454	0.0111	0.0186
			(0.0301)	(0.0313)	(0.0310)
父亲职业阶层			−0.0216	−0.0813**	−0.0681*
			(0.0347)	(0.0361)	(0.0357)
户籍			0.0465	0.0061	0.0003
			(0.0332)	(0.0347)	(0.0346)
母亲学历				0.0047	0.0052
				(0.0051)	(0.0051)
父亲学历				0.0207***	0.0200***
				(0.0055)	(0.0054)
家庭藏书量				0.0973***	0.0827***
				(0.0151)	(0.0151)
有形性					0.0457
					(0.1380)
可靠性					0.5115***
					(0.1828)
回应性					1.5434***
					(0.1391)
保证性					0.3375
					(0.2409)
移情性					0.9000***
					(0.1143)
常数项	−1.5460***	−1.8178***	−2.0778***	−2.3589***	−2.5791***
	(0.0763)	(0.2590)	(0.2945)	(0.3018)	(0.3074)
观测值	8360	7869	6624	6440	6440
调整后的 R^2	0.049	0.074	0.074	0.086	0.104

神经质性作为五个非认知能力中唯一的负向指标，体现了个体情绪控制能力。表 4.8 汇报了基础教育质量对个体神经质性表现的影响。从中可以看到，不论是否考虑其他影响因素，个体神经质性表现的改善同样得益于所受基础教育服务质量的提升。在控制了个体特征以及家庭背景因素后，基础教育质量每增加 1 个单位，个体神经质性的表现能够提高 2.7208 个单位，且在 1% 水平上显著。由列（5）可知，在五个质量维度中，基础教育的移情性、回应性以及保证性这三个质量维度能够对个体神经质性的表现产生显著的影响，说明加强学生与教师的交流、提高教学方式的专业性以及注重老师对学生的辅导和关心，能够帮助青少年培养更好的情绪控制能力，避免一系列负面情绪的产生。其中，移情性的作用最为显著，换言之，老师给予的关怀对个体的心理健康尤为重要。

表 4.8　基础教育质量对个体神经质性的影响

变量	（1）	（2）	（3）	（4）	（5）
基础教育质量	–3.6847***	–3.2075***	–2.8061***	–2.7208***	
	（0.2934）	（0.3078）	（0.3478）	（0.3612）	
性别		0.2009***	0.1602***	0.1616***	0.1764***
		（0.0482）	（0.0524）	（0.0533）	（0.0528）
年龄		0.1026***	0.0661**	0.0702**	0.0438
		（0.0287）	（0.0315）	（0.0325）	（0.0322）
健康状况		–0.1944***	–0.1785***	–0.1847***	–0.1669***
		（0.0290）	（0.0316）	（0.0323）	（0.0323）
家庭经济状况			–0.3466***	–0.3596***	–0.3538***
			（0.0536）	（0.0552）	（0.0549）
是否为独生子女			–0.0864	–0.0890	–0.0986
			（0.0588）	（0.0614）	（0.0609）
母亲职业阶层			0.0539	0.0535	0.0436
			（0.0559）	（0.0582）	（0.0576）
父亲职业阶层			0.0854	0.0824	0.0629
			（0.0623）	（0.0650）	（0.0642）
户籍			0.0635	0.0697	0.0875

续表

变量	（1）	（2）	（3）	（4）	（5）
			（0.0583）	（0.0612）	（0.0611）
母亲学历				-0.0039	-0.0006
				（0.0093）	（0.0092）
父亲学历				0.0005	0.0005
				（0.0102）	（0.0101）
家庭藏书量				-0.0093	-0.0004
				（0.0274）	（0.0273）
有形性					-0.2238
					（0.3346）
可靠性					-0.3119
					（0.2443）
回应性					-1.1283***
					（0.2619）
保证性					-0.8736***
					（0.2544）
移情性					-2.3141***
					（0.2087）
常数项	1.6009***	0.6857	1.7210***	1.6801***	2.4559***
	（0.1305）	（0.4558）	（0.5185）	（0.5352）	（0.5412）
观测值	8358	7865	6628	6446	6446
调整后的 R^2	0.018	0.027	0.034	0.034	0.053

（二）基础教育质量的相对重要性

1. 夏普利值分解结果

为确切掌握与其他影响因素相比，基础教育质量在人力资本积累中的相对重要性，先采用夏普利值分解法进行比较分析。具体做法是，先将所有影响人力资本积累的变量进行归类，再利用夏普利值分解法考察比较不同类别影响因素在个体能力发展中的相对重要性。根据表 4.9 所示的结果可以得到，在个体特征、家庭经济资本、家庭文化资本以及基础教育质量这四类影响因素中，家庭文化资本对个体认知能力发展不均等的影响程度最大，高达40.24%，其次是基础教育质量，影响程度达到28.14%，再者就是家庭经济资本和个体特征，影响程度分别为19.81%和10.03%。这一结果符合经济直觉，个体认知能力的发展在很大程度上取决于所接受的教育和环境熏陶，而教育又可进一步细分为正式教育和非正式教育，前者指的是进入正规的学校等教育机构接受专业人员教授知识，后者则与朝夕相处的家庭成员在生活中的言传身教息息相关。虽然以父母受教育程度为主衡量的家庭文化氛围差异能够最大程度地解释个体认知表现的差距，但是通过调整、提升基础教育质量并推进其均等化，也能够有效缩小个体认知能力的发展差距。

就各类影响因素对个体非认知能力表现差异的影响程度来看，家庭经济资本和文化资本的差异能够解释较大部分个体开放性表现得不均等，占到61.46%。相较之下，基础教育质量对个体逻辑思维、想象创造能力差异的影响程度为20.40%。值得注意的是，在五个方面的非认知表现中，基础教育质量在个体责任感和宜人性这两个非认知能力不均等中发挥了最大的作用，影响程度分别占到32.94%和33.47%，超过了两类家庭背景因素影响的总和。说明通过基础教育的提质增效，能够有效缓解不同个体在责任感和宜人性方面发展的不均等，帮助个体树立积极的人生目标、强化其组织和执行能力，并且引导个体有更好的社交表现。与此同时，也应注意到，基础教育质量在个体外向性发展不均等中的影响程度较小，仅为14.08%。与之相比，个体特征方面的差异则在较大程度上可以解释个体外向性表现的差异。意味着在引导和培养个体活泼外向的性格方面，通过提升个体所接受的基础教育服务质量能够对其外向性表现产生积极作用的效果有限，个体性格的养成与其性别、年龄、健康状况等个体特征密切相关。虽然学校提供的基础教育质量对个体性格培养的影响有限，但提高基础教育质量却能积极作用于个体的情绪控制能力，个体特征、家庭经济资本以及基础教育质量三大类影响因素对个体神经质性表现的影响基本持平，基础教育的提质增效有助于改善个体情绪控制能力方面表现得不均等，帮助个体缓解负面情绪、学会自我调节。

表 4.9 人力资本积累不均等的夏普利值分解

变量	认知能力	非认知能力				
	(1)	(2)开放性	(3)责任感	(4)外向性	(5)宜人性	(6)神经质性
个体特征	10.03%	10.25%	8.89%	27.47%	21.69%	17.57%
家庭经济资本	19.81%	23.91%	9.07%	12.81%	6.34%	22.81%
家庭文化资本	40.24%	37.55%	20.63%	10.75%	21.05%	3.27%
基础教育质量	28.14%	20.40%	32.94%	14.08%	33.47%	21.45%

2. 区分城乡户籍的夏普利值分解

为进一步探究基础教育质量对人力资本积累影响的相对重要性是否存在城乡差异，根据受访个体的户籍对研究样本加以区分，同样利用夏普利值分解法对城镇和农村户籍分组样本人力资本积累的不均等分别进行比较分析，结果汇总于表 4.10。一方面，可以看到，在城市青少年认知能力发展不均等的影响因素中，影响程度最大的为家庭文化资本，占到 45.93%。基础教育质量对城市个体认知能力表现的影响程度和家庭经济资本的影响程度较为接近。与之不同的是，学校提供的基础教育质量差异可以最大程度地解释农村青少年在认知能力方面表现得不均等。说明在个体认知能力发展方面，学校提供的基础教育质量高低对农村青少年认知能力的发展尤为重要，影响程度达到 36.01%。通过不断优化改善农村地区中小学的教育质量，能够有助于农村青少年智力开发、帮助其更好地认识世界，改善农村学龄儿童认知表现得不均等。另一方面，在五项非认知表现中，基础教育质量对农村学龄儿童的开放性、责任感和宜人性这三项非认知能力表现的影响力度大于对城市学龄儿童的影响。通过调整、改善农村基础教育服务，能够有效激发农村学龄儿童的创造性思维、提升其审美品位，并且能够加强他们的责任意识和共情能力，助力农村人力资本实现更好的积累和发展。基础教育质量对城市学龄儿童非认知能力的影响更多地体现在外向性和神经质性两个方面，即城市中小学的教育质量差异更多地会导致城市学龄儿童在活泼、乐观性格养成以及负面情绪自我调节这两个方面能力发展的不均等。

表 4.10　人力资本积累不均等的夏普利值分解（分户籍）

变量	认知能力（城市 / 农村）	非认知能力（城市 / 农村）				
	（1）	（2）开放性	（3）责任感	（4）外向性	（5）宜人性	（6）神经质性
个体特征	6.53%/16.13%	8.63%/15.63%	4.10%/14.82%	22.72%/32.65%	17.50%/27.39%	19.07%/15.02%
家庭经济资本	22.19%/13.68%	24.48%10.96%	7.57%/8.83%	20.39%/3.64%	9.91%/4.00%	21.63%/20.52%
家庭文化资本	45.93%/30.20%	39.08%/33.59%	22.71%/15.13%	5.78%/13.09%	23.60%/14.41%	2.42%/2.62%
基础教育质量	23.88%/36.01%	19.96%/26.41%	29.79%/36.12%	18.44%/7.01%	27.45%/38.82%	23.64%/17.35%

3. 区分性别的夏普利值分解

考察基础教育质量对人力资本积累影响的相对重要性是否存在性别差异。通过根据受访个体的性别对研究样本进行区分，再对男孩和女孩分组样本的人力资本积累差异分别进行夏普利值分解。根据表 4.11 汇报的结果可知，在个体认知能力表现方面，相比于女孩而言，基础教育质量对男孩认知能力发展不均等的影响更大，基础教育质量差异可以解释 35.23% 男孩认知表现的差距。换言之，通过提升学校提供的基础教育质量，基本能够弥补家庭文化资本差异引致的男性认知发展差距。就对个体非认知能力表现差异的解释来看，基础教育质量对女孩责任感、外向性以及神经质性这三个方面的影响要大于男孩，在这三项非认知能力发展不均等中的影响程度分别为 32.43%、19.52% 和 32.44%。并且相较于其他影响因素，基础教育质量在女孩责任感和神经质性发展不均等中的影响力位于首位。这也意味着，接受更高质量基础教育服务的女孩，更具备组织担当的意识、乐观积极的态度以及稳定情绪的能力。高质量的基础教育服务使得男孩更多受益于逻辑思维的开发以及换位思考能力的培养。其中，基础教育质量对男孩宜人性表现不均等的影响尤为明显，影响程度达到 43.32%，即基础教育的提质增效能够最大限度地培养男孩的共情能力，促使其养成礼貌友好的社交礼仪。

表 4.11 人力资本积累不均等的夏普利值分解（分性别）

变量	认知能力（男孩 / 女孩）	非认知能力（男孩 / 女孩）				
	（1）	（2）开放性	（3）责任感	（4）外向性	（5）宜人性	（6）神经质性
个体特征	8.77%/9.97%	11.64%/8.17%	10.69%/6.94%	29.81%/21.71%	8.49%/2.82%	16.47%/13.50%
家庭经济资本	18.57%/22.33%	26.87%/21.22%	9.19%/9.26%	16.88%/9.37%	9.75%/8.11%	26.28%/20.21%
家庭文化资本	36.16%/43.78%	31.10%/45.42%	20.65%/19.80%	10.05%/10.84%	24.11%/22.97%	4.05%/3.31%
基础教育质量	35.23%/20.81%	21.27%/18.53%	31.60%/32.43%	9.66%/19.52%	43.32%/32.57%	12.70%/32.44%

（三）各质量维度的相对重要性

1. 基于不同质量维度的夏普利值分解

由前文的分析可知，基础教育质量的高低对于以个体能力衡量的人力资本提升和发展举足轻重，只是对不同类别能力发展的影响大小存在差异。鉴于基础教育的各质量维度侧重于基础教育服务的不同方面，为深入比较不同质量维度对个体能力发展的差异化影响，找到促进人力资本均衡、优质发展的良方，在控制其他影响因素的情况下，继续利用夏普利值分解法考察五个质量维度在人力资本积累不均等中的影响程度。由表 4.12 汇总的结果可知，五个基础教育质量维度中，有形性、移情性以及回应性三个维度的差异对个体认知能力发展不均等的贡献最大，分别占到 14.27%、13.72% 和 13.55%。这说明在基础教育阶段，学校基础设施设备、教职团队规模等有形资源的配置，以及学校教职人员及时为学生教授其所需知识、对不同学生能给予充分关怀和辅导的能力，对于启发学龄儿童的认知能力尤为重要。

在个体非认知能力发展方面，各个质量维度对不同非认知能力的影响程度也不尽相同。就个体开放性的表现来看，影响程度最大的是基础教育质量的可靠性，达到 24.58%，即教师团队的专业性在很大程度上影响了学生个体的思考方式和想象创造能力。而基础教育质量的保证性则在个体的责任感方面做出了最大贡献，影响程度为48.36%，说明学龄儿童行为表现的目标性和执行力很大程度上受到教师潜移默化的影响，教师的知识储备和道德品行会对学龄儿童责任意识的养成产生很大影响。基础教育质量的移情性维度则对个体外向性和神经质性发展不均等的影响最大，影响程度分别达到37.82%和47.55%。这也很好理解，教职工给予学生所需要的辅导和关心，对于学龄儿童培养活泼外向的性格和强大的情绪控制能力极为重要。而与个体宜人性表现最息息相关的则是基础教育质量的回应性维度，友好的家校互动能够帮助学生个体在人际交往和社交活动中有更好的表现。

表 4.12　基于质量维度比较的人力资本积累不均等夏普利值分解

变量	认知能力	非认知能力				
	（1）	（2）开放性	（3）责任感	（4）外向性	（5）宜人性	（6）神经质性
有形性	14.27%	2.62%	0.45%	1.82%	0.63%	0.28%
可靠性	5.12%	24.58%	2.41%	2.77%	6.75%	1.81%
回应性	13.55%	10.12%	21.77%	20.10%	38.55%	14.62%
保证性	4.67%	1.92%	48.36%	2.49%	2.54%	3.61%
移情性	13.72%	9.94%	7.92%	37.82%	20.53%	47.55%

2. 不同质量维度在城乡分组的夏普利值分解

同样对基础教育的五个质量维度在城乡学龄儿童人力资本积累不均等中的相对重要性进行比较分析，结果如表4.13所示。对比可知，有形教育资源的配备对城市学龄儿童认知能力发展不均等的贡献最大，影响程度达到14.41%，而对农村学龄儿童认知能力发展不均等影响最大的是基础教育质量的移情性维度，影响程度达22.60%。其中的解释在于，考虑到基础教育的移情性维度往往与教师对待不同学生群体的态度有关，可见与城市的同龄人相比，农村学龄儿童的认知能力发展更需要来自老师的关心和指导，老师对不同背景学生的区别对待会给农村户籍学生造成严重的负面冲击，不利于其人力资本的积累与发展。无论是对农村还是城市学龄儿童，基础教育质量的回应性维度差异对其开放性表现不均等的影响最大，均超过25%。相比于农村的同龄人来说，教师自身的知识和品行差异对城市学龄儿童责任感的培养影响更为明显，影响程度也比农村基础教育保证性高出14.56个百分点。基础教育的移情性维度对城市学龄儿童外向性表现不均等的贡献更大，达到37.70%，但同时也更多地影响了农村学龄儿童情绪控制能力的发展。这说明对于城市孩子来说，老师给予更多的关心有助于培养其乐观活泼的性格，农村学龄儿童则更多地受益在负面情绪的减少和情绪控制的加强。基础教育的回应性维度对城市和农村学龄儿童宜人性发展不均等的影响最为显著，分别高达41.45%和32.98%，这也体现了师生交流、家校互动对于培养孩子早期社交礼仪和共情能力的重要性，并且城市孩子受益更多。

表4.13　基于质量维度比较的人力资本积累不均等夏普利值分解（分户籍）

变量	认知能力（城市/农村）	非认知能力（城市/农村）				
	（1）	（2）开放性	（3）责任感	（4）外向性	（5）宜人性	（6）神经质性
有形性	14.41%/10.80%	2.05%/0.79%	1.44%/0.55%	3.35%/2.16%	0.24%/0.39%	0.77%/0.36%
可靠性	6.28%/3.71%	9.42%/13.09%	5.39%/9.97%	5.06%/0.97%	2.71%/11.68%	1.21%/2.12%
回应性	11.37%/14.34%	26.98%/25.59%	2.31%/2.52%	15.81%/24.24%	41.45%/32.98%	28.60%/4.56%
保证性	3.86%/5.36%	2.11%/2.06%	54.90%/40.34%	1.41%/8.38%	2.24%/2.50%	2.37%/5.36%
移情性	9.19%/22.60%	7.55%/17.28%	18.69%/26.05%	37.70%/30.22%	21.21%/19.58%	34.37%/59.51%

3. 不同质量维度在性别分组的夏普利值分解

基础教育质量的五个维度在不同性别学龄儿童人力资本积累不均等中的相对重要性也有所不同，夏普利值分解的结果汇总于表4.14。可以得到，基础教育质量的移情性维度对男孩认知能力发展的影响程度最大，学校老师是否能够做到一视同仁对待学生能解释18.17%男孩认知表现的差距。而回应性维度则对女孩认知能力的发展最为重要，学校回应性的差异对女孩认知表现不均等的解释力度达到16.20%。教职团队的专业性对男孩和女孩责任意识的培养尤为重要，保证性维度差异对男孩和女孩责任感表现差距的解释力度均超过45%。虽然基础教育质量的移情性维度对学龄儿童外向性和神经质性表现不均等的影响最大，对男孩和女孩外向性的影响分别达到26.78%和50.67%，对神经质性的影响更大，分别达到42.06%和53.60%。但通过进一步比较可以看出，相比于同龄男孩而言，女孩外向型性格养成和情绪调节能力培养受到老师对待学生态度的影响更为强烈。无独有偶，师生交流的顺畅以及家校互动的维系对女孩宜人性表现的积极影响也更为明显，即基础教育质量的回应性差异对女孩宜人性表现差距的影响程度高达48.41%，比对男孩宜人性表现的影响高出6.77个百分点。由此可见，学校在提供基础教育服务过程中，需要特别注重教学活动的专业性和合理性，与此同时，也需要加强老师对学生的人文关怀，这对于人力资本的积累和发展同样必不可少。总体而言，提高基础教育质量会使得男孩更多地受益于智力启发，而女孩则在性格培养和情绪稳定方面受益更多。

表4.14　基于质量维度比较的个体能力发展不均等夏普利值分解（分性别）

变量	认知能力（男孩/女孩）	非认知能力（男孩/女孩）				
	（1）	（2）开放性	（3）责任感	（4）外向性	（5）宜人性	（6）神经质性
有形性	13.55%/14.70%	2.28%/2.88%	0.59%/3.19%	3.89%/0.29%	4.23%/0.85%	0.62%/0.14%
可靠性	5.89%/4.34%	11.28%/8.73%	7.31%/8.20%	5.59%/1.42%	7.37%/8.99%	1.18%/2.65%
回应性	10.93%/16.20%	23.68%/24.73%	2.13%/3.85%	19.32%/19.26%	41.64%/48.41%	16.59%/12.57%
保证性	8.00%/2.24%	1.88%/1.91%	48.79%/45.56%	3.75%/1.57%	3.47%/2.38%	6.19%/4.79%
移情性	18.17%/9.08%	11.91%/7.51%	21.12%/20.94%	26.78%/50.67%	22.27%/22.18%	42.06%/53.60%

第四节　基于结构方程模型的拓展性分析

（一）结构方程模型设定

前面基准回归和夏普利值分解的结果为理解基础教育质量在人力资本积累中的作用方向和相对重要性提供了初步证据。但由于最小二乘估计无法显示模型中家庭背景因素与基础教育质量之间的内在联系，其假定为各个自变量均不存在测量误差，这与现实存在较大出入。毕竟根据本书第三章的研究可知，现阶段中国基础教育仍存在着质量不均等的问题。因此，为更准确地考虑测量误差、深入量化分析基础教育质量在人力资本积累不均等中的作用，参考靳振忠等（2019）的研究，本节接下来采用结构方程模型展开进一步的研究和论证。

结构方程模型（Structural Equation Model，SEM）是集因子分析、路径分析和因果分析于一体的研究方法，不仅适用于存在多个因变量的情形，也能有效揭示因子结构和因子关系。本节所采用的SEM分析框架如图4.2所示，椭圆形框内表示的是潜变量，矩形框内的为显变量。结构方程模型由基本的测量模型和结构模型组成，本节中基础教育质量、家庭经济资本和家庭文化资本三个变量为潜变量。其中，家庭经济资本由家庭经济状况、父母双方的职业阶层、家中孩子数量以及个体户籍这五个显变量进行衡量；家庭文化资本以父亲和母亲的文化程度以及家庭藏书量这三个显变量进行测量；基础教育质量则以五个质量维度作为显变量进行测量。因此，本节的测量模型有三组，具体结构方程模型设置如下所示。

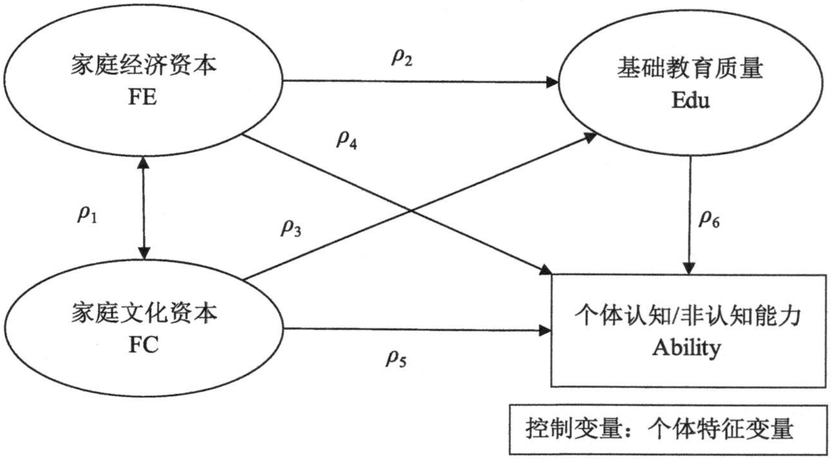

图4.2　结构方程模型基本分析框架

$$
\text{结构方程模型}\begin{cases}
\left.\begin{array}{l}
\text{Ability} = \rho_4\text{FE} + \rho_5\text{FC} + \rho_6\text{Edu} + \varepsilon_1 \\
\text{Edu} = \rho_2\text{FE} + \rho_3\text{FC} + \varepsilon_2
\end{array}\right\} \text{结构模型} \\
\left.\begin{array}{l}
\text{FE}_1 = \mu_1\text{finan} + \nu_1 \\
\text{FE}_2 = \mu_2 f_{\text{occup}} + \nu_2 \\
\text{FE}_3 = \mu_3 m_{\text{occup}} + \nu_3 \\
\text{FE}_4 = \mu_4\text{zinv} + \nu_4 \\
\text{FE}_5 = \mu_5\text{resid} + \nu_5
\end{array}\right\} \text{家庭经济资本测量模型} \\
\left.\begin{array}{l}
\text{FC}_1 = \lambda_1 m_{\text{edu}} + \sigma_1 \\
\text{FC}_2 = \lambda_2 f_{\text{edu}} + \sigma_2 \\
\text{FC}_3 = \lambda_3\text{book} + \sigma_3
\end{array}\right\} \text{家庭文化资本测量模型} \\
\left.\begin{array}{l}
\text{Edu}_1 = \gamma_1\text{tan} + \omega_1 \\
\text{Edu}_2 = \gamma_2\text{relia} + \omega_2 \\
\text{Edu}_3 = \gamma_3\text{respon} + \omega_3 \\
\text{Edu}_4 = \gamma_4\text{assur} + \omega_4 \\
\text{Edu}_5 = \gamma_5\text{empa} + \omega_5
\end{array}\right\} \text{基础教育质量测量模型}
\end{cases}
$$

其中，分别用于测度家庭经济资本（FE）、家庭文化资本（FC）以及基础教育质量（Edu）的显变量与基准回归中用到的变量保持一致；ρ_i、μ_i、λ_i、γ_i 为待估计参数；ε_i、ν_i、σ_i、ω_i 为随机误差项。

（二）结构方程模型结果分析

1. 基础教育质量在个体认知能力发展不均等中的作用分析

在分析结构方程模型的结果前，先要对结构方程模型的匹适度进行检验。一般而言，模型匹适度的指标主要有绝对匹适指标、增值匹适指标、精简匹适指标、竞争性匹适指标以及比较适度指标等。参照已有研究，本节选取了部分常用的匹适指标对设定模型的拟合度进行判断，结果汇总于表 4.15。可以看到，在本节设定的结构方程模型中，卡方 / 自由度的比值小于 5，模型的近似误差均方根（RESEA）小于 0.1，相对拟合优度指数

（CFI）大于 0.9 等，由此，可以认定我们设定的结构方程模型能够较好地反映样本数据的内在关系。

表 4.15　结构方程模型的拟合指标分析（因变量：个体认知能力）

指标	模型的值	建议值	接受程度
χ^2/df	2.847 χ^2=11.388 df=4	小于 3 为良好，小于 5 为可接受	良好
RMSEA	0.062	小于 0.05 为良好，小于 0.10 为可接受	可接受
NFI	0.996	大于 0.9	良好
NNFI	0.990	大于 0.9	良好
CFI	0.997	大于 0.9	良好
IFI	0.997	大于 0.9	良好
SRMR	0.059	小于 0.05 为良好，小于 0.10 为可接受	可接受
GFI	1.000	大于 0.9	良好
AGFI	0.998	大于 0.9	良好

表 4.16 则对潜变量和显变量之间的关系进行了汇总。我们进行了验证性因子分析，并依据修正指标的大小校正了部分潜变量残差之间的相关关系，即在符合经济学直觉、不违背理论常识的基础上将高度相关的显变量残差建立共变关系。由此得到的验证性因子分析结果如表 4.16 所示，可以看到所有估计参数均在 1% 的水平上显著，说明每个潜变量对应的显变量均能对其进行有效测度。

表 4.16　结构方程模型的验证性因子分析结果（因变量：个体认知能力）

观测变量	潜变量	估计值	标准差	T 值
家庭经济状况	家庭经济资本	0.791	0.048	16.545***
父亲职业阶层		2.818	0.101	27.696***
母亲职业阶层		2.969	0.104	28.606***
家中子女数		0.789	0.037	21.282***
户籍		1.000		

续表

观测变量	潜变量	估计值	标准差	T值
母亲学历	家庭文化资本	5.844	0.231	25.273***
父亲学历		5.358	0.209	25.692***
家庭藏书量		1.000		
有形性	基础教育质量	1.000		
可靠性		2.257	0.213	10.613***
回应性		1.820	0.195	9.316***
保证性		4.799	0.460	10.429***
移情性		5.559	0.552	10.068***

注：潜变量中，隶属家庭经济资本的户籍、家庭文化资本的家庭藏书量以及基础教育质量的有形性为参照尺度；*、**、*** 分别表示在 10%、5% 以及 1% 水平上显著。

图 4.3 展示了家庭经济资本、家庭文化资本以及基础教育质量对个体认知能力发展影响的路径拟合图。对于家庭背景影响到个体所获得的基础教育服务质量、再影响到个体认知能力发展的过程，进行如下具体分析：首先，就家庭背景对个体认知能力发展的直接影响来看，家庭背景通过家庭经济资本和家庭文化资本两个方面的差异对个体的认知能力发展产生直接影响，估计系数分别为 0.098 和 0.298，均在 1% 的水平上显著。说明家庭经济资本和文化资本的增强，有助于基础教育阶段学龄儿童认知能力取得更好的发展，具体来说，家庭经济资本和文化资本每增加 1 个单位，分别会带来个体认知能力提高 0.098 个和 0.298 个单位，总效应为 0.396。其次，家庭经济资本和文化资本对基础教育质量的直接影响分别为 0.065 和 0.177，总计 0.242。即家庭背景能够对学龄儿童所接受的基础教育质量产生显著影响，家庭背景越好，则个体所获得的基础教育质量越高。最后，基础教育质量对个体认知能力表现的直接影响为 0.712，即基础教育质量增加 1 个单位，可以带来个体认知表现提高 0.712 个单位。进一步可以推得，家庭经济资本和家庭文化资本能够通过积极作用于个体所获得的基础教育质量，从而对个体认知能力产生正向影响，中介效应的大小分别约为 0.046

和 0.126[1]，总效应约为 0.172。

由此可见，家庭背景因素（包括家庭经济资本和文化资本两个方面）对个体认知能力发展的总效应约为 0.568，其中通过学校提供的基础教育质量产生的中介作用约为 0.172，约占总效应的 30.32%。基础教育质量的中介作用占比达到近三分之一，说明通过政策干预提高基础教育质量对于个体认知能力发展非常重要。如果公共部门能够采取针对性举措有效提升基础教育质量、缩小校级层面基础教育服务的质量差距，即使无法保证通过学校教育使得劣势家庭孩子的认知能力得到完全提升，也能有效缩小因为学校基础教育质量差异而导致的学龄儿童认知能力发展不均等。我们可以合理推测，若能有效实现基础教育的提质增效，就能够减少约 30.32% 由家庭背景差异带来的学龄儿童认知发展的不均等。家庭生活是个体成长不可或缺的环节，我们无法完全消除家庭背景对个体认知能力发展的影响，但通过优化基础教育资源配置这个渠道，可以在一定程度上弥补家庭背景差距给个体认知表现造成的不利影响，从而实现人力资本积累和发展的公平。

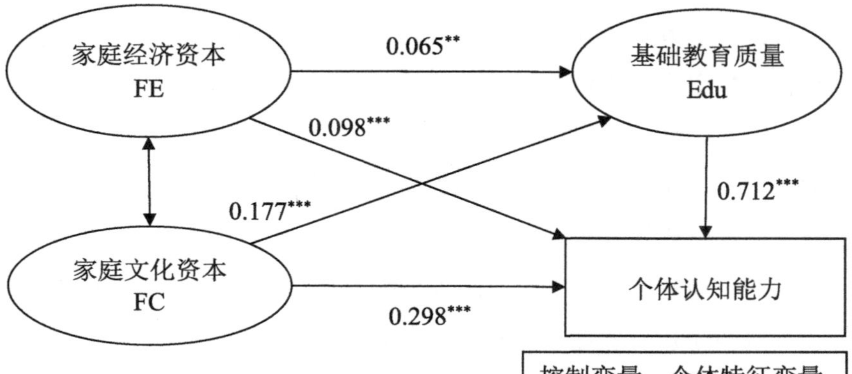

图 4.3　家庭背景、基础教育质量与个体认知能力的路径关系

[1] 两个中介效应的大小可计算为 $\rho_2\times\rho_6$=0.065×0.712 ≈ 0.046，$\rho_3\times\rho_6$=0.177×0.712 ≈ 0.126。

2. 基础教育质量在个体非认知能力发展不均等中的作用分析

沿用同样的研究思路和方法，继续考察家庭背景因素、基础教育质量与个体非认知能力发展的路径关系。在进行路径分析前，同样对模型设定的匹适度进行了验证，以因变量为个体开放性表现为例（表 4.17），各项匹适度指标均达到要求，说明设定的结构方程模型在可接受范围，研究可以进一步推进。

表 4.17　结构方程模型的拟合指标（因变量：个体开放性）

指标	χ^2/df	RMSEA	NFI	NNFI	CFI	IFI	SRMR	GFI	AGFI
取值	3.593	0.062	0.951	0.944	0.900	0.900	0.048	0.947	0.928

图 4.4 展示的是家庭经济资本、家庭文化资本以及基础教育质量对个体非认知能力中开放性表现的影响路径拟合图。可以看到，家庭经济资本和家庭文化资本对个体开放性的直接效应分别达到为 0.070 和 0.179，均在 1% 的水平上显著。说明家庭经济资本和文化资本每增加 1 个单位，分别会带来个体开放性表现提高 0.070 和 0.179 个单位，家庭背景因素直接影响个体开放性发展的总效应为 0.249。并且，家庭经济资本和文化资本对基础教育质量的直接影响分别为 0.049 和 0.178，家庭背景对学龄儿童所能够获得的基础教育质量影响总计 0.227。基础教育质量对个体开放性表现的直接影响为 0.900，可以推得家庭经济资本和家庭文化资本通过基础教育质量影响个体开放性表现的中介效应大小分别约为 0.044 和 0.160，总效应约为 0.204。总而言之，家庭背景因素对个体开放性影响的总效应约为 0.453，其中通过基础教育服务质量产生的中介作用大小约为 0.204，约占总效应的 45.07%。若能借助政策手段有效缩小学龄儿童所获得的基础教育质量差距，能够较大程度上缓解由家庭背景差异带来的个体逻辑思维、创新和想象力等方面发展的不均等。

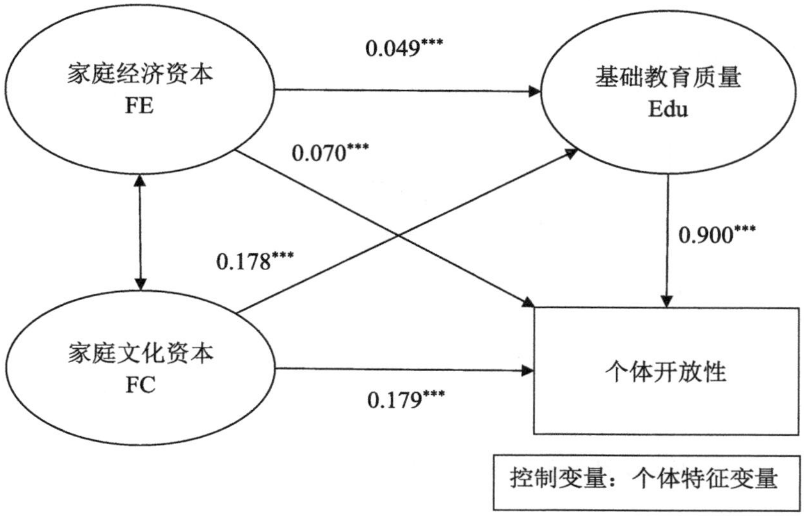

图 4.4　家庭背景、基础教育质量与个体开放性的路径关系

图 4.5 则描述了家庭背景因素、基础教育质量对个体责任感表现影响的结构方程模型结果。可以看到，家庭经济资本和家庭文化资本对基础教育阶段学龄儿童责任感发展的直接影响分别为 0.071 和 0.111，家庭背景对个体责任感直接影响的总效应为 0.182。并且，家庭经济资本和文化资本对基础教育质量的直接影响分别为 0.051 和 0.179，家庭背景对基础教育质量的影响总计达到 0.230。基础教育质量对个体责任感表现的直接影响为 0.131，可以推得，家庭经济资本和家庭文化资本通过影响学龄儿童所获得的基础教育质量，从而对其责任感表现产生影响的效应大小分别约为 0.007 和 0.023，总效应约为 0.030。计算可得，家庭背景因素对个体责任感发展影响的总效应约为 0.212，其中，通过基础教育质量产生的中介作用约为 0.030，约占总效应的 14.20%。可见，通过基础教育服务的提质增效，至少能够使得家庭背景因素与个体责任感表现之间的关联降低约 14.20%，提升基础教育质量有助于改善由原生家庭背景差异导致的学龄儿童组织能力和执行能力发展的不均等。

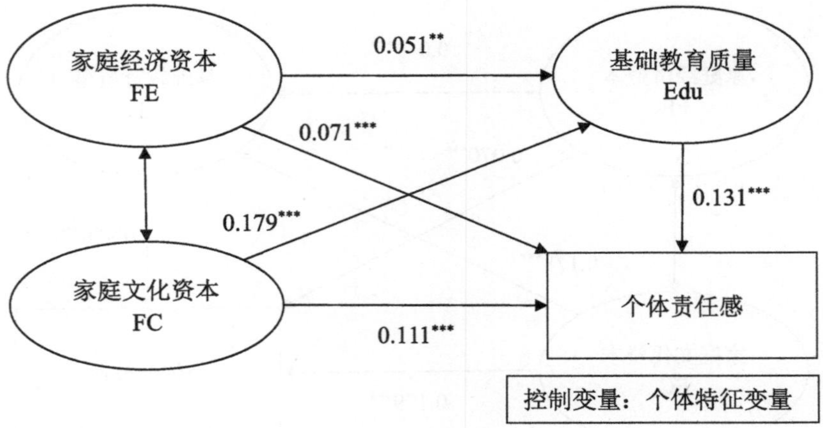

图 4.5　家庭背景、基础教育质量与个体责任感的路径关系

就对个体外向性发展的影响而言，根据图 4.6 可以看出，家庭经济资本和家庭文化资本对基础教育阶段学龄儿童外向性的直接影响系数分别为 0.017 和 0.035，家庭背景因素直接影响个体外向性发展的总效应为 0.052。此时，家庭经济资本和文化资本对孩子所接受的基础教育质量的直接影响分别为 0.049 和 0.177，家庭背景对基础教育质量的影响总计 0.226。基础教育质量对个体外向性表现的直接影响为 0.032，可以推得，家庭经济资本和家庭文化资本通过影响孩子所获得的基础教育质量，从而对其外向性表现产生影响的作用大小分别约为 0.002 和 0.006，总效应约为 0.007。由此可知，家庭背景因素影响个体外向性表现的总效应约为 0.059，其中通过学校提供的基础教育质量所产生的中介作用约为 0.007，约占总效应的 12.21%。公共部门通过政策干预提升现有基础教育质量并推进其均等化，至少能够改善 12.21% 由家庭背景差异带来的个体外向性发展的不均等。

至于各类因素对个体宜人性发展的影响，可以由图 4.7 得到。同理可知，家庭经济资本和家庭文化资本对个体宜人性表现的直接影响系数分别达到 0.098 和 0.158，家庭背景直接影响个体宜人性发展的总效应为 0.256。并且，家庭经济资本和文化资本对基础教育质量的直接影响分别为 0.051 和 0.179，家庭背景对孩子所接受的基础教育质量影响总计 0.230。基础教育质量对个体宜人性表现的直接影响为0.145，可以推得，家庭经济资本和家庭文化资本通过基础教育质量影响学龄儿童宜人性发展的中介效应大小分别约为0.007和0.026，总效应约为0.033。由此可知，家庭背景因素对个体宜人性表现影响的总效应约为0.289，其中通过学校提供的基础教育质量产生的中介作用约为0.033，约占总效应的11.53%。通过实现学校层面基础教育质量的优质和均等，至少能够使得家庭背景因素与学龄儿童宜人性表现之间的联系降低约11.53%。基础教育的提质增效有助于改善个体社交礼仪、共情能力等方面发展的差距。

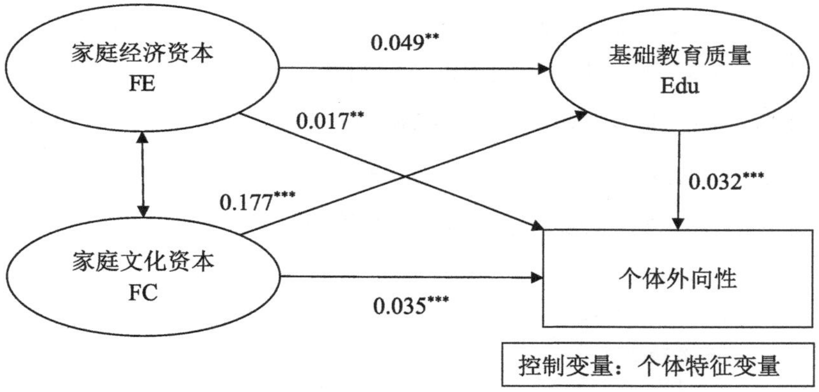

图 4.6　家庭背景、基础教育质量与个体外向性的路径关系

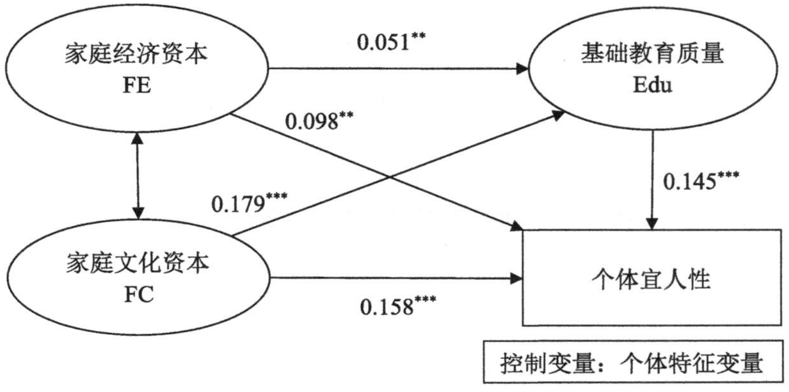

图 4.7　家庭背景、基础教育质量与个体宜人性的路径关系

图 4.8 报告了家庭背景因素、基础教育质量对个体神经质性表现的影响路径拟合图。可以看出，家庭经济资本和家庭文化资本对学龄儿童神经质性表现的直接影响系数分别为 –0.027 和 –0.036，家庭背景对个体神经质性影响的总效应为 –0.063。并且，家庭经济资本和文化资本对基础教育质量的直接影响分别为 0.054 和 0.171，家庭背景对孩子能够获得的基础教育质量影响总计 0.225。基础教育质量对个体神经质性的直接影响为 –0.099，可以推得，家庭经济资本和家庭文化资本通过基础教育质量影响学龄儿童神经质性表现的中介效应大小分别约为 –0.005 和 –0.017，总效应约为 –0.022。可知，家庭背景因素对基础教育阶段孩子个体神经质性表现影响的总效应约为 –0.085，其中通过基础教育质量产生的中介作用约为 –0.022，约占总效应的 26.12%。不同于前面四项是非认知能力的正向指标，神经质性是反映个体情绪控制能力的负向指标。基础教育质量的提升至少能够使得家庭背景与学龄儿童神经质性表现之间的联系降低约 26.12%，说明孩子越能获得更优质的基础教育服务，越有利于培养其调节情绪的能力。

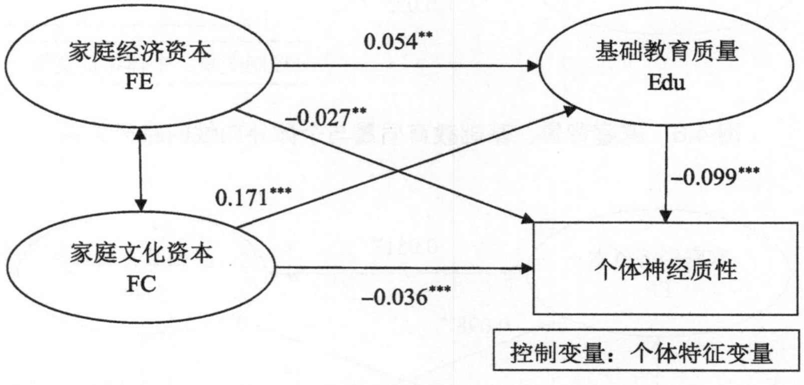

图 4.8　家庭背景、基础教育质量与个体神经质性的路径关系

本章小结

本章在前文研究的基础上，沿用 CEPS 的微观入户调查数据，借助 Stata 和 Amos 软件分别建立计量模型和结构方程模型，探究基础教育质量及各质量维度对人力资本积累的影响。本章的研究发现主要可以归结为以下几个方面：（1）在控制了家庭背景因素及个体特征变量的影响后，基础教育质量的提升有助于个体认知能力和非认知能力的更好发展，换言之，基础教育的提质增效能够直接促进微观层面人力资本的积累与发展。（2）根据夏普利值分解结果可以看出，与个体特征和家庭经济资本、文化资本这些影响因素相比，学校提供的基础教育质量差异能够在较大程度上解释学龄儿童在认知能力以及非认知能力的责任感、宜人性、神经质性等方面发展的不均等。（3）进一步比较各质量维度的影响可以得到，基础教育的五个质量维度对学龄儿童不同能力发展的具体影响存在显著差异，基础教育质量的有形性维度对个体认知能力表现的影响最大；可靠性维度对个体开放性表现的影响最大；回应性维度则最大程度地解释了个体宜人性表现差异；保证性维度在个体责任感发展不均等中的解释力最强；移情性维度则对学龄儿童外向性和神经质性的发展最为重要。（4）依据户籍和性别对研究样本进行分组比较研究发现，基础教育的各质量维度对人力资本积累的影响在城乡分组和性别分组之间存在显著的异质性。就对个体认知能力发展的影响来看，学校设施配备的完善与否对城市学龄儿童的认知发展最为重要，而对于农村孩子而言，教师是否能提供学习辅导和情感支持才是影响其认知表现的关键。同样地，对于基础教育阶段男孩和女孩的认知发展影响而言，基础教育的移情性维度对男孩认知表现的影响最大，而回应性维度则对女孩认知能力的发展最为重要。（5）构建结构方程模型对基础教育在人力资本积累不均等中的影响进一步考察，结果表明，基础教育质量在家庭背景差异和微观层面人力资本积累之间具有重要的均衡作用，借助政策干预实现基础教育的优质均等能够有效改善因家庭因素导致的个体能力发展不均等。

具有家庭资源优势的个体往往在人力资本积累和发展的初期就处于领先地位，并且能够进入更好的学校、获得相对更优质的基础教育服务，而基础教育质量的差异又会在一定程度上加剧个体认知能力和非认知能力发展的不均等，产生人力资本积累的马太效应，形成了一个以“家庭—学校”为主的完整作用机制。尽管这个作用机制看似反映出学校提供的基础教育助推了家庭优势传递和社会阶层固化的问题，损害了社会公平。但更应看到的是，公共部门可以通过基础教育资源布局的调整以缩小校级层面教育质量差距，能在很大程度上有效改善由客观家庭背景差异导致的人力资本积累差距。根据本章的研究结果，实现基础教育的提质增效对学龄儿童认知能力和非认知能力的发展都十分重要，如果能通过一系列改革举措全方位缩小现有的基础教育质量差距，至少能够减少约三分之一由家庭背景差距带来的学龄儿童认知发展的不均等；对于个体开放性、责任感、外向性、宜人性、神经质性这些非认知能力，提升孩子所接受的基础教育质量则能降低 11.53% ~ 45.07% 由家庭条件差距导致的发展不均等。家庭出身是个体无法选择和决定的外生因素，即使是政策干预也无法完全消除家庭背景对微观层面人力资本积累和发展造成的影响。但是公共部门可以通过缩小现阶段校级间基础教育质量差距、全面实现基础教育的提质增效，在较大程度上弥补家庭背景差距导致的学龄儿童能力发展不均等，激发个体的认知能力和非认知能力，从而实现人力资本更公平、高质量的积累与发展。由此可见，提升基础教育质量对促进人力资本积累至关重要。

第五章 基础教育提质增效的效应评估：来自撤点并校的证据

第四章在一般意义上探讨了基础教育质量对人力资本积累的影响。本章则从基础教育提质增效的改革实践出发，进一步验证基础教育服务质量在人力资本积累中的重要作用。当前，我国经济发展面临着人口老龄化和产业结构升级等多方面的挑战，如何有效促进农村人力资本发展对推进乡村振兴、完善新型城镇化、实现高质量发展至关重要，而进一步提高农村人力资本质量的关键在于完善农村教育资源配置格局。

改革开放以来，伴随城镇化建设和人口生育政策的推进和调整，我国基础教育资源配置经历了由效率优先转变为规模效益导向，直至当前兼顾公平和质量的发展阶段。大量农村人口涌入城市以及人口出生率持续走低，使得原有的“一村一校”农村基础教育分布不再适用。为合理利用教育资源、提高农村教育质量，2001 年国务院在《关于基础教育改革与发展的决定》(以下简称《决定》) 中提出推行“撤点并校”改革。根据北京大学刘承芳教授与其合作者在 2010 年的研究，截止到 2005 年，中国农村平均每年关闭近 2.5 万所小学（Liu et al.，2010）。2006 年全国小学数量已经减少到和新中国成立初期相当的规模。虽然诸如美国、丹麦、荷兰等其他国家和地区也进行了类似的学校撤并改革，但不同之处在于，中国撤点并校是由中央政府发起、各级地方政府因地制宜推行，改革本身同时具备强制性和多样性。同时，目前学界对于该项改革是否产生了积极效应存在较大争议（Liu et al.，2010；Mo et al.，2012；丁冬，郑风田，2015；潘光辉，2017；梁超，2017；侯海波等，2018；梁超，王素素，2020）。现有关于撤点并校改革的研究主要可分为两个方面，微观层面的研究更多关注的是撤点并校改革对学龄儿童学业成绩（Liu et al.，2010；Mo et al.，2012；Chen et al.，2014）、受教育年限（梁超，2017；梁超，王素素，2020）以及短期内心理健康状况（侯海波等，2018）等方面的影响；而宏观层面的研究则试图从地方政府面临的激励约束以及其行为选择对改革落地的区域差异作出解释（丁冬，郑风田，2015）。

已有研究证实，生命历程早期阶段教育干预对儿童学业表现的影响会随时间逐渐减弱，但对其非认知能力的影响则会在未来劳动力市场有所体现，长期来看有助于提高人力资本水平（Kautz et al.，2014）。作为我国以实现农村地区基础教育提质增效为目标的重要改革，撤点并校推行时间之长、影响范围之广使其对农村人力资本发展产生了重要影响，但现有研究大都聚焦于改革的短期效应，对撤点并校在人力资本长期积累中的作用鲜有问津。那么，长期来看，撤点并校改革对个体认知能力和非认知能力的发展究竟有着何种影响？这种影响是否会在劳动力市场以及个人未来发展中有所体现？回答这两个问题不仅能够为生命历程早期阶段基础教育改革影响人力资本积累提供中国证据，对新型城镇化战略背景下农村教育提质增效、巩固拓展脱贫攻坚成果以充分激发农村人力资本有着重要的现实意义。

本章利用撤点并校改革力度在我国省级层面的差异以及农村个体出生归属的组群差异构造双重差分模型，将各省宏观数据与中国家庭追踪调查（CFPS）进行匹配，旨在识别撤点并校对农村人力资本积累的影响。结果表明，撤点并校改革有利于受影响农村个体认知能力的长期发展，并且有助于激发农村个体的创造力、提升其审美品位，但不利于培养其活泼外向的性格品质、对其人际社交造成困扰。进一步分析发现，长期来看，受到撤点并校影响的农村个体会获得更高的学历成就以及与其学历更为匹配的工作，并且在日常生活中更加具备坚持阅读学习的良好习惯，但在人际社交中会稍显力不从心。可见，对撤点并校改革的人力资本效应评价不能一概而论。一方面，从农村个体的认知表现来看，撤点并校通过整合教育资源进行再配置，实现了基础教育提质增效的改革目标，并且帮助农村学龄儿童养成了自主学习的良好习惯。另一方面，从农村个体各项非认知能力的表现来看，撤点并校的影响则截然不同，改革在激发农村个体开放性思维的同时，不利于其外向性发展。这可能源于低龄寄宿给农村儿童造成了较大的心理负担，寄宿制下的情感剥夺对其心理健康造成了不良影响。有过早期寄宿经历的群体在人力资本积累中会受到持续性的负面影响（侯海波等，2018）。

与已有研究相比，本章研究的主要贡献在于：第一，学校的撤并改革在发展中国家非常常见，许多国家为了提高教育质量均进行了以学校撤并为代表的教育资源配置调整，如巴基斯坦、泰国、马来西亚和印度。但是关闭偏远地区小规模学校和教学点，意味着这些地区学龄儿童上学的通勤距离和成本有所增加，生命历程早期受教育环境的改变对于学龄儿童的人力资本积累和发展也许会有多方面的影响。本章的内容充分考虑了我国撤点并校改革对学龄儿童潜在的积极和消极影响，评估了生命历程早期阶段的教育干预对其认知能力和非认知能力的实际效应，后者也被认为是人力资本发展结果的重要预测指标。第二，本章内容不同于已有研究，更多地关注学龄儿童短期内的学业表现或教育成就（Duflo，2001；Filmer，Schady，2011；Kitchens et al.，2020），而是检验了生命早期撤点并校的经历对受影响和没受影响两个组群学龄儿童的长期影响，呈现了经历和没经历撤点并校改革的个体在未来职业匹配和社交表现方面的差异。第三，本章所采用的识别策略是基于受撤点并校改革影响大小取决于个体所处地域和出生队列这一事实，利用各省份基础教育阶段小学和教学点规模的变化以及农村个体出生年份的差异构造出双重差分模型，用以评估改革对农村地区学龄儿童发展的长期影响，对现有我国关于生命历程早期教育干预的影响效应研究作出了补充（Chen et al.，2014；Liu et al.，2010；Tang et al.，2020；Xiao et al.，2017）。

全章结构安排如下：第一节从制度背景、改革目标以及改革前后农村地区基础教育资源配置格局的调整与变化对我国撤点并校改革进行了介绍；

第二节对撤点并校改革影响农村人力资本积累进行了理论分析，并提出了研究假说；第三节为实证研究设计与使用数据说明；第四节汇报了撤点并校对农村人力资本积累影响的实证结果及相关分析；第五节是改革效应的拓展性分析；最后部分为本章小结。

第一节　撤点并校改革的背景介绍

（一）撤点并校改革的制度背景

1978 年以来，我国基础教育事业发展的一大关键是合理有效解决农村地区学龄儿童“上学难”的问题。1985 年中共中央在《关于教育体制改革的决定》明确提出基础教育管理权按照“多级划分、分级管理”，农村基础教育以县为主、具体由乡级政府负责。次年通过的《中华人民共和国义务教育法》要求小学学校的设置应当以方便适龄少儿就近入学为基本原则。自 1992 年党的十四大要求要在 20 世纪末实现“两基”目标以来，各级政府对基础教育的建设工作重点基本围绕农村地区展开。1998 年教育部出台《关于认真做好“两基”验收后巩固提高工作的若干意见》，再次强调基础教育资源布局要在满足学生方便求学原则的基础上，加大基础教育阶段学校的办学规模。由此，形成了 20 世纪末中国农村地区“一村一校”的基础教育资源分布格局，农村学龄儿童入学率得到显著提升。

进入 21 世纪以来，随着中国经济发展水平的提升、城镇化进程的推进，大量农村人口涌入城市谋求更好的生计，跟随父母进入城市的农村随迁子女数逐年递增。与此同时，计划生育政策的推行使得农村地区人口出生率持续走低，农村学龄人口分布的变化与同期基础教育资源分布格局不再适配，由此产生了农村基础教育教学点分散、师资力量薄弱、办学规模效益低下等问题。为整合教育资源、提高教学质量、缓解基层压力，国务院于 2001 年 6 月出台了《关于基础教育改革与发展的决定》（以下简称《决定》)，将以实现基础教育提质增效为目标的教育资源布局调整列为重要工作，明确提出“农村小学和教学点要在方便学生就近入学的前提下适当合并”，自此全国农村地区中小学撤点并校改革在全国各地积极展开。接着在2002年和2003年，国务院和财政部分别下达了《关于完善农村义务教育管理体制的通知》(以下简称《通知》)和《中小学布局调整专项资金管理办法》(以下简称《办法》)，进一步推动了农村小学教育学校布局调整，各地政府也紧锣密鼓加快撤点并校的步伐。随后，2004年教育部、财政部联合发文，在《关于进一步加强农村地区“两基”巩固提高工作的意见》(以下简称《意见》)中提出各地在开展调整农村学校布局、提高办学规模效益工作的前提是要遵循“小学就近入学，初中相对集中”的原则，工作的推进要稳步进行。由此可见，中国撤点并校改革在农村基础教育资源配置与学龄人口分布不适配的背景下应运而生，质量低下的基础教育服务供给不仅占用了部分财政资金、造成了资源浪费，还阻碍了基础教育规模效益的形成。

(二)改革目标分析

之所以说撤点并校改革是中国基础教育提质增效的一大重要实践，是因为改革从提出开始到全面推行、再发展到后期的调整与纠偏，中央都要求各地方严格遵循“提高农村地区基础教育质量”这一原则。这在改革相关的政策文件中也有迹可循。2001年6月国务院在《决定》中就强调，要遵循优化教育资源配置的指导性原则，对农村小学和教学点的分布进行合理规划和调整，这也奠定了撤点并校改革的出发点就是要实现农村地区基础教育的提质增效。紧接着，分别在2002年和2003年发布《通知》和《办法》，从管理机制设计和财政资金支持两个方面对保障撤点并校的稳步推进做出了具体的部署，其宗旨同样是保证农村地区基础教育质量的只增不减。2003年国务院在《关于进一步加强农村教育工作的决定》中对改革涉及的农村基础教育学校的办学条件、师资建设、教学管理等方面提出要求，再次强调力争实现全面提高基础教育质量的改革目标。2004年两部门联合发文的《意见》对农村地区基础教育服务供给调整的主要目标予以明确，通过农村中小学及相关教学点的撤并调整，实质性改善办学条件进而达到办学的规模效益，从而显著提升农村地区的基础教育质量。2005年，教育部在《关于进一步推进义务教育均衡发展的若干意见》中再次强调提高农村基础教育质量的关键在于撤并“一批生源不足、办学条件较差的薄弱学校”，充分发挥提供优质中小学校的带头作用，以实现农村基础教育提质增效的改革目标。

在撤点并校改革展现诸多利好的同时，一些问题与挑战也开始浮现。随着改革的不断推进，部分地区采取“一刀切”的方式减少基础教育投入，致使中小学及教学点数量骤减，农村地区学龄儿童再次面临“上学难”的困境，这些问题引起了中央的重视。2006年6月，教育部颁布《关于实事求是地做好农村中小学布局调整工作的通知》，要求各地要在保证学生方便就学的原则下稳步推进农村基础教育资源布局的调整。中央开始对改革中出现的偏离改革初衷的问题予以纠正，同年起农村地区中小学规模的缩减速度有所放缓，但改革仍在进行。2012年9月，国务院发布《关于规范农村义务教育学校布局调整的意见》，提出要在实现农村基础教育提质增效的同时兼顾学生方便入学，对农村基础教育学校的撤并程序加以规范，坚决制止盲目撤并行为，并就改革导致的问题开展专项督查。至此，各地农村中小学的撤并力度显著减弱，我国基础教育资源布局的调整也由“规模效益”导向转向“保证公平、追求质量”的新阶段。

撤点并校改革从2001年正式在全国各地推行，由于执行过程中出现的问题违背了中央提升农村基础教育质量的改革初衷，改革进程逐步放缓。通过梳理改革相关的政策文件可以发现，所有改革的制度安排及配套措施均是以农村地区基础教育提质增效为目标导向，并且相关话语也在各个政策文件中不断被提及并加以强调。因此不可否认，撤点并校改革是我国政府为实现基础教育的优质均衡所进行的伟大尝试，尽管改革过程中出现的一些问题与改革目标背道而驰，但此项改革也确实在一定程度上实现了农村地区基础教育的规模效益、提升了农村基础教育质量。

（三）改革前后农村基础教育的调整与变化

与其他国家推行的基础教育资源整合相比，我国的撤点并校改革是广泛且迅速的。聚焦2000—2006年这个改革窗口期，可以发现，全国农村地区小学数量由44.03万所减少到29.51万所，教学点也由15.75万个降至8.76万个，缩减的数量占比分别达到32.99%和44.39%。图5.1展示了1988—2020年间中国小学学校和教学点数量及增长率在全国、城区、镇区、农村的变化趋势。可以看出，从全国层面来说，小学和教学点总量基本维持在一个相对稳定的范围，2006—2012年期间的年均增长率为–6.006%。就城区和镇区的情况而言，可以发现在同一时期这两个区域分组的小学和教学点规模出现了显著的扩张。相较之下，农村地区小学和教学点数则出现了急剧缩减，这也表明撤点并校改革给当时我国基础教育资源在不同区域间的分配格局带来了调整和重组。

尽管改革推动了我国农村地区基础教育资源的整合，但不能忽视的是，地方政府在推进撤点并校改革中扮演了极其重要的角色，地方政府在撤点并校改革中拥有的自主决策权决定了改革执行力度在区域间存在显著差异，在撤销合并基础教育学校和教学点时的标准和规模也存在较大分歧。以江西省和河北省在改革中的实践为例，江西省政府在《关于调整农村中小学布局精简和优化教职工队伍意见的通知》中明确改革目标是“从2002年开始，用3年时间将农村义务教育阶段现有的中小学校（以2001年统计数据为依据）调减10%左右”。河北省政府在《关于进一步调整中小学布局的意见》中对改革目标的规划则为“2003年底前，基本完成小学阶段的布局调整任务，使全省小学校数减少到25000所以下，校均规模达到300人以上”。各省对于撤点并校具体执行细则的差异导致了所关闭的中小学在规模和质量方面也参差不齐。

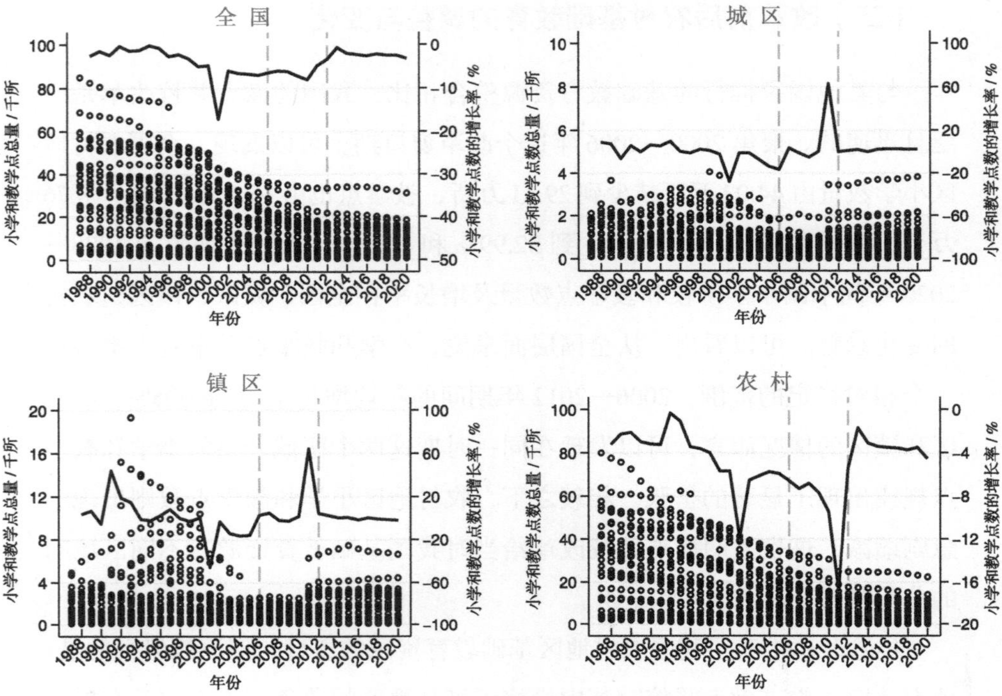

图 5.1 按区域划分的小学和教学点数量及增长率

数据来源于历年《中国教育统计年鉴》。图中的散点表示历年各省份不同区域小学和教学点数量，折线则反映了历年来小学和教学点数的增长率

除了学校和教学点数量层面的显著改变，农村地区基础教育服务供给水平的显著提升也直接反映了撤点并校改革在一定程度上实现了农村基础教育的提质增效。由图 5.2 可以看到，撤点并校改革除了帮助农村基础教育阶段学校和教学点在数量层面快速整合外，还使得初中和小学阶段师生比的数值显著提高、生均图书藏量和计算机数明显增加、建立校园网的初中和小学数量占比也得到显著提升。这些与基础教育服务质量息息相关的指标均在撤点并校改革后得到显著改善，农村地区基础教育阶段的师资数量、教学设备设施以及学习资源等方面的供给水平随时间推移均呈现出有利于农村学龄儿童学习和发展的趋势，说明撤点并校改革助力农村地区基础教育质量提升并不仅仅停留在改革政策文件的表面，而是切实落实到农

村地区基础教育资源配置的调整与优化。从农村基础教育服务的供给变化可以看到，撤点并校改革使得农村学龄儿童能够接受客观上更为优质的、有利于其自身发展的基础教育服务，农村基础教育提质增效有直接的证据支撑。

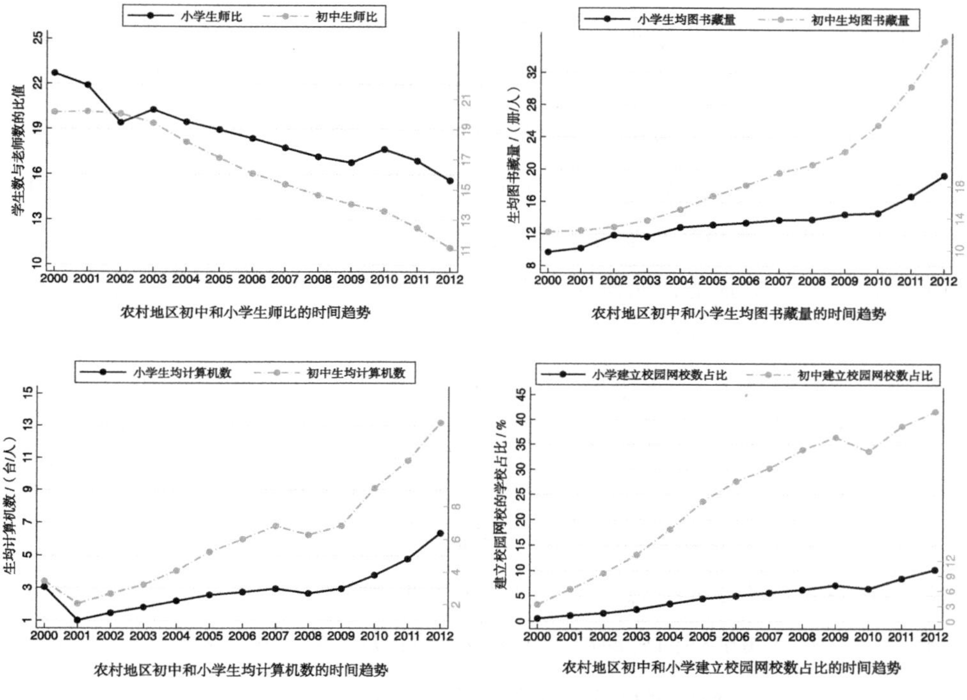

图 5.2 撤点并校带来农村基础教育提质增效的直接证据

第二节 理论分析与研究假说

在所有关于基础教育的政策与改革中，学校的撤并是非常特殊的一类，政府往往会在实现基础教育的基本普及后采取这一改革举措。究其原因，主要是由于城市集中度的增加和人口老龄化的加剧，许多国家和地区的学校面临招生人数的缩减，为削减学校管理成本、整合地区教育资源，关闭、迁移、合并部分学校的改革决策被越来越多国家和地区政府所采纳，诸如美国、丹麦、荷兰等均发生过大规模关闭学校从而达到对教育资源布局进行调整的目的（Berry，West，2010；Engberg et al.，2012；De Haan et al.，2016；Beuchert et al.，2018）。

理论上来说，学校的撤并改革能够更好实现教育的规模效益和发挥学生的“同群效应”（Peer Effect），所以此类改革往往被视为教育提质增效的实践。规模更大的学校往往被公认为拥有更好的教育质量（Berry，West，2010），通过关闭、合并部分办学规模较小以及条件落后的学校，扩大办学平均规模有利于完善教学设施、优化师资配备、专业化教师分工（Beuchert et al.，2018），使得从被撤并学校转出的儿童能够获得更优质的早期教育。但学校规模的扩张是否能积极作用于青少年的学业表现，学界对此众说纷纭。美国芝加哥大学教授克里斯托弗·R·贝里（Christopher R. Berry）与哈佛大学教授马丁·R·韦斯特（Martin R. West）在2010年利用美国人口普查数据研究发现，就读于小规模学校更有利于个体获得更高教育回报以及更长受教育年限。学校撤并过程中大量学生需要转移到新学校就读，向新环境的过渡和适应会给学生的学习造成“中断效应”，对其入学率、出勤率和学业表现造成不利影响。但这种负面影响在关闭学校的短期内较为显著，会随时间推移而有所减弱，且可以通过改善新转入学校的教育质量得到根本解决（Engberg et al.，2012；Beuchert et al.，2018）。与之相对的，也有研究发现学校的撤并改革并未对学生的学业表现造成冲击（Humlum，Smith，2015），适当关闭部分学校不失为削减地区教育成本的有效政策工具。基于荷兰小学大规模合并的研究显示，提高学校最低办学规模标准给学生学业成绩带来了积极的影响（De Haan et al.，2016）。

学校间的撤并也会潜在影响班级学生的构成。在以实现基础教育提质增效为目标的学校撤并改革影响下，从被关闭学校转入合并学校的学龄儿童能够接触到更为优秀的同龄人，“同群效应”的存在使其学业表现和认知发展都能由此受益，进而对微观人力资本的积累和发展产生积极影响。进入同一所学校接受基础教育的学龄儿童在社会地位等方面具有高度相似性，彼此之间更能形成身份认同，孩子通过观察同龄人的行为表现能够强化自身学习行为。同龄人的学业表现可以有效预测孩子的平均绩点，并且同龄人对接受教育的态度和志向也会对基础教育阶段孩子的教育成就产生显著影响，比如周围朋友对上大学的想法表现越为强烈，则孩子对于上大学的态度也会更为积极、实现此目标的可能性越大。甚至有研究指出，积极的同伴关系比学校层面的因素对个体学业成就的作用更强（Stewart，2008）。此外，同龄人之间的良好互动还能提升孩子非认知能力的发展（王春超，钟锦鹏，2018），来自同龄人社会情感方面的鼓励和支持也有助于提升孩子的整体幸福感（Piko，Hamvai，2010）。此外，学校中学生群体的表现及构成通常被视为判断学校教育水平高低的重要依据（Kane，Staiger，2002），如若受到学校撤并影响的学龄儿童能够转入更好的学校就读，周围同伴平均表现的提升将有利于激发他们的学习动力，助力其认知能力和非认知能力的发展。

虽然学校撤并改革带来孩子接受教育服务质量的提升以及“同群效应”的改善，但这并不是说此类改革百利而无一害。除了前面提到的“中断效应”会给学龄儿童学业表现造成负面冲击以外，伴随学校撤并带来的教育资源可及性的下降以及低龄寄宿等问题也会影响到人力资本的积累和发展。法国经济学家、2019年诺贝尔经济学奖获得者埃丝特·迪弗洛（Esther Duflo）在其2001年的研究中，对印度尼西亚一项大规模建设学校增加教育资源供给的项目进行效应评估，发现教育资源可及性的增加不仅提高了儿童受教育水平，还提高了个体教育回报率，综合体现了人力资本的增加。学区规模的扩张以及建设投入的加大有助于提高地区儿童入学率和考试成绩，这种积极影响已得到阿富汗和美国部分地区经验研究的支持（Burde，Leigh，2013；Neilson，Zimmerman，2014）。不仅如此，上学通勤时间的缩短也会带来发展中国家女性中学入学率的显著提高（Muralidharan，Prakash，2017），而由学校距离变远所带来的额外教育开支则会加剧贫困儿童的辍学风险。可见，学校撤并改革虽可能通过整合教育资源、提升教育质量帮助儿童获得更好发展，但也可能因为减少教育资源供给、增加家庭教育开支而对其人力资本积累造成损害。原就读学校的关闭不仅会造成学龄儿童客观学习环境的改变，还会给受影响儿童主观心理造成冲击。美国科罗拉多大学博尔德分校教授本·基什纳（Ben Kirshner）与其合作者在2010年对原就读于一所已被取缔学校的高中生进行调查，结果显示，约有百分之四十的学生对此深感失落。为解决“上学远”的问题，推广寄宿制学校的做法应运而生。但由于各个地区寄宿标准不规范、相关设施人员配备不到位，条件不合格的低龄寄宿不仅会将儿童的学业发展置于劣势，还会妨碍其往后阶段的学业成就，甚至会给很多儿童的身心发育造成不小的负担（Mo et al.，2012；侯海波等，2018）。

我国撤点并校改革同时具备时间上的持续性和区域间的多样性两大特征，改革本身的复杂性使得关于撤点并校改革对农村个体发展的影响在学界并未达成一致观点（Brown，Park，2002；Chen et al.，2014；Tang et al.，2020；Xiao et al.，2017）。但撤点并校加重了农村家庭的教育支出负担这一观点却得到了大多数研究的支持（梁超，2017）。我国撤点并校改革发起时适逢农村税费改革，地方财政支出压力显著增加，中央在农村教育资源布局结构调整中充分赋予了地方政府自主权和合理调整的空间，但各地方政府为实现自利性经济发展目标使得改革实际与目标偏离。各地学校数量迅速缩减，地方政府借机大幅削减小学教育经费（丁冬，郑风田，2015）。撤点并校的快速推进以及地方教育支出的收紧，缩短了农村家庭对政策的反应时间，也未发布给予受影响群体相应补偿的措施，给农村家庭造成了较大负担，降低了农村人口的消费水平。潘光辉（2017）的研究结果表明，撤点并校改革会促进农村家庭加大对子女教育的主动投入，所以并未造成农村儿童的辍学风险。这一结论与美国经济学家菲利普·H·布朗（Philip H. Brown）和阿尔伯特·帕克（Albert Park）在2002年基于中西部六省份调查数据得到的研究结果基本一致。一项基于中国人口普查数据的研究显示，撤点并校改革显著增加了农村儿童的高中升学率，帮助农村人力资本得到更好发展（梁超，王素素，2020）。

不可否认的是，大批农村中小学在短时间内被迅速关闭，导致原就读于这些学校的农村儿童不得不选择距离更远的学校。对于上学通勤距离的增加是否会加剧农村学龄儿童的辍学风险，已有研究存在争议（Brown，Park，2002；梁超，2017）。布朗和帕克2002年对中国中西部六省村居进行田野调查，没有发现撤点并校实施后上学距离的增加对农村儿童造成辍学风险。而梁超（2017）基于中国西部少数民族地区经济社会状况家庭调查数据（CHES）的研究则指出，上学通勤距离的增加会对孩子的学业造成负面影响，并且能够通过建立寄宿制学校得到有效解决。但由于寄宿学校在部分地区的缺位以及建成的也大都未达到标准，低龄寄宿不仅不利于儿童的学业表现（Mo et al.，2002），而且降低了个体受教育年限，损害了教育公平（梁超，2017），对女童受教育权益的负面冲击尤其明显。

整体而言，撤点并校改革的推行确实带来了农村基础教育质量的提升，大量办学条件落后的农村中小学和教学点被强制关闭，基础教育资源在短期内得到了快速整合。因此，经历了撤点并校改革的农村儿童在学业表现和升学率方面均有所改善。刘承芳教授与其合作者在2010年对陕西和宁夏两省共十个县进行调查，根据搜集得到的数据进行研究发现，撤点并校改革对学龄儿童学习成绩的影响存在异质性，高年级学生在经历改革后成绩有所提高，而低年级学生的成绩则在短期内有所下滑，整体上并未发现撤点并校对儿童学业的负面影响（Liu et al.，2010）。此外，受改革影响的学龄儿童在短期内的表现也与所转入学校的教育质量密切相关，撤点并校所产生的微观影响因转入学校类型的不同而有所差异。基于我国陕西省某贫困县的调查数据的研究表明，转学至县城学校就读的儿童不会受到低龄寄宿的负面影响（Mo et al.，2012）。并且，从被撤并学校转入县城学校就读的农村儿童，其学习成绩会显著优于转入乡镇学校就读的同龄人（Chen et al.，2014）。

可见，以基础教育提质增效为目标的撤点并校改革对农村人力资本的影响是复杂的，单从孩子的学业成就或者心理健康出发对撤点并校进行改革效应评价是片面的。结合新人力资本理论的内容，探讨早期教育干预对农村人力资本积累的影响需要同时考虑个体认知能力和非认知能力的发展。一方面，就认知能力而言，撤点并校改革关闭了办学条件落后的乡村中小学和教学点，使得农村儿童能够进入更好的学校就读，无论是学校的基础设施、师资配备还是同学的平均水平均得到显著提升，对农村个体的学业发展和认知水平无疑是有益的。在考虑到撤点并校积极作用于农村个体认知能力发展的同时，也应清楚地认识到，基础教育资源可及性的下降可能会加大部分居住偏远、家庭困难学生的辍学风险，学业的中断并不利于个体认知能力的发展。另一方面，个体非认知能力的发展往往与其早期成长环境密切相关。从受影响的学龄儿童角度来看，撤点并校本质上是其所接受基础教育的彻底改变，更加专业的教学方式以及更加浓厚的学习氛围势必能够更好激发农村儿童的创造性思维、开拓他们的眼界、培养其自主学习能力。但由乡村学校转入城镇学校，意味着很多孩子不得不远离家人、选择寄宿就读的方式，而低龄寄宿本身就不利于个体的身心发展，加上寄宿学校实际建设的不健全，使得寄宿制下农村孩子在性格养成、人际交往方面可能存在一些挑战。虽然已有研究关注到农村基础教育资源布局调整对人力资本发展的重要影响，但大都只是从农村孩子的学业成就或者心理健康给予单方面考察，并未从认知能力和非认知能力全面发展的角度出发，对撤点并校改革作出全面评价，也未充分考察改革对农村人力资本积累的长期影响，毕竟判断人力资本积累和发展的关键在于个体成年后在劳动力市场和社交生活中的表现。由此出发，本章以撤点并校改革作为早期教育干预的代表，从能力形成与发展的视角综合评估改革对农村人力资本积累的影响。接下来，本章的内容将聚焦以下两个核心研究问题进一步展开：

（1）长期来看，撤点并校改革对农村孩子认知能力和非认知能力发展是否产生了差异化影响？

（2）早期受教育经历的不平等是否导致个体成年以后在劳动力市场和日常生活行为的表现差异？

第三节　研究设计与数据说明

（一）实证设计

参考汪德华等（2019）、梁超和王素素（2020）利用截面数据构造双重差分的研究设计，本章基于两个维度的差异构造队列双重差分模型进行识别。第一个维度的差异是各省份在推进撤点并校改革时执行力度的差异，第二个维度的差异则是同一省份内不同出生年份的农村个体所受到撤点并校改革影响的大小差异。下面对两个维度差异的定义做出具体说明。

1. 个体出生归属设定

根据《中华人民共和国义务教育法》对入学年龄和学制的规定，小学入学年龄一般为 7 岁、小学学制通常为 6 年。本书考察的撤点并校改革时期为 2001—2006 年，在这个时间段内年龄介于 7 ~ 13 岁之间的农村儿童会受到改革政策的冲击。具体来说，2001 年撤点并校改革开始推行之际，年龄大于 13 岁的农村人口不会受到改革的影响；2006 年改革开始纠偏叫停之际，年龄小于 7 岁的农村孩子同样不会受到撤点并校的冲击；并且，2006 年 7 岁的学龄儿童小学毕业年份正好为 2012 年，恰逢各地撤点并校热度基本褪去。由此，我们将研究样本范围限制在 2001 年年龄在 2 ~ 28 岁的农村人口，其中，年龄在 2 ~ 13 岁的农村人口是受到撤点并校改革冲击的处理组人群，14 ~ 28 岁为不受改革影响的对照组人群，对应到 2018 年则是年龄在 19 ~ 30 岁的为处理组人群，31 ~ 45 岁为对照组人群。基于 2018 年 CFPS 数据，根据式（5.1）得到双重差分模型的处理组和控制组，进而比较受到撤点并校改革冲击的处理组人群相对于未受到影响的控制组人群的人力资本积累差异。

$$\text{Treat}_i=\begin{cases}0 & 31\leqslant \text{age}_i\leqslant 45\\ 1 & 19\leqslant \text{age}_i\leqslant 30\end{cases},\quad t=2018 \tag{5.1}$$

需要说明的是，在国家规定的入学年龄和小学学制下，年龄达到 14 岁及以上的人口从理论上来说应该完成了基础教育阶段的小学教育。然而，现实情况是在部分农村地区存在学龄儿童推迟入学的情况。由于CFPS数据并未提供个体受教育情况中关于小学入学年份和毕业年份的具体信息，我们仍按照国家标准对农村人口进行分组，将2001年14岁的农村人口归为控制组。这样做可能会在一定程度上低估撤点并校改革对人力资本积累的正向效应，但也加强了估计结果的可靠性。在稳健性检验部分，我们也对此予以考量，剔除了2001年11～15岁的农村人口重新进行估计，结果保持不变。

2. 地区撤点并校改革力度

本章利用各省份在推进撤点并校改革中的执行力度差异构造双重差分模型中另一维度的变化。具体来说，是以2000—2006年单位小学生数对应的学校数量的变化来衡量地区撤点并校改革的执行力度（梁超，王素素，2020），计算方法如式（5.2）所示。

$$\text{Reform}_j = \frac{\text{2000年小学学校数}}{\text{2000年小学在校学生数}} - \frac{\text{2006年小学学校数}}{\text{2006年小学在校学生数}} \tag{5.2}$$

2001—2006年是本书关注的撤点并校改革全面推行阶段，之所以将改革的终止时间节点定在2006年，是因为自2001年中央开始推行撤点并校改革，一直持续到2006年由教育部发布官方文件对改革过程中出现的问题进行纠偏，改革才开始出现全面调整，此后撤点并校改革开始降温降速，农村小学和教学点数量的缩减显著放缓，直到2012年才完全停止。并且，这期间受到改革影响的农村人口在2018年CFPS个人问卷调查中均已成年，其认知能力和非认知能力的发展情况能够在同一评估框架内进行判断比较，保证了样本之间的可比性，有利于本书对政策效果的有效评估。

3. 模型设定

利用农村人口出生归属的队列差异和各地区撤点并校改革力度的差异构造出如式（5.3）所示的双重差分模型：

$$\text{Ability}_{i,j,t} = \alpha_0 + \alpha_1\left(\text{Treat}_i \times \text{Reform}_j\right) + \beta\text{Control}_{i,j,t} + \theta_t + \chi_j + \varepsilon_{i,j,t} \tag{5.3}$$

其中，下标i表示个体；j表示省份；t表示农村人口归属的出生队列。$\text{Ability}_{i,j,t}$表示农村个体i的人力资本水平，具体以其认知能力和非认知能力衡量。公式右边，$Treat_i$ 为指示变量，用以区分个体是属于受到撤点并校改革影响的处理组还是未受到影响的控制组；$Reform_j$ 代表 j 省份撤点并校改革的执行力度。两者交乘项的系数 α_1 是关注的重点，体现了撤点并校改革对农村人力资本积累影响的大小和方向。模型中还加入了一系列会对微观层面人力资本积累产生影响的控制变量 $Control_{i,j,t}$。θ_t 和 χ_j 分别表示年龄固定效应和地区固定效应。

类比利用处理强度差异构造双重差分的研究，本章设计的 DID 模型中划分处理组和控制组的依据是撤点并校改革力度的强弱，处理组为改革执行力度较强的地区，反之，改革执行力度较弱的地区则为控制组。研究的关键在于识别相比于未受到改革影响的农村人口，受到差异化改革力度影响的农村人口在认知能力和非认知能力方面表现的结果差异。需要注意的是，撤点并校改革的推行并不是一蹴而就的，各省份经济发展水平、人口分布特征以及既有的教育资源等都会对当地改革的执行力度产生影响，换言之，撤点并校改革的执行力度在区域间的差异化分布并不具有随机性。并且，区域间固有的系统性差异同样会影响人力资本积累的水平。为避免这种系统性风险对估计结果造成偏误，本章采用以下三种方法予以解决。

（1）参考已有研究（梁超，王素素，2020）的做法，本书在模型中控制地区固定效应和年龄固定效应的同时，加入改革开始前一年（也即 2000 年）各省份特征的一阶、二阶和三阶趋势项，这样做放松了假定，允许限定的省份特征对农村人力资本的积累产生不同的影响。本章选取可能同时影响撤点并校执行力度和农村人力资本积累的省份特征变量有：2000 年各省人均 GDP、人口密度、城镇化率、平均每个小学的在校小学生数、每万人小学学校数。

（2）借鉴 Duflo（2001）、汪德华等（2019）、梁超和王素素（2020）的研究，在模型中加入改革推行前各省份特征和个体年龄哑变量的交乘项，各省份特征变量同前文，这样做同样是为了放松假定，允许各省份先定特征的差异对不同年龄队列农村人口的影响不同。

（3）为了加强估计结果的稳健性和可信度，本章进一步利用倾向得分匹配法（PSM）从省级层面对样本进行筛选、缩小研究样本范围，进一步加强处理组和控制组的可比性。

（二）数据说明

1. 数据和样本

本章主要用到个体和地区两个层面的数据以考察撤点并校改革的人力资本积累效应。个体层面的微观数据来自 2018 年 CFPS 调查数据。根据 2018 年 CFPS 个人自答问卷内容，可以得到农村人口认知能力和非认知能力的表现，以及与个体相关的性别、学历、收入状况、家庭环境（即家庭背景）等一系列信息。具体来说，个体认知能力和非认知能力的测度思路同前文。地区层面的宏观数据主要包括小学学校数、小学在校生数、人均 GDP、城镇化率、人口数量和密度等，取自 1988—2014 年《中国统计年鉴》和《中国区域经济统计年鉴》。

考虑到撤点并校改革主要是围绕农村地区基础教育资源布局的调整展开，本章的分析也聚焦于改革对农村人口的影响。为保证实证结果的可靠性，需对个体层面的微观数据进行筛选和清洗。在筛选样本前，根据各省国标码将省级数据与 2018 年 CFPS 个体微观数据进行匹配，再根据个体的年龄、户籍、出生地信息等对研究样本作如下处理：（1）限制样本为 2018 年年龄在 19 ~ 45 岁的人口；（2）剔除户籍不是农村户口的样本；（3）剔除出生地与户口所在地不一致的样本；（4）剔除户口发生变更或者不在户口地长期居住的流动人口样本；（5）剔除未受过教育的个体。最终，由此得到的有效农村个体样本共有 8366 个，其中受到撤点并校影响的农村个体有 3950 人，未受到改革冲击的农村人口数为 4416 人。

2. 主要变量说明

被解释变量是农村人力资本积累，具体以农村人口的认知能力和非认知能力的表现来衡量。其中，认知能力的评估依据 CFPS 个人问卷中认知模块的字词测试和数学测试成绩得到。个体非认知能力则结合 Goldberg 于 1990 年提出的“大五人格”理论和个人自答问卷的内容，从开放性、责任感、外向性、宜人性以及神经质性五个方面衡量：（1）开放性（Openness），体现了个体的创造力、好奇心和审美品位；（2）责任感（Conscientiousness），包含了办事效率、担当和组织能力；（3）外向性（Extraversion），反映了个体积极向上、充满活力的特质；（4）宜人性（Agreeableness），体现了人际交往中礼貌友好的态度以及共情能力；（5）神经质性（Neuroticism），综合表征了个体稳定情绪的能力。表 5.1 展示了每一个非认知维度对应的具体问卷内容，以及潜在回答所对应的积极或消极表现。这五个维度总计 15 个二级指标根据受访者的自我判断进行打分，“完全不符合”“不太符合”“一般”“比较符合”、“完全符合”分别赋值为 1 ~ 5，以各个二级指标得分的均值衡量非认知能力五个维度的结果。同时在具体操作中，将前四个非认知能力维度的各细分项目转化为正向指标，即将“往往很懒惰”“有时对别人粗鲁不客气”等负向二级指标正向化，使得分值越高，该维度体现的个体非认知能力越好。不同于前四个正向指标，神经质性是体现个体情绪处理的负向指标，即该项得分越高则说明个体更易紧张焦虑、情绪调节能力较差。故将隶属神经质性维度的“能很好地应付压力”这个二级指标负向化。为加强不同队列群体之间认知能力和非认知能力的可比性，借鉴吴贾等（2020）的做法，将 2 个认知能力指标、5 个非认知能力指标按年龄分组进行标准化，得到均值为 0、标准差为 1 的得分情况。

表 5.1　基于 CFPS 的非认知能力指标体系

具体维度	相关问卷内容	指标方向	维度方向
开放性	具有独创性，会产生新点子	+	+
	重视艺术和审美的体验	+	
	想象力丰富	+	
责任感	做事严谨认真	+	+
	往往很懒惰	−	
	做事有效率	+	
外向性	爱说话	+	+
	开朗善社交	+	
	含蓄、保守	−	

续表

具体维度	相关问卷内容	指标方向	维度方向
宜人性	有时对别人粗鲁不客气	–	+
	天性比较宽容	+	
	为他人着想、对几乎每一个人都和蔼	+	
神经质性	经常会担心	+	–
	容易紧张	+	
	能很好地应付压力	–	

本章所用到的控制变量主要包括以下三个方面：（1）个体特征，涵盖了个体年龄、性别（男性 =1），受教育程度（小学、初中、高中 / 中专 / 技校 / 职高、大专、大学本科、硕士、博士分别赋值为 1、2、3、4、5、6、7），健康状况依据个体的回答情况依次赋值（非常健康 =1、很健康 =2、比较健康 =3、一般 =4、不健康 =5），婚姻状况根据受访者回答归为五类（未婚 =1、已婚 =2、同居 =3、离婚 =4、丧偶 =5），民族变量（汉族 =0、少数民族 =1），以及收入水平（非常低 =1、低收入 =2、中等收入 =3、高收入 =4、非常高 =5）；（2）家庭背景，包括父母受教育程度、母亲的婚姻状况（未婚 =1、已婚 =2、同居 =3、离婚 =4、丧偶 =5）以及家中同辈的兄弟姐妹数；（3）区域特征，亦即地区发展变量，主要包括农村个体升高中当年各省（市）的城镇化水平和人均 GDP。所有变量的描述性统计见表 5.2。

表 5.2　变量的描述性统计

类别	变量	样本数	均值	标准差	最小值	最大值
认知能力	字词测试成绩	8366	0.0703	0.9984	–1.3447	1.8521
	数学测试成绩	8366	0.0239	1.0284	–1.7534	2.4810
非认知能力	开放性	8350	0.0041	0.9917	–3.3996	2.4174
	责任感	8363	–0.0032	0.9940	–4.5285	2.3873
	外向性	8359	0.0038	0.9854	–3.9871	2.3844
	宜人性	8363	0.0079	0.9906	–4.9717	2.2909
	神经质性	8358	–0.0185	0.9973	–3.0510	3.0876

续表

类别	变量	样本数	均值	标准差	最小值	最大值
政策冲击	政策力度 × 出生队列	8359	4.2904	8.4631	−7.2592	42.6039
个体特征	年龄	8366	31.7138	7.3771	19.0000	45.0000
	性别	8366	0.5131	0.4999	0.0000	1.0000
	学历	8365	2.4455	1.1044	1.0000	7.0000
	健康状况	8366	2.6396	1.0656	1.0000	5.0000
	婚姻状况	8366	1.8243	0.5715	1.0000	5.0000
	收入水平	7852	2.8306	0.9712	1.0000	5.0000
	是否为少数民族	8366	0.0109	0.1037	0.0000	1.0000
家庭环境	父母学历	5758	2.3864	0.9837	1.0000	6.0000
	母亲婚姻状况	6467	2.3300	0.9268	1.0000	5.0000
	兄弟姐妹数	8366	1.1983	0.9767	0.0000	7.0000
地区发展	城镇人口占比	8366	36.2498	16.0281	1.9582	89.6066
	人均 GDP 对数	8366	8.9503	1.1194	6.5265	11.5140

第四节　撤点并校影响人力资本积累的实证结果

（一）基准回归分析

表 5.3 和表 5.4 汇报了撤点并校改革对农村个体认知能力的影响，分别对应个体的字词测试成绩和数学测试成绩。两个表格的列（1）仅控制了个体特征、家庭背景和地区发展三个方面的控制变量，可以看到交乘项系数显著为正。列（2）在加入年龄固定效应和地区固定效应后，受到撤点并校改革影响的农村人口在两项认知测试中的表现也显著更优（估计系数分别为 0.0053 和 0.0080，且均在 1% 水平上显著为正）。根据列（3）、列（4）、列（5）汇报的结果可知，为剔除地区发展水平造成的影响，依次在模型中加入地区特征时间趋势的一次项、二次项（平方项）和三次项，在排除省份发展趋势的影响后，结果保持不变。列（6）则在模型中控制了撤点并校

改革前地区特征与个体年龄哑变量的交互项，核心解释变量的系数依旧显著为正，且说明每万名小学生撤并 1 所学校能够带来农村地区个体字词和数学两种认知能力测试成绩分别增加 0.0080 和 0.0114 个标准差。

表 5.3　撤点并校改革对农村个体字词测试成绩的影响

变量	(1)	(2)	(3)	(4)	(5)	(6)
政策力度 × 出生队列	0.0036* (0.0020)	0.0053*** (0.0017)	0.0080*** (0.0020)	0.0061*** (0.0019)	0.0051** (0.0022)	0.0080*** (0.0029)
控制变量	控制	控制	控制	控制	控制	控制
地区固定效应		控制	控制	控制	控制	控制
年龄固定效应		控制	控制	控制	控制	
地区特征趋势一次项			控制	控制	控制	
地区特征趋势平方项				控制	控制	
地区特征趋势三次项					控制	
地区特征 × 年龄哑变量						控制
样本量	5229	5229	5229	5229	5229	5229
Adj.R^2	0.063	0.064	0.065	0.065	0.065	0.065

注：括号内表示的是聚类到省级层面的稳健标准误。控制变量包括①个体特征，具体有年龄、性别、受教育程度、健康状况、婚姻状况、收入水平和民族；②家庭背景，有父母受教育程度、母亲婚姻状况以及家中子女数；③地区发展变量，有城镇化率和人均 GDP。*、** 和 *** 分别对应 10%、5% 和 1% 的显著性水平。以下各表没有特殊说明则同此处。

表 5.4　撤点并校改革对农村个体数学测试成绩的影响

变量	(1)	(2)	(3)	(4)	(5)	(6)
政策力度 × 年轻队列	0.0065*** (0.0018)	0.0080*** (0.0018)	0.0105*** (0.0025)	0.0088*** (0.0023)	0.0083*** (0.0025)	0.0114*** (0.0033)
控制变量	控制	控制	控制	控制	控制	控制
地区固定效应		控制	控制	控制	控制	控制
年龄固定效应		控制	控制	控制	控制	
地区特征趋势一次项			控制	控制	控制	
地区特征趋势平方项				控制	控制	
地区特征趋势三次项					控制	
地区特征 × 年龄哑变量						控制
样本量	5229	5229	5229	5229	5229	5229
Adj.R^2	0.056	0.057	0.057	0.057	0.057	0.054

同样基于式（5.3），表 5.5 ~ 表 5.9 则分别报告了撤点并校改革对农村人口非认知能力的影响，模型处理方式沿用前文。可以看到，撤点并校改革的推行显著利于农村个体非认知能力的开放性维度，但对其外向性则产生了截然相反的影响。撤点并校改革交乘项对责任感和宜人性两个维度的估计系数显著为负，对神经质性维度的估计系数显著为正，且均不显著。根据表 5.5 列（6）的结果，撤点并校改革有助于农村个体开放性显著增加 0.0078 个标准差。同理，表 5.7 列（6）结果显示，每万名小学生减少 1 所小学会导致农村个体外向性显著减少 0.0083 个标准差。由此可得，长期来看，撤点并校改革有利于激发农村受影响群体的创造力、提升他们的审美品位，但却不利于其培养积极乐观、活泼外向的性格。之所以出现这一结果，可能的解释在于改革本身旨在整合教育资源、提升农村教育质量，故受改革影响的农村孩子能够接受更优质的基础教育，有助于其开阔眼界、提升品位，有利于其人力资本的长期发展（De Haan et al.，2016）。但与此同时，改革也造成了部分学龄儿童上学通勤距离的增加，为应对基础教育资源可及性的下降，各地大力推进寄宿制办学，过早寄宿往往会对寄宿儿童的心理健康产生不利的影响（侯海波等，2018），可能对农村个体长期的性格培养造成一定阻碍。

表 5.5　撤点并校改革对农村个体开放性的影响

变量	（1）	（2）	（3）	（4）	（5）	（6）
政策力度 × 出生队列	0.0077* （0.0039）	0.0077* （0.0041）	0.0081** （0.0040）	0.0079** （0.0038）	0.0079** （0.0039）	0.0078** （0.0037）
控制变量	控制	控制	控制	控制	控制	控制
地区固定效应		控制	控制	控制	控制	控制
年龄固定效应		控制	控制	控制	控制	
地区特征趋势一次项			控制	控制	控制	
地区特征趋势平方项				控制	控制	
地区特征趋势三次项					控制	
地区特征 × 年龄哑变量						控制
样本量	5218	5218	5218	5218	5218	5218
Adj.R^2	0.022	0.040	0.040	0.040	0.040	0.037

表 5.6 撤点并校改革对农村个体责任感的影响

变量	（1）	（2）	（3）	（4）	（5）	（6）
政策力度 × 出生队列	−0.0006 （0.0012）	−0.0004 （0.0012）	−0.0004 （0.0017）	−0.0007 （0.0019）	−0.0008 （0.0019）	−0.0017 （0.0019）
控制变量	控制	控制	控制	控制	控制	控制
地区固定效应		控制	控制	控制	控制	控制
年龄固定效应		控制	控制	控制	控制	
地区特征趋势一次项			控制	控制	控制	
地区特征趋势平方项				控制	控制	
地区特征趋势三次项					控制	
地区特征 × 年龄哑变量						控制
样本量	5227	5227	5227	5227	5227	5227
Adj.R^2	0.039	0.039	0.038	0.038	0.038	0.033

表 5.7 撤点并校改革对农村个体外向性的影响

变量	（1）	（2）	（3）	（4）	（5）	（6）
政策力度 × 出生队列	−0.0061*** （0.0019）	−0.0067*** （0.0018）	−0.0091*** （0.0024）	−0.0097*** （0.0028）	−0.0092*** （0.0031）	−0.0083** （0.0030）
控制变量	控制	控制	控制	控制	控制	控制
地区固定效应		控制	控制	控制	控制	控制
年龄固定效应		控制	控制	控制	控制	
地区特征趋势一次项			控制	控制	控制	
地区特征趋势平方项				控制	控制	
地区特征趋势三次项					控制	
地区特征 × 年龄哑变量						控制
样本量	5224	5224	5224	5224	5224	5224
Adj.R^2	0.041	0.041	0.042	0.041	0.041	0.041

表 5.8　撤点并校改革对农村个体宜人性的影响

变量	（1）	（2）	（3）	（4）	（5）	（6）
政策力度 × 出生队列	−0.0039 （0.0029）	−0.0045 （0.0032）	−0.0049 （0.0033）	−0.0024 （0.0030）	−0.0014 （0.0037）	−0.0040 （0.0039）
控制变量	控制	控制	控制	控制	控制	控制
地区固定效应		控制	控制	控制	控制	控制
年龄固定效应		控制	控制	控制	控制	
地区特征趋势一次项			控制	控制	控制	
地区特征趋势平方项				控制	控制	
地区特征趋势三次项					控制	
地区特征 × 年龄哑变量						控制
样本量	5226	5226	5226	5226	5226	5226
Adj.R^2	0.013	0.013	0.012	0.013	0.012	0.010

表 5.9　撤点并校改革对农村个体神经质性的影响

变量	（1）	（2）	（3）	（4）	（5）	（6）
政策力度 × 出生队列	0.0000 （0.0013）	0.0006 （0.0013）	0.0014 （0.0026）	0.0033 （0.0027）	0.0030 （0.0035）	0.0016 （0.0019）
控制变量	控制	控制	控制	控制	控制	控制
地区固定效应		控制	控制	控制	控制	控制
年龄固定效应		控制	控制	控制	控制	
地区特征趋势一次项			控制	控制	控制	
地区特征趋势平方项				控制	控制	
地区特征趋势三次项					控制	
地区特征 × 年龄哑变量						控制
样本量	5224	5224	5224	5224	5224	5224
Adj.R^2	0.061	0.061	0.061	0.060	0.061	0.060

（二）稳健性检验

1. 基于 PSM 匹配样本的双重差分估计

我们在基准回归中加入改革前各省份特征的时间趋势项，以及省份特征与个体年龄哑变量的交乘项，以尽可能避免地区发展趋势的差异对农村个体认知能力和非认知能力的影响。但考虑到各省份撤点并校改革执行力度往往会受地区经济发展、城镇化进程、工业化水平以及既有义务教育规模等因素的影响，改革力度差异在区域间的分布并不具备严格的随机性，接下来我们对本章的研究对象应用倾向评分匹配法（PSM），以消除样本的选择性偏差，进一步验证基准回归结果的可靠性。

首先，根据各省份撤点并校改革执行力度的大小将研究样本分为两组，即每万名小学生学校数量减少较多的省份为处理组，学校数量减少较少的则为控制组。接着，围绕各省份区域发展设定一系列前定变量，利用 Kernel 核密度函数匹配法将处理组样本和控制组样本进行匹配，带宽依次定为 0.02、0.01 和 0.005。然后，依据共同支撑区域（Common Support）筛选出倾向得分值的核密度分布较为接近的样本并加以保留。最后，将保留下的样本数据代入式（5.3）重新利用双重差分法进行估计。表 5.10 ~ 表 5.12 分别展示了结果变量为农村个体数学测试成绩时，带宽设定为 0.02、0.01 和 0.005 进行倾向评分匹配后的平衡性检验，可以看到，经过匹配后的研究样本中处理组和控制组不存在显著差异，研究得以进一步推进。

表 5.10　带宽为 0.02 的平衡性检验

协变量	未匹配 U/ 匹配 M	处理组	控制组	标准偏差	*t* 值	*P* 值
经济发展水平	U	8857.9	7611.9	11.4	4.61	0.000
	M	8857.9	8534.9	3.0	0.94	0.347
第二产业占比	U	47.707	46.214	24.3	9.90	0.000
	M	47.707	47.556	2.5	0.84	0.402
城镇化率	U	34.426	36.861	–15.8	–6.03	0.000
	M	34.426	33.899	3.4	1.25	0.212

续表

协变量	未匹配 U/ 匹配 M	处理组	控制组	标准偏差	t 值	P 值
人口规模	U	6000.8	5500.1	19.5	7.58	0.000
	M	6000.8	6006.2	–0.2	–0.07	0.946
学生数 / 学校数	U	297.31	290.15	4.0	1.77	0.077
	M	297.31	295.5	1.0	0.33	0.793

表 5.11 带宽为 0.01 的平衡性检验

协变量	未匹配 U/ 匹配 M	处理组	控制组	标准偏差	t 值	P 值
经济发展水平	U	8857.9	7611.9	11.4	4.61	0.000
	M	8857.9	8611.9	–2.2	0.72	0.473
第二产业占比	U	47.707	46.214	24.3	9.90	0.000
	M	47.707	47.667	0.6	0.22	0.826
城镇化率	U	34.426	36.861	–15.8	–6.03	0.000
	M	34.426	34.199	1.5	0.53	0.593
人口规模	U	6000.8	5500.1	19.5	7.58	0.000
	M	6000.8	5987.4	0.5	0.17	0.866
学生数 / 学校数	U	297.31	290.15	4.0	1.77	0.020
	M	297.31	301.38	–2.3	–0.74	0.458

表 5.12 带宽为 0.005 的平衡性检验

协变量	未匹配 U/ 匹配 M	处理组	控制组	标准偏差	t 值	P 值
经济发展水平	U	8857.9	7611.9	11.4	4.61	0.000
	M	8857.9	8756.1	0.9	0.30	0.767
第二产业占比	U	47.707	46.214	24.3	9.90	0.000
	M	47.707	47.691	0.3	0.09	0.932
城镇化率	U	34.426	36.861	–15.8	–6.03	0.000
	M	34.426	34.354	0.5	0.17	0.866
人口规模	U	6000.8	5500.1	19.5	7.58	0.000
	M	6000.8	5991.5	0.4	0.12	0.907
学生数 / 学校数	U	297.31	290.15	4.0	1.77	0.077
	M	297.31	302.65	–3.0	–0.97	0.332

利用倾向评分匹配后的样本重新进行估计，得到的结果汇总于表 5.13，同样在模型中加入了省份特征和个体年龄哑变量的交乘项。可以看到，撤点并校改革执行力度越强的地区，即每万名小学生学校数量缩减得越多的地区，该地区受到改革影响的农村个体会有更好的认知能力表现，并且在非认知能力的开放性维度也有显著提升，外向性维度则表现明显不佳。具体来说，每万名小学生撤并一所学校会带来农村个体的字词测试和数学测试成绩分别增加 0.0080 和 0.0115 个标准差，非认知能力的开放性维度增加 0.0068 个标准差，而外向性维度则减少 0.0076 个标准差。所有估计系数与基准回归相比相差较小，研究结论保持不变。

表 5.13　基于匹配样本的考察

变量	认知能力		非认知能力				
	(1)	(2)	(3)	(4)	(5)	(6)	(7)
被解释变量	字词成绩	数学成绩	开放性	责任感	外向性	宜人性	神经质性
政策力度 × 出生队列	0.0080***	0.0115***	0.0068**	–0.0017	–0.0076**	–0.0039	0.0022
	(0.0029)	(0.0034)	(0.0026)	(0.0020)	(0.0033)	(0.0039)	(0.0020)
控制变量	控制	控制	控制	控制	控制	控制	控制
地区固定效应	控制	控制	控制	控制	控制	控制	控制
年龄固定效应	控制	控制	控制	控制	控制	控制	控制
地区特征 × 年龄哑变量	控制	控制	控制	控制	控制	控制	控制
样本量	5197	5197	5186	5195	5192	5194	5192
Adj.R^2	0.065	0.054	0.010	0.032	0.041	0.010	0.061

注：控制变量同表 5.3，选取三类带宽 0.02、0.01 和 0.005 得到核心解释变量的回归系数保持不变。

2. 考虑地区经济发展水平差异进行的估计

考虑到不同省份的社会经济发展水平参差不齐，不同经济发展水平的地区在实际推行撤点并校改革时各方面可能存在执行力度的差异。基于此种考虑，以 2000 年人均 GDP 作为划分标准，将基准回归中的研究样本按此进行排序，并剔除人均 GDP 最高和最低的省份，检验撤点并校改革对农村人力资本积累的影响，具体结果见表 5.14。可以看到，撤点并校改革的实施显著带来农村受影响组群在认知能力和非认知能力开放性维度的提升，但不利于非认知能力中外向性维度的发展，与基准回归结果保持一致。

表 5.14　剔除人均 GDP 最高和最低省份的检验

变量	认知能力		非认知能力				
	(1)	(2)	(3)	(4)	(5)	(6)	(7)
被解释变量	字词成绩	数学成绩	开放性	责任感	外向性	宜人性	神经质性
政策力度 × 出生队列	0.0079*** (0.0027)	0.0112*** (0.0033)	0.0064** (0.0026)	−0.0003 (0.0031)	−0.0082*** (0.0028)	−0.0040 (0.0039)	0.0023 (0.0019)
控制变量	控制	控制	控制	控制	控制	控制	控制
地区固定效应	控制	控制	控制	控制	控制	控制	控制
年龄固定效应	控制	控制	控制	控制	控制	控制	控制
地区特征 × 年龄哑变量	控制	控制	控制	控制	控制	控制	控制
样本量	4944	4944	5544	4942	4940	4941	4940
Adj.R^2	0.066	0.057	0.016	0.032	0.042	0.012	0.057

3. 剔除特殊地区进行的估计

考虑到宁夏、广西、内蒙古、西藏、新疆这五个少数民族自治区在风土人情、文化地貌、办学传统上与其他省份存在较大差异，我们剔除这五个少数民族自治区的样本，对撤点并校改革的人力资本效应重新进行估计，结果汇总于表 5.15。可以看到，在剔除了少数民族自治区样本后，撤点并校改革对农村个体的认知能力以及非认知能力的开放性依旧产生显著的正向影响，对其外向性则存在显著负面影响，所得结果与基准回归结果保持一致。

表 5.15　剔除五个少数民族自治区的检验

变量	认知能力		非认知能力				
	(1)	(2)	(3)	(4)	(5)	(6)	(7)
被解释变量	字词成绩	数学成绩	开放性	责任感	外向性	宜人性	神经质性
政策力度 × 出生队列	0.0075*** (0.0026)	0.0107*** (0.0033)	0.0060** (0.0024)	−0.0000 (0.0029)	−0.0063** (0.0030)	−0.0035 (0.0039)	0.0018 (0.0022)
控制变量	控制	控制	控制	控制	控制	控制	控制
地区固定效应	控制	控制	控制	控制	控制	控制	控制
年龄固定效应	控制	控制	控制	控制	控制	控制	控制
地区特征 × 年龄哑变量	控制	控制	控制	控制	控制	控制	控制
样本量	5040	5040	5029	5038	5035	5037	5035
Adj.R^2	0.057	0.046	0.039	0.032	0.040	0.008	0.057

4. 替换撤点并校改革执行力度的测度指标

我们分别改用各省份农村小学数量减少的绝对值和地区单位人口减少的小学数量的相对值作为撤点并校改革执行力度的替代指标，考察撤点并校改革对农村个体认知能力和非认知能力的影响。结果如表5.16和表5.17所示。根据表5.16可以看到，每撤并一所小学会带来该地区受影响农村个体两项认知能力测试成绩分别显著增加0.0029和0.0036个标准差，受改革影响农村人口的创造力和审美品位会增加0.0769个标准差，但其外向性会减少0.0494个标准差。而以地区单位人口减少的小学数量衡量撤点并校改革力度，则可以看出，每单位人口关闭一所小学会带来字词测试和数学测试成绩增加0.0037和0.0048个标准差，非认知能力的开放性维度增加0.0259个标准差，外向性维度减少0.0218个标准差。用两种替代指标得到的估计结果与基准回归结果基本保持一致。

表5.16　以学校数量减少规模衡量撤点并校执行力度的估计

变量	认知能力		非认知能力				
	(1)	(2)	(3)	(4)	(5)	(6)	(7)
被解释变量	字词成绩	数学成绩	开放性	责任感	外向性	宜人性	神经质性
政策力度 × 出生队列	0.0029***	0.0036***	0.0769*	−0.0584	−0.0494*	−0.0517	0.0366
	(0.0009)	(0.0010)	(0.0393)	(0.0434)	(0.0254)	(0.0539)	(0.0361)
控制变量	控制	控制	控制	控制	控制	控制	控制
地区固定效应	控制	控制	控制	控制	控制	控制	控制
年龄固定效应	控制	控制	控制	控制	控制	控制	控制
地区特征 × 年龄哑变量	控制	控制	控制	控制	控制	控制	控制
样本量	5229	5229	5218	5227	5224	5226	5224
Adj.R^2	0.063	0.052	0.012	0.033	0.039	0.010	0.060

表5.17　以单位人口减少的小学数量衡量撤点并校执行力度的估计

变量	认知能力		非认知能力				
	(1)	(2)	(3)	(4)	(5)	(6)	(7)
被解释变量	字词成绩	数学成绩	开放性	责任感	外向性	宜人性	神经质性
政策力度 × 出生队列	0.0037***	0.0048***	0.0259*	−0.0201	−0.0218*	−0.0168	0.0047
	(0.0011)	(0.0014)	(0.0152)	(0.0178)	(0.0121)	(0.0226)	(0.0125)
控制变量	控制	控制	控制	控制	控制	控制	控制

续表

变量	认知能力		非认知能力				
	(1)	(2)	(3)	(4)	(5)	(6)	(7)
地区固定效应	控制	控制	控制	控制	控制	控制	控制
年龄固定效应	控制	控制	控制	控制	控制	控制	控制
地区特征 × 年龄哑变量	控制	控制	控制	控制	控制	控制	控制
样本量	5229	5229	5218	5227	5224	5226	5224
Adj.R^2	0.063	0.052	0.012	0.033	0.039	0.010	0.060

5. 排除入学年龄和学制差异的干扰

考虑到不同地区对小学入学年龄的规定及小学学制设置存在一定差异，以及部分地区的学龄儿童由于家庭条件不允许等原因存在大龄入学的情况，在参考梁超和王素素（2020）研究的基础上，我们剔除2001年时年龄区间在11 ~ 15岁的农村样本，将2 ~ 10岁作为处理组、16 ~ 28岁作为控制组进行考察，以识别撤点并校改革对农村个体认知能力和非认知能力的影响，估计结果汇总于表5.18。从中可以看出，在排除了入学年龄和学制差异的干扰后，撤点并校改革依旧能带来受影响农村个体的两项认知能力分别增加0.0102和0.0138个标准差，非认知能力的开放性维度增加0.0092个标准差，外向性维度减少0.0082个标准差。由此得到的估计系数的绝对值略大于基准回归所得到的结果，说明前文扩大研究样本范围确实在一定程度上造成了对改革效应的低估，但所得出的结论基本保持不变。

表5.18　剔除入学年龄和学制差异干扰的估计

变量	认知能力		非认知能力				
	(1)	(2)	(3)	(4)	(5)	(6)	(7)
被解释变量	字词成绩	数学成绩	开放性	责任感	外向性	宜人性	神经质性
政策力度 × 出生队列	0.0102***	0.0138***	0.0092**	−0.0001	−0.0082**	−0.0060	0.0049
	(0.0027)	(0.0033)	(0.0040)	(0.0032)	(0.0033)	(0.0052)	(0.0052)
控制变量	控制	控制	控制	控制	控制	控制	控制
地区固定效应	控制	控制	控制	控制	控制	控制	控制
年龄固定效应	控制	控制	控制	控制	控制	控制	控制
地区特征 × 年龄哑变量	控制	控制	控制	控制	控制	控制	控制
样本量	3845	3845	3839	3845	3842	3844	3842
Adj.R^2	0.066	0.052	0.032	0.038	0.045	0.013	0.051

6. 排除其他改革政策的干扰

我国教育体制改革的一个重大事件就是1999年以来推行的大学扩招政策，而撤点并校改革推行的时期正值全国高校扩招，考虑到自1999年起参加高考的考生录取率会大幅增加，农村人口的受教育机会和人力资本水平也会随之提升。因此，接下来，我们只将自1999年起参加高考的农村群体作为研究样本，即剔除1999年当年年龄在19岁及以上的农村样本（等同于2001年当年年龄在21岁及以上的农村样本），并且在模型中控制了个体的受教育程度，尽最大可能避免大学扩招政策对估计结果造成的影响，结果汇总于表5.19。可以看到，在排除高校扩招改革的干扰后，撤点并校改革仍显著积极作用于受影响农村个体的认知能力以及非认知能力的开放性，不利于其外向性的发展。基准回归结果再次得到证实。

表5.19 排除高校扩招改革干扰的估计

变量	认知能力		非认知能力				
	(1)	(2)	(3)	(4)	(5)	(6)	(7)
被解释变量	字词成绩	数学成绩	开放性	责任感	外向性	宜人性	神经质性
政策力度 × 出生队列	0.0057**	0.0092**	0.0076*	−0.0001	−0.0087**	−0.0047	0.0060
	(0.0027)	(0.0038)	(0.0042)	(0.0033)	(0.0032)	(0.0044)	(0.0072)
控制变量	控制	控制	控制	控制	控制	控制	控制
地区固定效应	控制	控制	控制	控制	控制	控制	控制
年龄固定效应	控制	控制	控制	控制	控制	控制	控制
地区特征 × 年龄哑变量	控制	控制	控制	控制	控制	控制	控制
样本量	3983	3983	3975	3981	3979	3981	3979
Adj.R^2	0.060	0.053	0.033	0.033	0.035	0.010	0.061

7. 安慰剂检验

为排除随机效应的存在对撤点并校改革人力资本效应的影响，我们将撤点并校改革发生的事件提前，以进行安慰剂检验。具体地，将受到改革影响的处理组调整为2018年年龄在40 ~ 45岁的农村人口。重新估计得到的结果如表5.20所示。对比可知，假设的撤点并校改革对农村人口的人力资本积累并未产生显著的影响，受假设改革影响的农村个体在认知能力表现以及非认知能力的开放性、外向性均未发生显著变化，这为撤点并校改革的人力资本效应提供了进一步的证据支持。

表 5.20　撤点并校改革效应的安慰剂检验

变量	认知能力		非认知能力				
	（1）	（2）	（3）	（4）	（5）	（6）	（7）
被解释变量	字词成绩	数学成绩	开放性	责任感	外向性	宜人性	神经质性
政策力度 × 出生队列	0.0047 （0.0170）	0.0087 （0.0120）	−0.0013 （0.0037）	0.0021 （0.0035）	0.0027 （0.0066）	0.0025 （0.0028）	0.0039 （0.0038）
控制变量	控制	控制	控制	控制	控制	控制	控制
地区固定效应	控制	控制	控制	控制	控制	控制	控制
年龄固定效应	控制	控制	控制	控制	控制	控制	控制
地区特征 × 年龄哑变量	控制	控制	控制	控制	控制	控制	控制
样本量	5229	5229	508	5227	5224	5226	5224
Adj.R^2	0.064	0.053	0.026	0.033	0.037	0.010	0.060

（三）平行趋势检验和动态效应分析

利用双重差分法进行政策评估的关键在于要满足“平行趋势假设”，即政策冲击前处理度和控制组不能存在显著的趋势差异，这样得到的估计结果才能视为政策冲击的因果效应。我们利用事件研究法进行平行趋势检验，同时考察撤点并校改革对受影响农村个体认知能力和非认知能力影响的动态效应。具体做法是，基于以下式（5.4），将 2001 年撤点并校改革发生时年龄为 28 岁的农村人口作为基准组，以此对比 2 ~ 27 岁农村群体在认知能力和非认知能力的表现。

$$\text{Ability}_{i,j,a}=\lambda_0+\lambda_1\sum_{a=2}^{a=27}\left(I_a\times\text{Treat}_i\times\text{Reform}_j\right)+\phi\text{Control}_{j,i,a}+\gamma_a+\mu_i+\sigma_{i,j,a} \tag{5.4}$$

其中，I_a 是农村人口年龄的指示变量，当 2001 年农村个体年龄为 a 时 I_a=1，否则为 0。交乘项的系数 λ_1 表示撤点并校改革对 2001 年年龄为 2 ~ 27

岁农村个体认知能力和非认知能力的影响。若2001年改革开始时，已经不处于九年基础教育阶段的农村人口未受到撤点并校改革的显著影响，则说明通过平行趋势检验。图5.3（a）~（d）描绘了基于式（5.4）利用带宽为0.005的核密度匹配样本得到的撤点并校改革的动态效应。可以明显看到，2001年年龄在13岁以上的农村人口在两项认知测试以及非认知能力的开放性及外向性方面均未受到撤点并校改革的显著影响，平行趋势检验通过。从撤点并校改革对人力资本积累影响的动态效应来看，2001年13岁及以下农村人口的两项认知能力以及非认知能力的开放性受到了撤点并校改革的正向影响，得到了显著提高；与此同时，这部分受到改革影响的农村个体在非认知能力外向性方面的表现却因改革而出现了显著降低。结果与基准结果保持一致。

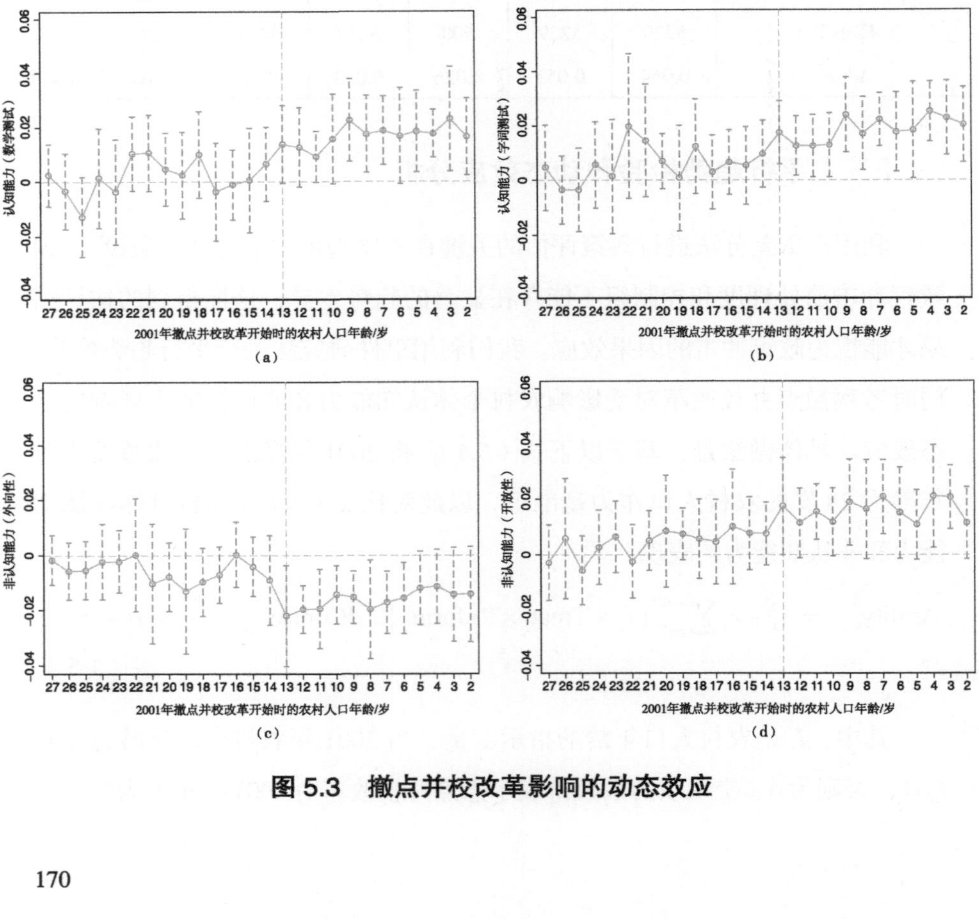

图5.3　撤点并校改革影响的动态效应

第五节　撤点并校影响人力资本积累的拓展性分析

虽然撤点并校改革的初衷在于整合农村基础教育资源、实现农村基础教育的提质增效。但不可否认的是，改革推进过程中，大量农村小学和教学点被强制关闭，这在一定程度上大大降低了部分农村学龄儿童获得基础教育服务的可及性，部分学龄儿童上学通勤成本增加、寄宿制学校条件简陋等一系列问题引发了强烈的社会舆论。从理论上而言，撤点并校改革带来的规模效益有助于农村学龄儿童接受更优质的基础教育，进入更好的学校就读意味着能够接触到能力优秀的同龄人，良好的“同群效应”有利于培养和提升其社会情感能力（Duflo et al.，2011；王春超，钟锦鹏，2018）。与此同时，对部分居住偏远的农村儿童来说，求学距离增加、过早离家寄宿会对其学业表现和心理健康造成不利影响（Mo et al.，2012；侯海波等，2018）。前文通过考察撤点并校改革对农村人力资本积累的影响，发现改革显著促进了受影响农村个体认知能力和非认知能力开放性维度的发展，说明撤点并校改革确实通过优化农村教育资源布局带来了农村人力资本积累的提升；但与之相对的是，改革也阻碍了受影响农村个体外向性的发展，意味着改革过程中出现的政策偏误确实给受到改革影响的农村个体在性格培养方面造成了一定困扰。接下来，我们将基于式（5.5）继续深入剖析撤点并校改革对农村人力资本的长期影响，并试图为前文得出的结论作出解释和补充。

$$Y_{i,j,t}=\eta_0+\eta_1\left(\text{Treat}_i\times\text{Reform}_j\right)+\rho\text{Control}_{i,j,t}+\nu_t+\tau_i+\omega_{i,j,t} \qquad (5.5)$$

其中，$Y_{i,j,t}$ 为衡量农村人力资本长期发展的系列指标，主要可归结为以下几个方面：（1）受教育情况（包括取得的最高学历和没有继续升学的原因[1]两个方面）；（2）社交和人际交往表现（以受访者自评的人缘关系加以

[1] 需要说明的是，受访者没有继续升学的原因归为三类，不可抗力因素（包括家庭经济困难和个体身体健康问题）赋值为 1，学业成绩赋值为 2，不喜欢上学或不想上学赋值为 3。

衡量，得分越高则人缘关系越好）；（3）工作匹配程度（以个体取得的学历与胜任目前工作所需学历之间的差距衡量，差值越小则匹配程度越好）；（4）主动学习习惯（评价指标为使用互联网学习的频率和是否具备日常读书的习惯[1]）。公式右边第二项仍是本章重点关注的撤点并校改革的影响，$\text{Control}_{i,j,t}$ 为包含农村个体特征、家庭环境和地区发展水平在内的控制变量。模型同样加入了地区固定效应和年龄固定效应。

首先，我们考察了撤点并校改革对受影响农村群体的受教育情况和人际交往表现的影响，结果汇总于表 5.21。可以看出，撤点并校改革有助于受影响农村人口在未来获得更高的学历，受到撤点并校改革影响的农村个体获得的最高学历会比未受影响的农村个体显著高出 0.0039 个单位。就个体没有继续升学的原因来看，受改革影响的农村个体更可能会因为学业成绩不达标或者自发产生厌学情绪而终止学业。基于农村个体受教育情况的差异，撤点并校改革在提升农村基础教育质量从而帮助农村人口取得更高学历成就的同时，也会因教育标准的提高、同伴竞争的加大以及低龄寄宿的负担导致部分弱势农村儿童辍学风险的上升。这也说明改革在一定程度上并未充分考虑农村学龄儿童学习能力的差异，也未据此制定差异化撤并举措，撤点并校的快速推进使得部分地区学龄儿童辍学率有所增加（丁冬，郑风田，2015）。无独有偶，受撤点并校改革影响的农村人口在成年以后的人际交往中表现更差，个体对人际关系的自我评价要显著低于未受改革影响的群体，这也佐证了前文中改革不利于农村个体外向性发展的结论，撤点并校在一定程度上阻碍了农村学龄儿童活泼外向的性格养成，以至于给成年后的社交活动造成了困扰。

---

[1] 使用互联网学习频率使用打分制，分值越高越好；受访者具有日常读书的习惯，则赋值为 1，反之则为 0。

表 5.21　撤点并校改革对农村人力资本的长期影响

变量	（1）	（2）	（3）
被解释变量	取得的最高学历	辍学原因	社交表现
政策力度 × 出生队列	0.0039* （0.0022）	0.0226** （0.0085）	−0.0167*** （0.0045）
控制变量	控制	控制	控制
地区固定效应	控制	控制	控制
年龄固定效应	控制	控制	控制
地区特征 × 年龄哑变量	控制	控制	控制
样本量	6350	224	5229
Adj.R^2	0.301	0.094	0.059

注：括号内表示的是聚类到省级层面的稳健标准误。列（1）和列（2）控制了个体性别、出生时的体重、民族以及与表 5.3 相同的家庭背景变量和地区发展变量，列（3）控制变量与表 5.3 相同。

为进一步探究撤点并校改革对农村人力资本的长期影响，我们比较了控制组和对照组的农村人口成年后在劳动力市场的工作学历匹配程度以及日常生活中自主学习、阅读的习惯。根据表 5.22 的结果可知，每万名小学生撤并一所小学，会使得控制组个体所获得的学历与其胜任未来工作所需学历的差距显著减少 0.0054 个单位，这意味着受撤点并校影响的农村人口在未来劳动力市场上能够找到与其学历更为匹配的工作。从长期学习和阅读习惯的形成来看，每万名小学生撤并一所学校会使得受改革影响的农村人口在未来利用互联网学习频率增加 0.0093 个单位、日常阅读的可能性显著增加 0.0021 个单位。换言之，相比于未受到改革影响的农村个体，受到撤点并校影响的农村个体在未来使用互联网进行学习的频率显著更高，且在日常生活中更有可能具备读书的习惯。一言以蔽之，撤点并校改革有助于农村人口在未来劳动力市场找到更为适配的工作，并且能够激发农村人口长期的自主学习能力并培养其坚持阅读的良好习惯。结合个体劳动力市场的表现及日常生活习惯来看，改革对农村人力资本的长期积累和发展具有一定的积极作用。

表 5.22 撤点并校改革对农村人力资本的拓展性影响

变量	（1）	（2）	（3）
被解释变量	工作学历匹配	互联网学习频率	日常阅读习惯
政策力度 × 出生队列	–0.0054* （0.0031）	0.0093* （0.0049）	0.0021* （0.0011）
控制变量	控制	控制	控制
地区固定效应	控制	控制	控制
年龄固定效应	控制	控制	控制
地区特征 × 年龄哑变量	控制	控制	控制
样本量	3536	4512	5314
Adj.R^2	0.020	0.178	0.121

注：括号内表示的是聚类到省级层面的稳健标准误。列（1）控制了个体性别、健康状况、民族以及与表 5.3 相同的家庭环境变量和地区发展变量，列（2）和（3）控制变量与表 5.3 相同。

本章小结

生命历程早期的教育干预对于人力资本积累必不可少，世界范围内包括许多发达国家和发展中国家在内，均在基础教育阶段实施相应的政策干预。结合我国国情，全民受教育水平的不断提高可以说是中国经济发展成功的一个重要支撑，面对人口老龄化问题的加剧以及城镇化推进过程中人口分布的转变，如何在推进基础教育提质增效的同时兼顾教育公平和人力资本发展需要，是伴随我国社会经济发展需要不断深入思考与探索的重要议题。要实现人口红利向人力资本红利的转变，必须从教育体制改革入手。正如本书第四章研究发现，全面提升基础教育质量对以个体能力度量的人力资本积累十分重要。本章在前一章节研究的基础上，以撤点并校改革作为基础教育提质增效的准自然实验，探究改革对农村人力资本积累的长期影响，对改革取得的成就和存在的问题进行全面剖析。众所周知，2001 年开始的全国性农村基础教育资源布局调整对农村人力资本的积累与发展产生了深远影响，但有关撤点并校改革的效应评估一直都存在很大争议，并且已有研究都是从短期人力资本相关的学业表现、教育成就、身心健康等单一维度出发对改革效应进行分析，未能对撤点并校这一重大教育资源配置改革作出较为全面评价。根据新人力资本理论的内容，非认知能力和认知能力一并构成了人力资本的核心内容，尽管有研究考察了撤点并校改革对农村儿童心理健康某一方面的影响，如抑郁风险（侯海波等，2018），却未有研究将改革与个体认知能力和非认知能力的全方位发展相联系，相关研究缺乏直接证据。

本章以此为契机，从人力资本发展的长期视角出发，研究撤点并校改革对农村个体认知能力和非认知能力发展的影响。作为早期教育干预的代表，撤点并校具备以下特征：（1）学校教育质量的提升有助于学龄儿童的认知发展；（2）经历撤点并校改革的学龄儿童不可避免会遭遇早期教育环境的改变，这可能会影响到其非认知能力的发展并在成年后的工作和生活中有所体现。考虑到此，本章构建了一个队列 DID 模型对改革效应进行全面评估。一方面，基于各地方政府在撤点并校推进过程中拥有充分自主决策权的改革现实，各地改革执行力度存在较大差异，另一方面，农村人口出生年份的不同决定了其是否受撤点并校改革的影响，故本章利用撤点并校改革力度的地区差异以及 CFPS 数据库中农村个体出生队列差异这两个维度构造模型进行估计。有趣的是，研究发现撤点并校改革带来了受影响农村人口认知表现的显著提升，并且激发了其开放性思维，但不利于培养其外向型性格。进一步结合受影响农村个体成年后在劳动力市场的表现以及日常行为习惯来看，受到撤点并校改革影响的农村儿童在未来更有可能获得更高的学历成就，并且能够获得与其自身学历更为匹配的工作；相比于未受到改革影响的个体，受影响的农村个体在成年后更具备自主学习动力，利用互联网学习和坚持阅读的频率显著更高。与此同时，也应注意到，由于撤点并校快速推进带来的诸如农村基础教育资源可及性下降等问题，部分农村学龄儿童因主观厌学情绪以及客观入学门槛提高而辍学的风险有所加大；改革对农村个体外向性发展的不利影响最终给其成年后的人际交往造成了困扰。

由以上研究发现可以看出，以实现基础教育提质增效为目标的撤点并校改革对农村人力资本积累的影响并不是绝对的。受到改革影响的农村人口有更好的认知表现以及开放性思维，说明撤点并校改革确实通过整合农村地区基础教育资源提升了农村儿童接受的基础教育质量，促进了农村人力资本的积累和发展，实现了教育规模效益的改革目标。但改革执行过程中存在的缺陷和问题也使得农村学龄儿童的非认知能力发展受到一定限制，具体表现为受改革影响的农村儿童更不易培养外向型性格，对成年后的人际交往和社交活动也会造成阻碍。这也反映出基础教育阶段推行的改革举措对孩子非认知能力发展的关注不够，距离以实现人力资本全面提升的基础教育提质增效目标还有进一步提升的空间。

本章研究发现对新发展阶段农村基础教育提质增效的政策启示主要有：首先，整体来看撤点并校改革提升了农村人口的认知能力、启发了他们的开放性思维，所以一味否定撤点并校改革的做法并不可取，城镇化进程中实行农村地区撤点并校有其必要性和积极性；其次，长期来看，撤点并校改革有利于提升农村个体的学历成就和工作匹配程度，甚至对培养其自主学习意识产生了显著的积极作用。撤点并校改革对农村人力资本的积极影响潜移默化，通过早期教育干预能够极大促进人力资本的积累和发展，这也直接说明了基础教育提质增效对个体发展非常重要；需要注意的是，受改革影响的农村个体在外向性方面的表现不佳以及人际交往的困难引发我们对撤点并校改革痛难点的反思，改革在大力撤并落后学校的同时，相关配套补偿机制的缺失以及寄宿制学校的不健全不完善使得受影响农村儿童遭受了情感剥离和心理冲击，对其性格培养造成了消极影响。不可否认，农村基础教育的提质增效确能有效助力农村人力资本的积累与发展，农村基础教育配置的进一步调整顺应了人口老龄化和新型城镇化的现实需要，也是改善农村人力资本的关键所在。结合撤点并校改革取得的成就和存在的问题来看，在接下来的农村基础教育改革中应重点关注农村儿童的心理健康和性格培养。鉴于低龄寄宿是当前解决“上学远”问题的最佳方案，各级政府应加大对寄宿制学校的投入，建立健全相应的补偿机制，保障地处偏远、家境贫寒农村儿童的受教育权利，关注低龄寄宿学生的心理状况，确保相关改革举措的推进能够促进农村人力资本的全面发展。

第六章　基础教育质量获取不均等的影响因素

虽然国家免除义务教育学杂费的制度确保了基础教育阶段学龄儿童都能享有基本的受教育年限，基础教育的强制性和普惠性从制度层面保障了不同家庭背景的个体在基础教育数量上的获取平等。但是基础教育质量层面的分化是现阶段基础教育不平等的主要内容，客观存在的优质基础教育供给不足以及区域间教育资源配置不均等放大了家庭背景导致的基础教育质量获取差异。继重点学校制度被正式取缔之后，中小学阶段遵循“按片划分、就近入学”的原则配置基础教育资源，基础教育资源分布开始与区域房价关联。“就近入学”被视作促进教育公平的制度安排，在中央的各项政策文件中不断被提及并强调，但高价学区房的出现却进一步加剧了优质基础教育资源的获取不均在“双减”政策的加持下，以家庭为单位在影子教育上的军备竞赛势必大幅缓和，但家长为了让孩子能在“中考分流”中顺利进入好高中、进而考取名牌大学，肯定会倾其所有帮助孩子获取优质的学校教育。虽然教育部于 2021 年 8 月 30 日要求“不得以任何名义设置重点班”“切实做到均衡配置师资”，但学校提供的基础教育质量高低有别“并非一日之寒”，尽管此举能在一定程度上缓解校内基础教育质量的分布不均，但学校之间、地区之间基础教育质量的差距仍未得到有效解决。孩子能够获取的基础教育质量在很大程度上与其家庭背景相匹配，是其家庭实力的综合体现。

通过前面第四章和第五章的研究，基础教育质量对于以个体能力度量的人力资本积累的重要作用不言而喻。那么，要切实提升学龄儿童获取的基础教育服务质量，就要准确识别出导致个体层面基础教育质量获取不均等的影响因素，并对这些影响因素在引致个体基础教育质量获取不均等中的相对重要性进行比较说明，从而找到关键的影响因素，进而通过政策干预对症下药，实现基础教育质量的获得公平。由此，本章沿用第三章和第四章的研究数据，通过实证分析探究影响学龄儿童获得有质量的基础教育服务的各项因素，分析比较不同影响因素在个体层面基础教育质量获取不均等中的贡献程度。本章研究的核心在于量化分析获取有质量基础教育的影响因素，对基础教育质量在不同家庭、不同群体之间的分布差异作出解释。具体来说，本章从个体特征、家庭背景、地区发展三个方面探析了基础教育质量获取不均等的影响因素，通过夏普利值分解和优势分析测算比较得到各影响因素在获取优质基础教育中的相对重要性，利用 Oaxaca-Blinder 分解进一步考察了部分关键影响因素的贡献程度。全章节的内容安排如下：第一节说明了以家庭为单位获取有质量的基础教育服务的决策模型；第二节描述了基础教育质量在不同社会群体的分布特征；第三节对模型设定与数据来源进行说明；第四节分析导致基础教育质量获取不均等的实证结果；最后为本章内容小结。

第一节　获取优质基础教育的家庭决策模型

借鉴已有研究，考虑如下家庭总效用函数：

$$U = C_1 + \lambda C_2 + \theta \sum_{i=1}^{n} A_i \tag{6.1}$$

其中，λ 为折现率，θ 表示以家庭为单位的子女教育偏好。

家长对于两期的收入分配选择可以表示为：

$$C_1 = Y_1 - \sum_{i=1}^{n} P_i \cdot T_i + \mu \cdot \sum_{i=1}^{n} \left(1 - T_i\right) \cdot Y_i' \tag{6.2}$$

$$C_2 = Y_2 + \mu \cdot \sum_{i=1}^{n} Y_i' \tag{6.3}$$

其中，C_1 和 C_2 分别代表家庭在两期的消费；P_i 为家庭用于第 i 个子女的教育投入，是教育服务的基准价格 P_0 和教育服务质量 Q_i 的函数，可表示为式（6.4）：

$$P_i = P_0 \cdot Q_i \tag{6.4}$$

需要说明的是，教育服务基准价格 P_0 同时包括了家庭用于子女教育的显性和隐性支出，前者主要是学校的学杂费，后者则是一切与子女教育获得相关的支出，如为获得入学资格而购买学区房、支付择校费等家庭开支。T_i 表示子女接受教育的时间。Y_i' 为家中第 i 个子女在未来劳动力市场上能够获得的收入，与其个人接受教育后具备的能力 A_i 相关，即可表示为式（6.5）：

$$Y_i' = \omega \cdot A_i \tag{6.5}$$

μ 为子女将工作收入转交给父母的比例。ω 表示个体所具备的人力资本在劳动力市场上的生产力。子女 i 的个人能力 A_i 可表示为其获得的教育服务质量和受教育年限的函数：

$$A_i = \alpha_i \cdot f(Q_i) \cdot g(T_i) \tag{6.6}$$

α_i 表示孩子的教育转化率，即将所接受的教育转化为自身能力的效率，不仅包含了孩子先天具备的能力，也包含了后天家长和孩子的教育期望，以及家长对子女学业的帮助。函数 $f(\cdot)$ 和 $g(\cdot)$ 分别是子女接受的教育质量 Q 和受教育年限 T 的增函数。

将式（6.2）~式（6.6）代入式（6.1），可得到用子女教育指标衡量的家庭效用函数，如式（6.7）所示：

$$U = Y_1 + \lambda Y_2 - \sum_{i=1}^{n} P_i \cdot T_i + \sum_{i=1}^{n} \left[\mu \cdot \omega \cdot (1 + \lambda - T_i) + \theta\right] \cdot \alpha_i \cdot f(Q_i) \cdot g(T_i) \tag{6.7}$$

为便于分析，假设 $f(\cdot)$ 和 $g(\cdot)$ 的函数形式为式（6.8）和式（6.9）：$f(Q) = Q^{\beta}$，$g(T) = T^{\gamma}$，并且 $\beta > 0$，$\gamma > 0$。将其带入式（6.7），求解父母效用最大化下的子女 i 的最佳受教育年限和最优教育服务质量，解得：

$$T_i^* = Z \cdot \left(1 + \lambda + \frac{\theta}{\mu\omega}\right) \tag{6.10}$$

$$Q_i^* = \left(\frac{Z^\gamma}{\gamma - \beta} \cdot \frac{\alpha_i \beta \mu \omega}{P_0} \right)^x \cdot \left(1 + \lambda + \frac{\theta}{\mu \omega} \right)^{\gamma x} \tag{6.11}$$

其中，$Z = \frac{\gamma - \beta}{1 + \gamma - \beta}$，$x = \frac{1}{1 - \beta}$。可以看出，子女接受的教育年限和教育质量最优解 T^*、Q^* 均会随着家庭对子女教育的偏好程度 θ 和折现率 λ 的加大而增加。子女获得的教育质量是本章关注的重点内容，可以看到，孩子获取的教育质量最优解 Q^* 会随着教育转化率 α_i 的提升而增加，且会随着教育服务基准价格 P_0 的增加而降低。家庭背景和家庭结构的差异使得学龄儿童的教育转化率和家庭所能接受的教育服务基准价格有所不同，从而导致孩子获取基础教育质量的最优解也存在差异。

一方面，就教育转化率而言，基础教育阶段孩子的教育转化率不仅包括了其自身的天赋、能力和教育期望，也包含了家庭对其接受教育过程的帮助。由此可见，家庭背景与孩子的教育转化率息息相关。家庭社会经济地位会作用于父母和子女之间的情感关系以及父母教育参与的行为选择，进而对子女的教育转化率产生影响。家庭经济状况越好，则父母和子女的教育期望越高，父母在子女接受教育过程中会表现得更为积极主动，且子女对自身的教育期望也随之增加（Orr，2003），这些均有助于提升子女的教育转化率。并且，父母学历的高低也会影响到子女的教育转化率。受教育程度较高的父母由于从小接受了良好的环境熏陶，他们不仅对于学习方面有着丰富的经历和经验，而且也深知教育对于个人未来发展的重要性，由此会对子女有更高的教育期望、更加积极主动参与子女教育、提供更为有效的帮助和指导（Li et al.，2020），带来子女教育转化率的提高。与之相对的，文化程度较低的家长会自认为不能为子女教育提供足够帮助，以至于较少地参与到子女教育当中，无益于孩子教育转化率的提升。总而言之，家庭经济条件、文化资本以及社会阶层等方面的优势能够积极作用于孩子在基础教育阶段的教育转化率，从而使得家庭效用最大化目标下，孩子能够获得更高质量的基础教育。

另一方面，家庭背景的差异也会影响到家庭对子女所获得的基础教育基准价格接受程度。众所周知，家庭经济状况是决定孩子教育获得的关键因素，信贷约束被广泛用于解释父母收入与子女教育之间的关系。家庭经济条件越好，意味着父母的教育投资能力和风险承受能力更强、能接受的教育支出规模越大。尽管基础教育价格中学杂费等显性教育支出基本维持在一个标准，但为获取优质的基础教育要求高昂的附加支出，如通过购买高价学区房、支付择校费等方式获得优质学校的入学指标。而由这些隐性附加教育支出导致的基础教育价格差距，成为了家庭背景影响子女获取有质量基础教育的关键。经济实力雄厚的父母更能够保障子女的教育质量，此类家庭拥有更充足的资源投入到利于孩子教育的各项活动中，包括但不限于为获取有限的优质基础教育而支付高昂费用。由此，家庭经济条件越好，在家庭效用最大化目标下，家庭所能接受的子女基础教育价格越高，子女更大概率能够获得优质的基础教育。同理，家庭文化资本越好、社会阶层越高，则父母可用于子女教育的资源越多，子女所能够获得的基础教育质量最优解相对越大。

除了家庭经济条件、文化资本以及社会阶层等，家庭结构也会影响到孩子所能获得的基础教育质量最优解取值。家庭内部子女“数量 - 质量”权衡理论强调了在家庭信贷约束下，家庭的生育决策需要在子女的数量和质量之间做出权衡，对于子女数量更少的家庭而言，家庭可用于每个子女的货币性和非货币性教育投入相对更多，从而有利于帮助子女获得更高质量的教育（Becker，Lewi，1973）。家庭内部子女数量的增加本质上是各种家庭资源分散程度的加大，父母在子女教育中的投入力度也会因家中子女数量的增加而有所减少，这种投入不只包括子女的教育支出，还包括父母在子女教育中的参与和指导等。而家长对孩子教育期望的减少以及在孩子教育中的消极参与或不参与，会大大降低子女的教育转化率。同时，在家庭资源既定的条件下，子女数目的增加使得可用于每个子女的教育资源有所减少，家庭能接受的基础教育价格也随之降低，从而降低了家庭效用最大化下子女能够获得的基础教育质量最优水平。

第二节 中国基础教育质量的群体分布特征

为了考察学龄儿童能够获取的基础教育质量是否受到个体特征、家庭背景等因素的影响，本节将基于描述性统计结果，对全国范围内基础教育质量在不同群体间的分布特征进行分析和比较。我们依据基础教育阶段学生的家庭背景和户籍信息将其分为若干组群，并基于第三章得到的基础教育质量综合指数将研究样本中的学校划分为质量低下、质量中等偏下、质量中等偏上、优质四个档位，分析比较不同基础教育质量在各个组群的占比分布。除了以所占比重对基础教育质量的群体分布特征进行考察，本章还借鉴李永友和王焱（2016）的研究，引入“结构辈出率”这一指标来进一步探究不同家庭背景和户籍信息的学龄儿童所获得的基础教育质量差异，其计算公式为：

$$\text{结构辈出率}=\frac{\text{具备某种特征的个体在某质量等级基础教育获得群体中的占比}}{\text{该类个体在总样本中的占比}}$$

结构辈出率大于 1，说明在研究样本中该类个体在获得某一质量水平的基础教育中占据优势地位；该指标小于 1，则表明在研究样本中该类个体在获得某一质量等级基础教育服务中处于劣势。

沿用第四章的做法，我们根据样本个体所具备的家庭经济资本、家庭文化资本、父母职业衡量的家庭社会阶层、户籍进行分组。表 6.1 ~ 表 6.4 报告了不同质量等级的基础教育获得机会在不同家庭背景和城乡户籍学生的分布和辈出率。显而易见，从总体上来说，不同家庭背景的学龄儿童所获取的基础教育质量存在显著差异。质量等级为中上及优秀的基础教育资源更多地被经济状况中等以上、父母受教育程度较高、父母职业阶层偏向管理阶层的家庭所享有。而基础教育质量相对较差的学校，其接收的学生往往来自于收入相对拮据、父母受教育程度较低、父母职业处于中低层的家庭。具体而言，根据表 6.1 的结果可知，所提供的基础教育质量被评为中等以上的学校中，中等以上收入家庭组群的结构辈出率均大于 1，其他家庭组群的结构辈出率则小于1；所提供的基础教育质量被评为中等以下的学校情况则完全相反。这种差异说明，现阶段相对优质的基础教育更多地被配置给中产及以上家庭，而经济资本相对薄弱的家庭只能为其子女争取到更为一般的基础教育。此外，对比获得不同质量等级基础教育的家庭经济分组辈出率标准差，可以发现，基础教育质量最优和最差的两个层级，家庭经济资本结构辈出率差异远大于基础教育质量处于平均水平的中间层级。说明现阶段我国绝大部分家庭都能够获得平均质量水平的基础教育，在获得中等质量等级基础教育的群体中，家庭经济条件差距表现并不明显。

表6.1　基础教育质量在不同经济状况家庭的分布　　单位：%

家庭经济状况分组		非常困难	比较困难	中等	比较富裕	很富裕	合计
不同收入家庭占比（全样本）		3.82	17.49	73.05	5.36	0.28	100
基础教育质量分层	基础教育质量低下的学校	6.25	25.82	64.07	3.56	0.29	100
	基础教育质量中下的学校	4.26	18.52	72.23	4.71	0.28	100
	基础教育质量中上的学校	2.92	15.37	75.41	6.11	0.19	100
	基础教育质量优良的学校	2.01	10.80	79.92	6.94	0.33	100
辈出率	基础教育质量低下的学校	1.64	1.48	0.88	0.66	1.06	0.13*
	基础教育质量中下的学校	1.11	1.06	0.99	0.88	1.02	0.01*
	基础教育质量中上的学校	0.76	0.88	1.03	1.14	0.70	0.03*
	基础教育质量优良的学校	0.53	0.62	1.09	1.29	1.22	0.10*

注：* 表示的是不同经济状况家庭辈出率的方差。

表6.2呈现了拥有不同文化资本的家庭，其子女获得的基础教育质量差异的分布情况。在四个质量层级的基础教育中，父亲受教育程度越高，子女越大概率能够获得更为优质的基础教育。仅对于优质基础教育这一分组，父亲学历为大学及以上的结构辈出率才大于1。而其他质量层级的基础教育中，父亲文化程度为高中及以下的结构辈出率均大于1。结合辈出率的方差来看，获得优质基础教育的组群中，父亲学历的方差较大，意味

着父亲是否接受过高等教育对于学龄儿童能否获得更高质量的基础教育尤为重要。相较之下，母亲是否受过高等教育对子女优质基础教育的获得则显得不那么重要。在基础教育质量中上和优良的学校分组中，母亲文化程度达到高中及以上的结构辈出率大于1，表明家庭中母亲的受教育程度只需达到高中（包括技校、中专），其子女在获得质量中上的基础教育中就能占据优势地位。从辈出率的方差来看，母亲学历对子女获得有质量基础教育的影响和父亲受教育程度所差无几。家庭文化资本结构辈出率方差的分布与前述家庭经济资本结构辈出率方差分布基本趋同。

表 6.2　基础教育质量在不同受教育程度家庭的分布　　单位：%

教育程度分组		小学及以下	初中	高中（技校、中专）	大学及以上	合计
父亲受教育程度分布（全样本）		15.49	15.49	44.25	15.22	100
基础教育质量分层	基础教育质量低下的学校	22.68	22.68	50.22	7.18	100
	基础教育质量中下的学校	16.17	16.17	44.42	14.83	100
	基础教育质量中上的学校	13.48	13.48	43.29	17.19	100
	基础教育质量优良的学校	9.67	9.67	39.08	21.63	100
辈出率	基础教育质量低下的学校	1.46	1.46	1.14	0.47	0.16*
	基础教育质量中下的学校	1.04	1.04	1.00	0.97	0.00*
	基础教育质量中上的学校	0.87	0.87	0.98	1.13	0.01
	基础教育质量优良的学校	0.62	0.62	0.88	1.42	0.11*
母亲受教育程度分布（全样本）		25.08	41.05	21.15	12.72	100
基础教育质量分层	基础教育质量低下的学校	38.76	41.02	14.46	5.76	100
	基础教育质量中下的学校	27.37	41.33	20.02	11.29	100
	基础教育质量中上的学校	20.56	40.69	23.67	15.08	100
	基础教育质量优良的学校	13.66	41.17	26.44	18.73	100
辈出率	基础教育质量低下的学校	1.55	1.00	0.68	0.45	0.17*
	基础教育质量中下的学校	1.09	1.01	0.95	0.89	0.01*
	基础教育质量中上的学校	0.82	0.99	1.12	1.19	0.02*
	基础教育质量优良的学校	0.54	1.00	1.25	1.47	0.12*

注：* 表示的是父母双方不同学历辈出率的方差。

以父母职业作为家庭社会经济地位的区分，不同质量层级的基础教育在各类社会阶层家庭中的分布见表6.3。可以看到，若家庭中父亲或母亲职业为一般技术型和管理技术型，其子女占据了近70%质量等级在中等以上的基础教育资源。与之相对应的，质量中下的基础教育资源则更多地被配置给父母职业处于中低阶层的孩子。这一点从不同职业阶层的结构辈出率也能得到佐证，家庭中父母双方至少有一方职业为技术型，则其子女在基础教育质量等级划为中上的学校辈出率最低为1.01，在优质基础教育分组中的辈出率最低为1.04，而这两个基础教育质量层级中，父母职业处于中低阶层的家庭结构辈出率则显著偏低。可以见得，对于家长为社会管理者或技术型人才的家庭而言，子女在获得优质基础教育资源时明显具备优势。比较处于不同社会阶层的家庭结构辈出率，可以得到，现阶段我国优质基础教育资源的分配确实存在着与社会经济地位相一致的分化现象，父母掌握的社会资源、家庭拥有的阶层优势，有助于子女获得更高质量的基础教育，这些家庭的孩子赢在了教育的起跑线上。这也在一定程度上反映了我国当下依靠“划分学区房”“就近入学”“学位随机分配”等基础教育资源配置政策，未能有效解决优质基础教育资源的公平分配问题。进一步考虑不同社会阶层结构辈出率的方差，可以发现，基础教育质量等级被评为低下的学校分组中，父母职业阶层辈出率方差最大，其他三个质量层级辈出率方差相对较小且差距不大，这也佐证了“学区房”和“就近入学”的制度安排使得同一社区居民的社会经济地位大体相当，在一定程度上加剧了以基础教育质量为依据的聚居现象和优质基础教育机会获得的组群差距（丁维莉，陆铭，2005）。

表6.3　基础教育质量在不同父母职业阶层的分布　　单位：%

父母职业阶层分组		底层职业	一般技术型	管理技术型	合计
父亲职业阶层占比（全样本）		26.20	54.19	19.61	100
基础教育质量分层	基础教育质量低下的学校	36.59	51.35	12.05	100
	基础教育质量中下的学校	27.18	54.29	18.53	100
	基础教育质量中上的学校	23.64	54.93	21.43	100
	基础教育质量优良的学校	17.67	56.11	26.22	100

续表

父母职业阶层分组		底层职业	一般技术型	管理技术型	合计
辈出率	基础教育质量低下的学校	1.40	0.95	0.61	0.10*
	基础教育质量中下的学校	1.04	1.00	0.94	0.00*
	基础教育质量中上的学校	0.90	1.01	1.09	0.01*
	基础教育质量优良的学校	0.67	1.04	1.34	0.07*
母亲职业阶层占比（全样本）		36.56	48.98	14.46	100
基础教育质量分层	基础教育质量低下的学校	47.81	44.54	7.65	100
	基础教育质量中下的学校	38.20	47.97	13.83	100
	基础教育质量中上的学校	33.57	49.86	16.57	100
	基础教育质量优良的学校	26.90	53.45	19.65	100
辈出率	基础教育质量低下的学校	1.31	0.91	0.53	0.10*
	基础教育质量中下的学校	1.04	0.98	0.96	0.00*
	基础教育质量中上的学校	0.92	1.02	1.15	0.01*
	基础教育质量优良的学校	0.74	1.09	1.36	0.07*

注：* 表示的是父亲 / 母亲不同职业阶层辈出率的方差。

最后，考察城乡户籍学龄儿童所能够获得的基础教育质量层级分布情况。表 6.4 显示，户籍的城乡差异在基础教育质量层级为低下的学校更为显著，农村户籍学龄儿童在基础教育质量被评为低下学校的所有学生中所占比重接近 70%。其他三个质量层级的城乡分布差异相对较小，城乡户籍学生分布较为平均，这一发现也说明了我国长期饱受诟病的城乡基础教育不平等、不均衡的问题在一定程度上得到了缓解和改善。就城乡户籍结构辈出率的方差来看，在基础教育质量被评为中等偏上的学校中，方差仅存在小范围浮动，说明城乡户籍差异已不再是决定学生获得平均质量水平基础教育的关键因素。与前文不同家庭背景因素结构辈出率的方差相比，不同户籍学龄儿童结构辈出率的方差要小很多，也表明城乡户籍不是影响基础教育质量配置不均等的核心因素，经过系列改革，现阶段我国基础教育在一定程度上已经打破了户籍壁垒，城乡基础教育均等化取得了一定成效。

表 6.4 基础教育质量在不同户籍学龄儿童的分布 单位：%

不同户籍分组		农业户口	非农户口	合计
不同户籍学生占比（全样本）		54.49	45.51	100
基础教育质量分层	基础教育质量低下的学校	67.56	32.44	100
	基础教育质量中下的学校	55.28	44.72	100
	基础教育质量中上的学校	51.20	48.80	100
	基础教育质量优良的学校	45.07	54.93	100
辈出率	基础教育质量低下的学校	1.24	0.71	0.07*
	基础教育质量中下的学校	1.01	0.98	0.00*
	基础教育质量中上的学校	0.94	1.07	0.00*
	基础教育质量优良的学校	0.83	1.21	0.04*

注：* 表示的是不同学生户籍辈出率的方差。

第三节 研究设计与数据说明

（一）模型设定

从基础教育质量在不同社会群体的分布特征可以看出，基础教育质量的分布呈现出与社会阶层相一致的分层现象。优质基础教育资源更多地被经济状况较好、父母文化程度较高、父母职业阶层处于优势的家庭所享有。接下来，本书将构建如下基础教育质量决定方程，进一步分析各因素对个体获取有质量的基础教育服务的影响：

$$\text{Quality}_i = \rho_0 + \rho_1\text{Family}_i + \rho_2\text{Individual}_i + \rho_3\text{Register}_i + \sigma_i \quad (6.12)$$

其中，Quality_i 为前面第三章测算得到的基础教育质量；Family_i 为家庭特征变量，包括家庭经济状况、父母受教育程度和父母职业阶层；Individual_i 为个体特征变量，包括性别和是否为独生子女；Register_i 为区域户籍变量，包括学龄儿童的所属户籍和所在区域；σ_i 为随机扰动项。需要说明的是，本研究没有考虑学龄儿童自身努力程度的影响，是因为对处于基础教育阶段的孩子而言，虽然爱学习的孩子可能会给家长带来正向激励、促使其加大教育投资，甚至可能主动要求父母为其提供更优越的学习条件，但根据已有的基础教育资源配置政策，相对于家庭背景等难以改变的环境因素，个体的努力对其能够获得的基础教育质量影响较小，基础教育质量更多是由环境因素决定。

（二）影响因素的重要性比较

考虑到父母受教育程度与家庭经济状况、父母职业阶层存在一定相关性，即家庭背景变量之间可能存在多重共线性问题，这会导致部分家庭背景因素对孩子获取的基础教育质量解释能力被低估。为更加准确识别出环境因素对获取优质基础教育的相对重要性，本章在基准模型估计的基础上，采用夏普利（Shapley）值分解法和优势分析法（Dominance Analysis），进一步比较各影响因素在学龄儿童基础教育质量获取不均等中的重要程度。

1. 夏普利值分解法

夏普利值分解法的原理是通过排列组合来分解各个解释变量对被解释变量差异的贡献。首先需要计算出基础教育质量不平等指数，本章使用的是泰尔指数和广义熵指数 GE（0）。然后对各影响因素进行排列组合，在对各环境因素进行排列组合时，每一个具体的环境变量均有“参与”和“退出”两种状态，把基础教育质量的不平等分解为各类影响因素的贡献。最终以不同排列组合的差异来衡量各类影响因素的相对贡献程度。由于夏普利值分解法计算量较大，故本书在应用时将同类型的变量合并处理，如将父母双方的受教育程度、职业阶层视作同类变量。

2. 优势分析法

优势分析法最早由美国伊利诺伊大学心理学教授大卫 · V · 布德斯库（David V. Budescu）于 1993 年提出，随后在 2003 年将其扩展为一般优势分析法（General Dominance Analysis），其原理为在模型中将解释变量 X_i 依次加入由其余各解释变量构成的所有子模型，对所有子模型拟合优度 R^2 的增量求平均，得出的结果作为 X_i 在解释因变量中的平均贡献程度。X_i 的平均贡献程度越大，则说明 X_i 对因变量的影响越为重要。

以一个包含三个解释变量的回归模型为例，各解释变量在各子模型中贡献程度计算过程见表 6.5 所示。ΔX_{ij} 表示将 X_i 加入包含 j 个解释变量的回归模型时，各回归模型拟合优度的平均增量，也即为 X_i 的平均贡献程度。由此可算得在一个三元线性回归模型中，X_i 对因变量的总平均贡献为：

$$\Delta X_i = \frac{\Delta X_{i1} + \Delta X_{i2} + \Delta X_{i3}}{3}$$

本章利用一般优势分析法对学龄儿童获取优质基础教育的影响因素的相对重要性进行比较，和夏普利值分解法一起作为对基准回归的补充。

表 6.5　包含三个解释变量的优势分析算法

回归模型	仅有一个解释变量			包含两个解释变量			包含三个解释变量
	X_1	X_2	X_3	X_1X_2	X_1X_3	X_2X_3	$X_1X_2X_3$
拟合优度 R^2	R_1	R_2	R_3	R_{12}	R_{13}	R_{23}	R_{123}
X_1 贡献程度	$\Delta X_{11} = R_1$			$\Delta X_{12} = \frac{(R_{12} - R_2) + (R_{13} - R_3)}{2}$			$\Delta X_{13} = R_{123} - R_{23}$
X_2 贡献程度	$\Delta X_{21} = R_2$			$\Delta X_{22} = \frac{(R_{12} - R_1) + (R_{23} - R_3)}{2}$			$\Delta X_{23} = R_{123} - R_{13}$
X_3 贡献程度	$\Delta X_{31} = R_3$			$\Delta X_{32} = \frac{(R_{13} - R_1) + (R_{23} - R_2)}{2}$			$\Delta X_{33} = R_{123} - R_{12}$

（三）变量说明

除了第三章测算得到的基础教育质量，现对本章涉及的其他变量做出如下说明，变量的描述性统计汇总于表 6.6。

（1）个体特征变量。主要指个体的性别。设定表示性别的虚拟变量，男性为 1，女性为 0。

（2）家庭背景因素。包括家庭的经济资本、文化资本和社会经济地位。家庭经济资本实力以调查问卷中受访者自评的家庭经济状况衡量，家庭经济状况变量的处理同第四章，“非常困难”赋值为 1、“比较困难”赋值为 2、“中等水平”赋值为 3、“比较富裕”赋值为 4、“很富裕”赋值为 5。家庭文化资本则以父母双方的受教育程度表示，同样沿用第四章的做法，根据父亲和母亲受教育的四个层次折算为教育年限，小学及以下、初中、高中

（技校、中专）、大学及以上，分别赋值为3、9、12、16。按照父亲和母亲的职业阶层对家庭社会经济地位进行划分，底层职业赋值为1、一般技术型职业则为2、管理技术型职业为3。

（3）家庭结构变量。具体指受访的学龄儿童是否为独生子女。根据个体所在家庭拥有的子女数量设定二元变量，受访者为独生子女则赋值为1，否则赋值为0。

（4）户籍、区域变量。根据受访学龄儿童的户籍生成户籍变量，农业户口赋值为0，非农户口和居民户口均为1。考虑到沿海内陆地区经济发展差距加大，教育资源存在地区异质性，按照研究样本中学校所属区域进行分类，东部地区赋值为1、中部地区赋值为2、西部地区赋值为3。

表6.6 其他变量的描述性统计

指标名称	指标含义	观测值	均值	标准差	最小值	最大值
gender	受访学生的性别	19216	0.5139	0.4998	0.0000	1.0000
zinv	是否为独生子女	19482	0.4341	0.4957	0.0000	1.0000
finan	家庭经济状况	18541	2.8078	0.5961	1.0000	5.0000
f_edu	父亲受教育程度	19093	9.8869	3.8080	3.0000	16.0000
m_edu	母亲受教育程度	19129	9.0202	4.1430	3.0000	16.0000
f_occ	父亲职业阶层	17993	1.9341	0.6737	1.0000	3.0000
m_occ	母亲职业阶层	18186	1.8296	0.7543	1.0000	3.0000
resid	户籍变量	17499	0.4551	0.4980	0.0000	1.0000
area	区域变量	19487	1.6962	0.8359	1.0000	3.0000

第四节 基础教育质量获取不均等的影响因素分析

（一）基础教育质量获取不均等的影响因素

1. 基准回归结果

为避免控制变量之间的相关性对基础教育质量不均等的估计结果造成影响，本研究采取了逐步回归法，表6.7汇报了各类因素影响学龄儿童获取有质量基础教育的基准回归结果。在个体特征变量中，性别变量始终在1%水平上显著为负，说明在我国当前的初中教育阶段，家庭对于子女教育的投入仍存在着一定的性别偏好，男孩有更大概率能够进入优质学校。家庭结构变量同样显著影响了学龄儿童对于优质基础教育资源的获取，独生子女能够比非独生子女获得更高质量的基础教育，符合“数量－质量权衡理论”的分析结果，即当家中只有一个孩子时，在家庭有限的教育投资约束下，父母会将所有资源投到孩子身上，使其能够获得可及范围内最优的基础教育。

就各项家庭背景因素对学龄儿童所能获得的基础教育质量的影响来看，优越的家庭经济条件有助于孩子获得优质的基础教育，这一结果符合预期。虽然国家通过取缔重点学校、撤并落后学校、安排就近入学等一系列制度安排，致力于实现基础教育资源的公平分配，但现实是不同学校提供的基础教育质量存在客观差异，这些制度安排在教育资源本身就质量不均的情况下只会加剧基础教育的阶层分割。以高价学区房为代表的基础教育获得门槛，过滤掉绝大部分经济条件普通或者较差的家庭，使得优质基础教育资源不断向条件优越的家庭靠拢。这一点通过父母双方受教育程度和职业阶层的估计系数也能够得到进一步证实。父母双方的文化程度能够显著积极作用于子女所获得的基础教育质量，而高学历的父母往往也拥有高薪稳定的工作，由此可以得出，经济、文化资本丰厚的家庭更能帮助其子女获得更高质量的基础教育。对比父亲和母亲受教育程度的估计系数还发现，子代获得的基础教育质量受母亲文化程度的影响更大，这种差异与已有研究的结论基本一致（Gibbs，Heaton，2014）。比较父母双方职业阶层的回归系数可以得到，父亲职业阶层对子女获取优质基础教育资源的影响显著为正，母亲职业阶层的系数则不显著，说明家庭中父亲职业的社会地位越高，则子女越大概率能够获得更高质量的基础教育。这一发现符合经济学直觉，中国社会历来视男性为“家中的顶梁柱”，父亲的事业成就往往和家庭的社会地位画等号，也决定了子女获得优质基础教育的可能。

户籍区域因素中，城乡户籍差异并未对学龄儿童所能获取的基础教育质量产生显著影响，说明户籍因素不再是学龄儿童进入优质学校学习的限制条件，与前文基础教育质量在不同户籍学生的分布特征相一致。但区域变量的估计系数在 1% 水平上显著为负，东部地区学校所提供的基础教育质量显著优于中部和西部地区，符合当下优质基础教育资源在地区间分布不均等的社会经济现实。

表 6.7　学龄儿童基础教育质量获取不均等的影响因素

变量	（1）	（2）	（3）	（4）	（5）
性别	–0.0091*** （0.0011）	–0.0070*** （0.0011）	–0.0058*** （0.0011）	–0.0059*** （0.0012）	–0.0057*** （0.0012）
是否为独生子女	0.0364*** （0.0011）	0.0330*** （0.0012）	0.0217*** （0.0013）	0.0208*** （0.0014）	0.0189*** （0.0014）
家庭经济状况		0.0183*** （0.0010）	0.0135*** （0.0010）	0.0124*** （0.0011）	0.0106*** （0.0011）
母亲受教育程度			0.0028*** （0.0002）	0.0026*** （0.0002）	0.0025*** （0.0002）
父亲受教育程度			0.0009*** （0.0002）	0.0005** （0.0002）	0.0006** （0.0003）
母亲职业阶层				0.0021 （0.0013）	0.0022 （0.0013）
父亲职业阶层				0.0040*** （0.0014）	0.0035** （0.0015）
户籍					0.0017 （0.0015）
所处区域					–0.0081*** （0.0008）
常数项	0.4085*** （0.0009）	0.3594*** （0.0028）	0.3433*** （0.0029）	0.3417*** （0.0031）	0.3623*** （0.0037）
样本量	19211	18283	17815	16259	15212
R^2	0.053	0.073	0.096	0.097	0.102

注：括号内表示聚类到省级层面的稳健标准误；*、** 和 *** 分别对应 10%、5% 和 1% 的显著性水平。

2. 不同质量维度的影响因素

考虑到家庭背景等因素对孩子所能获得的基础教育质量各个质量维度可能存在差异化的影响，本章在探究基础教育质量影响因素的基础上，对五个质量维度的影响因素给予关注，结果汇总于表6.8。通过各质量维度间的横向比较可以见得，男孩所能获得的基础教育在有形性、可靠性、回应性、保证性和移情性这五个质量维度的表现均优于女孩能够获得的基础教育质量，进一步证实了基础教育阶段存在的性别投资偏好具有普遍性，体现在基础教育质量的方方面面。这种全面性差异同样存在于独生子女和非独子女、经济实力悬殊的家庭，独生子女所能获得的基础教育质量明显全方位优于非独子女所能获得的基础教育质量，家庭经济条件优越的孩子就读的学校在各个质量维度的表现显著优于家庭经济较差的孩子所在的学校。父母双方文化程度的高低对子女所接受的基础教育质量各维度的影响不尽相同，母亲受教育程度越高，有助于提升子女基础教育质量的综合水平，即孩子能够获得各个质量维度显著更优的基础教育。但父亲文化水平的提高，仅能显著改善子女获取基础教育质量的有形性和回应性。也就是说，高学历的父亲更倾向于让子女进入硬件设施齐全、教职人手充裕、班级设置合理、教师与家长沟通及时的学校，但其文化水平的提高对于学校教育的可靠性、保证性和移情性表现则未产生显著影响。父母双方职业阶层的提升，仅仅带来子女获取基础教育服务质量中有形性维度的改善，对其他质量维度没有显著影响。城市户籍的孩子所就读的学校拥有更为充沛的有形资源，这也符合城市学校在校园基础设施建设方面优于乡村学校的现实。但城市孩子和家长对所就读学校的主观积极感受不及乡村孩子和家长，城市孩子在校园中更难找到归属感，城市家长感受到学校老师在处理学生关系时可能存在偏向和歧视。这也直接说明了城市基础教育质量的提升需要更加注重学校移情性质量维度的建设，要更关注学生的心理健康发展、教师对待学生需做到一视同仁。就不同区域学校在各质量维度的差距来看，东部地区学校在有形性、回应性、保证性和移情性方面的表现均显著优于中西部地区。说明地区间基础教育质量的差异主要存在于学校设施建设的全面与否、老师与家长沟通反馈的及时有效、教学方式的选择多样、教职团队的专业高效以及校园氛围的和谐友爱等方面。

表 6.8　各因素对不同基础教育质量维度的影响

变量	（1）有形性	（2）可靠性	（3）回应性	（4）保证性	（5）移情性
性别	−0.0041** （0.0018）	−0.0024* （0.0015）	−0.0055*** （0.0019）	−0.0046** （0.0020）	−0.0120*** （0.0027）
是否为独生子女	0.0149*** （0.0021）	0.0221*** （0.0017）	0.0193*** （0.0023）	0.0178*** （0.0024）	0.0207*** （0.0031）
家庭经济状况	0.0080*** （0.0016）	0.0101*** （0.0014）	0.0160*** （0.0017）	0.0066*** （0.0018）	0.0120*** （0.0025）
母亲受教育程度	0.0006** （0.0003）	0.0019*** （0.0002）	0.0032*** （0.0003）	0.0030*** （0.0003）	0.0037*** （0.0004）
父亲受教育程度	0.0006* （0.0003）	0.0003 （0.0003）	0.0016*** （0.0003）	0.0005 （0.0004）	0.0007 （0.0005）
母亲职业阶层	0.0091*** （0.0019）	0.0006 （0.0015）	0.0013 （0.0021）	0.0005 （0.0022）	−0.0005 （0.0029）
父亲职业阶层	0.0139*** （0.0021）	0.0010 （0.0017）	0.0028 （0.0023）	−0.0001 （0.0024）	−0.0001 （0.0033）
户籍	0.0104*** （0.0021）	0.0021 （0.0018）	0.0017 （0.0023）	−0.0003 （0.0024）	−0.0056* （0.0032）
所处区域	−0.0171*** （0.0012）	−0.0012 （0.0009）	−0.0078*** （0.0011）	−0.0071*** （0.0012）	−0.0074*** （0.0016）
常数项	0.2859*** （0.0053）	0.3228*** （0.0045）	0.2951*** （0.0057）	0.2201*** （0.0062）	0.6877*** （0.0084）
样本量	15212	15212	15212	15212	15212
R^2	0.081	0.050	0.069	0.026	0.026

注：括号内表示聚类到省级层面的稳健标准误；*、** 和 *** 分别对应 10%、5% 和 1% 的显著性水平。

（二）影响因素的相对重要性

上述实证分析揭示了哪些因素会显著影响到学龄儿童获取有质量的基础教育，并且分析比较了各影响因素对基础教育各个质量维度的影响。为了更加细致比较各影响因素在导致学龄儿童基础教育质量获得不均等中的作用大小，精准找到影响个体获得优质基础教育的关键，也为了能够为基础教育提质增效提供更为切实的依据，本章接下来采用一系列分解方法，在基准回归结果的基础上，对导致基础教育质量获得不均等的影响因素进行深入剖析。

1. 基础教育质量获取不均等的夏普利值分解

在对式（6.12）进行估计的基础上，我们对基础教育质量不均等程度进行了测量，并利用夏普利值分解法对各类影响因素在学龄儿童基础教育质量获得不均等中的贡献程度进行了测算和比较。根据表 6.9 汇报的基础教育质量泰尔指数和 GE（0），可以得到，站在基础教育服务需求方的视角，当前我国初中阶段的基础教育质量的确存在分布不均等问题。在各类影响学龄儿童获取优质基础教育的因素中，父母双方的受教育程度对基础教育质量获取不均等的贡献程度最为突出，高达 27.77%；其次贡献较大的是家庭中子女数量以及父母的职业阶层，贡献程度分别达到 20.04% 和 10.61%。以家庭经济资本、文化资本和社会经济地位三个方面为代表的家庭背景因素，对基础教育质量获取不平等的贡献程度总计达到 48.78%。可见，家庭背景在很大程度上决定了孩子在教育起跑线上的输赢，经济实力强、文化程度高、社会经济地位优越的父母能够帮助子女获取更好的基础教育。需要特别注意的是，家庭结构成为了影响孩子获得基础教育质量高低的一大关键因素，家庭的生育决策决定了父母对子女的教育投资行为。在“二胎政策”已全面放开、“三孩政策”全力加码的时代背景下，如何协调家庭内部对子女教育在“数量 – 质量”上的权衡，给予非独家庭额外的基础教育资助，推进优生优育、保障积极生育政策的安全落地，是需要进一步思考的问题。

不同因素对基础教育各个质量维度的影响也存在差异。父母文化程度对基础教育的回应性、保证性和移情性三个质量维度差距的贡献程度最大，均在 30% 以上。这说明父母双方学历越高，在为子女做出教育投资决策时，更加注重子女就读的学校是否能跟家长保持密切交流、学校教职工是否具备足够的专业知识以及学校教师是否能针对学生的需求给予辅导和关爱。孩子在家中是否有兄弟姐妹则会最大程度影响其接受基础教育质量的可靠性，贡献程度达到32.88%。在有形性质量维度的影响因素中，父母职业阶层贡献程度最大，即社会经济地位越高的父母更倾向于让子女进入基础设施完备、学习资源丰富的学校学习。相比于其他影响因素，性别和户籍因素对于基础教育各个质量维度不均等的贡献程度相对较小。

表 6.9　基础教育质量获取不均等的夏普利值分解

变量	基础教育服务质量	有形性	可靠性	回应性	保证性	移情性
泰尔指数	0.0181	0.0591	0.0305	0.0518	0.1287	0.0275
GE（0）	0.0186	0.0703	0.0323	0.0581	0.1514	0.0305
夏普利值分解结果						
性别	1.16%	0.36%	0.27%	0.73%	1.11%	4.71%
是否为独生子女	20.04%	10.91%	32.88%	15.79%	24.11%	19.29%
家庭经济状况	10.40%	6.07%	11.88%	13.55%	7.06%	10.85%
父母受教育程度	27.77%	10.78%	25.44%	34.15%	35.29%	38.24%
父母职业阶层	10.61%	27.06%	7.02%	9.12%	5.22%	5.10%
户籍	4.64%	7.74%	5.62%	4.68%	3.28%	2.12%
所处区域	9.49%	21.79%	0.98%	6.14%	10.97%	7.56%

2. 影响因素相对重要性的优势分析

按照一般优势分析方法，表6.10呈现了各影响因素在学龄儿童基础教育质量获得不均等中影响力的大小。总体而言，在基础教育质量获得不均等中，最重要的三个影响因素分别是父母双方的受教育程度、是否为独生子女以及家庭经济状况。前两个影响因素的重要性排序和夏普利值分解法的结果一致，区别在于，根据优势分析法的结果，家庭经济状况对于孩子所能获取的基础教育质量的影响要大于父母职业阶层带来的影响。不可否认的是，夏普利值分解法和优质分析法的结果都证明了家庭背景因素对于学龄儿童进入优质学校获得高质量基础教育的重要性，也在一定程度上说明了现阶段我国基础教育质量存在显著的分化问题。但值得肯定的是，无论是基准回归还是两种补充分析，都发现城乡户籍差异没有给现阶段学龄儿童基础教育质量获得不均等造成严重影响，基础教育资源的分配在一定程度上消除了“城乡壁垒”，这一结果也说明当下基础教育均等化取得的成就主要体现在城乡差距的缩小。

就各影响因素对五个质量维度的平均贡献来看，优势分析的结果与夏普利值分解的结果基本一致。父母受教育程度在影响个体所能够获得基础教育的回应性、保证性和移情性这三个质量维度中有着决定性作用，父母职业阶层对个体获得基础教育的有形性影响最为显著，家庭子女数量则对解释基础教育可靠性差异的贡献最大。与夏普利值分解得到的结果稍有出入的地方在于，优势分析法的结果显示，性别因素对于移情性质量维度的解释力度有所增加，而父母职业阶层对移情性维度的影响稍有减弱。

表 6.10　基础教育质量获取不均等影响因素的优势分析

影响因素	基础教育质量	有形性	可靠性	回应性	保证性	移情性
性别	0.0008	0.0040	0.0002	0.0000	0.0003	0.0045
是否为独生子女	0.0239	0.0111	0.0179	0.0131	0.0076	0.0060
家庭经济状况	0.0150	0.0082	0.0076	0.0116	0.0028	0.0031
父母受教育程度	0.0343	0.0125	0.0153	0.0276	0.0108	0.0116
父母职业阶层	0.0134	0.0246	0.0045	0.0087	0.0017	0.0005
户籍	0.0077	0.0088	0.0051	0.0043	0.0010	0.0013
所处区域	0.0097	0.0194	0.0003	0.0045	0.0025	0.0024

注：表中数值代表的是每个影响因素对基础教育质量及各质量维度的总平均贡献。

（三）进一步分析

根据基准回归、夏普利值分解和优势分析的结果来看，性别特征、家庭背景和家庭结构，以及区域因素都会对个体层面基础教育质量获取不均等产生显著影响，其中，是否为独生子女和家中父母双方受教育水平的影响尤为重要。为了进一步量化比较独生子女和非独生子女、父母受教育程度的不同带来的个体获得基础教育质量的差异，参考汪鲸和罗楚亮（2019）

的研究，我们采用 Oaxaca-Blinder 分解方法进行测算分析。具体步骤为，将研究样本中的受访学生根据重点关注的特征变量划分为两组，记为组群 H 和组群 L，分别对应的是较高质量的基础教育 Q_H 和较低质量的基础教育 Q_L，以及两个子样本的个体特征矩阵 S_H 和 S_L。这两个组群所能够获取的基础教育质量的差值可用式（6.13）表示：

$$\overline{Q}_H - \overline{Q}_L = \overline{S}_H \varphi_H - \overline{S}_L \varphi_L \tag{6.13}$$

Oaxaca-Blinder 分解的基本思路是将式（6.13）右边两组个体所获取的基础教育质量差异归结为两个部分，可表述为式（6.14）：

$$\overline{Q}_H - \overline{Q}_L = \left(\overline{S}_H - \overline{S}_L\right)\varphi_H + \overline{S}_L\left(\varphi_H - \varphi_L\right) \tag{6.14}$$

其中，右边的第一项代表能够用两个组群的其他个体特征差异解释的基础教育质量差异；第二项则代表由关注的特定特征变量差异所导致的基础教育质量差异，即在其他特征变量一致的情况下，某类影响因素的不同所导致学龄儿童获取的基础教育质量差异。

首先，应用 Oaxaca-Blinder 分解技术考察其他条件相同情况下独生子女和非独生子女获得的基础教育质量差异。由表 6.11 汇报的结果可知，现阶段学龄儿童获得的基础教育质量差异有 60.17% 源于家庭结构因素，即孩子在家中是否有兄弟姐妹对于他是否能获得有质量的基础教育举足轻重。当一个孩子是家中独生子女时，他并不需要面对家庭资源在子代之间的竞争和分配，能够独占父母所提供的一切资源。孩子在家庭中是否有同辈“竞争者”对于其是否能够进入高质量学校的影响，要远大于其他诸如家庭背景、户籍区域等因素的影响。

表 6.11 是否为独生子女引致的基础教育质量获取不均等

指标含义	分解结果（Oaxaca-Blinder）	百分比
平均教育质量差距	0.0359 （0.0012）	100%
可解释的教育质量差距	0.0142 （0.0011）	39.55%
子女数量导致的教育质量差距	0.0216 （0.0016）	60.17%

由前文研究可知，父母受教育程度也是影响孩子获得有质量基础教育的关键，为准确了解父母双方学历的差异对孩子所能获取的基础教育质量的解释程度，分别就父亲和母亲的学历水平引致的个体获取基础教育质量差异进行分解测算，结果分别汇报于表 6.12 和表 6.13。根据前文关于基础教育质量在不同文化资本家庭的分布特征的分析，父亲是否受过高等教育以及母亲学历是否达到高中（技校、中专）是影响孩子获得优质基础教育的重要因素。因此，我们将研究样本分别按照父亲是否读过大学、母亲是否读过高中进行分组。根据 Oaxaca–Blinder 分解结果可知，父亲是否接受过高等教育能够对孩子所获取的基础教育质量差距做出部分解释，解释程度达到 21.10%。相较之下，母亲受教育程度对于孩子基础教育质量差距的解释力明显更强。具体来说，母亲学历是否达到高中能够解释 42.28% 孩子获得的基础教育质量差异，比父亲受教育程度的解释力度提高了一倍。可见，不仅是母亲受教育程度对孩子能够获取的基础教育质量影响更大，更重要的是，母亲是否读过高中对于孩子获取有质量的基础教育尤为重要。

表 6.12　父亲受教育程度引致的基础教育质量获取不均等

指标含义	分解结果（Oaxaca–Blinder）	百分比
平均教育质量差距	0.0308 （0.0016）	100%
可解释的教育质量差距	0.0242 （0.0037）	78.57%
父亲是否接受了高等教育导致的教育质量差距	0.0065 （0.0041）	21.10%

表 6.13　母亲受教育程度引致的个体基础教育质量获取不均等

指标含义	分解结果（Oaxaca–Blinder）	百分比
平均教育质量差距	0.0324 （0.0013）	100%
可解释的教育质量差距	0.0187 （0.0016）	57.72%
母亲学历是否达到高中导致的教育质量差距	0.0137 （0.0029）	42.28%

本章小结

由于基础教育的需求方和使用者是评价基础教育质量的核心，家庭背景因素也被广泛用于解释学龄儿童学业表现和教育成就的差异。本章致力于从家庭层面识别出导致学龄儿童基础教育质量获取不均等的关键因素，以期为保障基础教育质量的获取公平寻得良方。从分布特征来看，基础教育质量分布在拥有不同经济资本、文化资本和社会经济地位的家庭之间存在着显著差异，现阶段我国基础教育质量的不平衡、不均等问题主要存在于家庭层面，家庭背景的差距是导致个体层面基础教育质量获取不均等的主要因素。社会地位获得模型在我国同样适用，现阶段我国基础教育是家庭优势传递的实现路径，家庭资源的优劣能够对学龄儿童所获得的基础教育质量做出有效解释。

本章在第三章研究的基础上，从基础教育需求方的个体特征、家庭背景和户籍区域三个方面深入探究了导致学龄儿童基础教育质量获取不均等的影响因素。利用基准回归、夏普利值分解和优势分析三种方法分析比较了各影响因素的解释力度，研究结果表明：个体性别、家庭结构、家庭经济条件、父母文化程度和职业阶层以及所处区域均会显著影响到学龄儿童能够获得的基础教育质量。其中，是否为家中独生子女是影响孩子基础教育质量获取不均等的决定性因素，能够解释绝大部分个体获得的基础教育质量差异。可见，家庭内部父辈的生育决策会进一步影响到子代教育的投资决策，在家中没有同辈竞争者的孩子能够独占家中所有资源，在获取优质基础教育资源中占据优势地位。家庭文化资本，即父母受教育程度是影响孩子所能获得的基础教育质量的第二重要因素，分析比较父母双方学历的贡献程度可知，父亲是否接受过高等教育和母亲学历是否达到高中对孩子能否获得优质的基础教育具有显著的影响，并且母亲文化程度在孩子获取优质基础教育中的影响更大、解释力度更强。

通过量化分析各类导致学龄儿童基础教育质量获取不均等的影响因素，

可以发现，当前阶段我国教育领域存在的阶层分化问题不再局限于高等教育阶段，而是延伸到了基础教育阶段，父母在子代教育培养方面的竞争意识促使他们倾其所有，只为不让子女输在起跑线上。而高价学区房、人情关系、社会地位等优质教育资源获取工具的存在，割裂了基础教育作为基本公共服务本该具备的公平性。学龄儿童获得的基础教育在质量层面的差异，实际上是所在家庭实力差距的体现。基础教育阶段的孩子不仅要面临家庭层面综合实力的竞争，还要面对家庭内部既有生育决策下的同辈竞争。在国家大力推行“三孩政策”的大背景下，如何平衡家庭生育需求和子代教育需求之间的矛盾，避免父母生育决策造成孩子获取优质基础教育资源挤兑，避免为追求人口增长数量而牺牲教育资源均等，确保人口政策和教育政策双管齐下以实现人力资本的高质量积累，这些都是需要思考的方向。

第七章　主要结论与政策建议

公共服务质量不仅可以通过吸引人口流动从而改变地区的人口规模和结构，还能通过影响地区人口的受教育程度、健康水平等作用于地区劳动力质量，同时从数量和质量层面影响人力资本的积累和发展。基础教育作为基本公共服务的重要组成部分，其质量的提升对微观个体能力发展和宏观社会经济进步的重要性不言而喻。“十四五”规划明确提出“推进基本公共教育均等化”是“建设高质量教育体系”、“提升人力资本水平和人的全面发展能力”的重要一环。自十八大以来，基于 2011 年我国已经全面完成“两基”目标的社会经济现实，中央开始思考如何通过有效的改革举措实现教育大国向教育强国的转变，并将提升基础教育质量提上工作日程。虽然在各级政府的不懈努力下，基础教育的办学标准和办学规模，以及师资团队的专业建设等方面得到了进一步规范和加强，但由于早期教育体制设置不健全遗留下的“重点学校”等问题使得基础教育质量在地区之间和校级层面仍存在较大差距。由于优质基础教育资源的分布不均，导致“天价学区房”“高考移民”等社会现象层出不穷，家长和孩子不再满足于“有学上”，当前亟需解决的有关基础教育的社会矛盾之一是满足家长和孩子对“上好学”的强烈需求。提升公共教育质量层面的公平，尤其是基础教育质量的均等和公平，是助力人口数量红利向人力资本红利转变的关键所在。

作为个体接受正式学校教育的早期阶段，许多国家和地区均通过立法对个体接受基础教育的年限和内容予以明确，并规定基础教育阶段的主要支出均由财政负担，在较大程度上保障了公民在此阶段的教育机会公平。但现实情况却是，基础教育阶段学校间的办学条件、师资水平等相差甚远，使得学龄儿童所能够接受的基础教育质量呈现出与其家庭社会经济地位等相一致的分层现象。在很长一段时间内，教育被学界视为家庭资源优势传递、社会阶层固化的助推器。自 20 世纪 50 年代以来，我国教育体制改革经历了翻天覆地的变化。但由于教育质量评价体系的不健全，学界仅从供给或需求维度的单个或多个指标难以对基础教育质量作出合理有效的测算与评价。而要想找到基础教育提质增效的痛难点，并全面剖析基础教育在人力资本积累中的作用，首要解决的问题是提出一套行之有效的测算评价体系，对基础教育质量进行规范、科学、有效、全面的研究。

由此，本书在系统性梳理、归纳国内外教育质量评价研究的基础上，立足于我国优质基础教育资源不平衡不充分的社会经济现实，改进公共服务质量评价模型以适用于基础教育质量的测算与评价，在理论层面构建了一个包含客观供给和主观需求在内的指标体系，用于我国基础教育质量研究；利用全国层面初中阶段的大型追踪调查数据，量化分析现阶段我国基础教育质量的综合水平，并通过比较各质量维度的表现，找到其中的短板与不足；结合微观入户调查数据，在新人力资本理论框架内，分别从一般意义和改革实践两个方面定量评估基础教育质量在以个体能力发展度量的人力资本积累中的重要作用，为基础教育提质增效的重要性提供了经验证据。最后，对导致学龄儿童基础教育质量获取不均等的影响因素进行剖析，探究个体特征以及家庭背景等因素在学龄儿童基础教育质量获取不均等中的解释力度，为保障优质基础教育资源的获得公平提出切实可行的政策建议。总而言之，本书对于基础教育质量的研究既考虑了校方在基础教育资源的实际投入与建设情况，也考虑了学生和家长作为需求方对基础教育服务的需求与期望，与国家倡导的教育质量评价导向保持一致；所依据的理论、模型和使用的数据均有可靠的文献资料支撑，在考察基础教育质量的人力资本积累效应时不仅从一般意义层面量化分析，也结合我国代表性基础教育改革进行效应评价，两个方面的研究相辅相成、互为补充；最后重回优质基础教育资源分布不均这一现实，通过影响因素研究以期为基础教育提质增效提供参考和依据。可以说，本书的研究内容为如何促进“后普九时期”基础教育在不同区域和社会群体间的优质均衡分布提供了充分的经验支撑，为数字经济时代借助技术改革实现基础教育提质增效提供了思路与方向。

第一节　研究结论

本书在梳理国内外已有相关研究的基础上，将最常见于公共服务质量评价研究的 Servqual 模型用于中国基础教育质量评价，对现阶段我国基础教育资源的分布特征以及提质增效的痛难点进行量化分析；细化考察了基础教育质量在以个体认知能力和非认知能力度量的人力资本积累中的实际作用，结合我国基础教育资源配置代表性改革实践——农村地区实行的“撤点并校”改革，对基础教育质量的人力资本效应进行了全面研究；最后追根溯源，探究了导致学龄儿童基础教育质量获得不均等的影响因素。可以说，本书围绕我国基础教育服务质量与人力资本两大关键词进行了较为细致的研究，主要研究结论归结如下。

第一，基于 Servqual 模型框架测算得到的结果显示，现阶段我国基础教育质量在移情性维度表现较好，短板在于保证性不足。本书第三章沿用 Servqual 模型的五个质量维度，构建了一个以基础教育需求方，即学生和家长为主体，同时考虑基础教育资源客观供给的基础教育质量评价体系：有形性维度反映学校硬件设施及师资配备；可靠性维度关乎教师团队的专业性及工作态度；回应性维度主要考察校方和学生及家长的互动情况；保证性维度强调教学内容及方式方法的合理有效；移情性维度则关注学校教职工是否能为不同背景的学龄儿童提供充分的学习辅导和情感支持。在此基础上，本书利用 2013—2014 年 CEPS 基线数据对全国初中阶段基础教育质量及各质量维度进行了测度。结果表明，站在基础教育需求方的视角，大多数学生和家长对所就读学校的氛围表示满意，学校老师在对待各类学生时基本能做到一视同仁、并及时给予辅导和关怀；但教学过程方面还有待提升，教学方式方法的运用以及课程内容的安排设置还需进一步完善和加强。

第二，基础教育提质增效之所以如此重要，是因为提升基础教育质量能够直接积极影响到人力资本积累，且各个质量维度对人力资本的具体影响有所不同。本书第四章将第三章测算得到的基础教育服务质量与2014—2015年CEPS追访数据进行匹配，结合新人力资本理论以及“大五人格”量表，探究基础教育质量及各质量维度对个体认知能力和非认知能力发展的影响，从一般意义上考察基础教育质量的人力资本积累效应。研究结果显示，在控制了家庭背景和个体特征差异后，提升基础教育质量对学龄儿童认知能力和非认知能力的发展产生了显著的积极作用，且基础教育质量的差异能在较大程度上对学龄儿童认知能力以及非认知能力的责任感、宜人性、神经质性等方面的表现差异做出解释。具体来说，基础教育质量的有形性维度对个体认知能力的发展最为重要；基础教育质量的回应性维度则对个体的外向性和宜人性影响最大；基础教育质量的保证性维度能够最大程度解释个体责任感表现差异；基础教育质量的移情性维度则影响着个体的性格养成和情绪控制，即外向性和神经质性。

第三，学校提供的基础教育质量在家庭背景和人力资本积累之间具有重要的均衡作用，提升现有基础教育质量能够有效缩小由家庭背景差距导致的个体能力发展不均等。本书第四章利用结构方程模型对基础教育质量的人力资本积累效应进行拓展性分析，结果表明，家庭经济资本和文化资本的优势有助于学龄儿童各项能力的发展，并且家庭资源的优势也会在一定程度上转化为学龄儿童对于优质基础教育的获得优势，而优质的基础教育又能进一步促进个体认知能力和非认知能力的发展。尽管这反映出基础教育成为了家庭优势传递的渠道，但更值得注意的是，政府通过政策干预实现基础教育提质增效，能够有效弥补由家庭背景差距导致的人力资本积累不均等。根据第四章的测算结果，若能有效缩减现有基础教育质量差距，能够至少降低约三分之一由家庭差异带来的学龄儿童认知差距；就个体的逻辑思维、责任意识、外向性格等非认知能力表现来看，提升基础教育质量并且推进优质基础教育的获得均等能够减少约 11.53% ~ 45.07% 由家庭背景差异导致的学龄儿童非认知能力发展差距。

第四，“撤点并校”作为我国政府实施的以实现农村基础教育提质增效为目标的重大改革，对农村地区人力资本积累的影响存在分化现象。本书第五章基于“撤点并校”致力于通过农村地区基础教育资源配置格局的调整以提升教育质量这一改革背景，利用 2018 年 CFPS 微观个体数据和地区改革的宏观数据构造双重差分模型，识别“撤点并校”对农村人力资本积累的影响。研究结果显示，“撤点并校”改革对受影响农村人口认知能力和非认知能力的影响存在一定差异。具体来说，“撤点并校”改革显著提升了受影响农村人口的认知能力以及非认知能力的开放性，但并不利于其外向性的发展。换言之，“撤点并校”的经历帮助受影响农村个体更好地认识事物、分析问题，并且激发了其逻辑思维、提升了其创造力和想象力；同时，改革过程中低龄寄宿等问题在一定程度上阻碍了受影响群体的外向型性格培养。进一步结合农村个体成年后的表现来看，受“撤点并校”改革影响的农村人口在步入社会后能够获得更高的学历成就以及与其学历更为匹配的工作，并且在成年后的日常生活中更具备自主学习动力以及坚持阅读的良好习惯；但改革对其外向性发展的负面影响使得受影响个体在成年后的人际交往中稍显力不从心。

第五，家庭背景、个体特征以及区域发展等方面的差异均可以对学龄儿童基础教育质量获取不均等做出解释。总体来看，现阶段我国基础教育质量呈现出与学龄儿童所在家庭社会经济地位相一致的分层现象，即优质基础教育资源更多地被拥有经济资本、文化资本和社会阶层优势的家庭所享有，基础教育在质量层面存在分布不均等的问题。基准回归、夏普利值分解以及优势分析的结果均表明，学龄儿童的性别、是否为独生子女、家庭经济资本、父母受教育程度和职业阶层的差异，会显著导致其能够获得的基础教育在质量方面的差距。其中，是家中独生子女的学龄儿童能够获得更优质的基础服务，在家中是否有兄弟姐妹能够较大程度解释学龄儿童所获得的基础教育质量差异，换言之，家庭内部子女“数量 - 质量”权衡理论在我国得到验证。与此同时，家庭文化资本是决定学龄儿童能够获得的基础教育质量的第二大重要因素，比起父亲受教育程度的正向作用，母亲学历达到高中及以上对孩子获得优质基础教育资源更为有利。

第二节 政策建议

实现基础教育的优质均衡并不是说要求每一所中小学都达到“重点学校”的办学标准，应该在尊重学龄儿童在身体素质、智力启蒙、性格特征等方面均存在差异的基础上，争取为每位学龄儿童提供其最适合和最需要的教育，这才是基础教育提质增效的根本。根据本书的主要研究结论，为了实现以人力资本更高质量的积累与发展为目标的基础教育提质增效，应从以下方面加以思考和改进。

（1）参照公共服务质量评价的思路，各级政府配合建立健全以学生和家长为核心的全国基础教育质量评价体系，为把握追踪基础教育质量提供可靠依据，助力基础教育实现数量充分向质量均衡的转变。

要保证基础教育质量的全方位、整体化提升，首先要建立一个科学有效的评价体系，相较于以往的教育质量评价体系，新评价体系的关键在于重点考虑基础教育需求方，即学生和家长的感知和预期。通过学生和家长对所就读学校的多方位评价，找到学校层面基础教育质量潜在的提升空间。尽管中国现有的基础教育质量监测项目已在全国范围内开展，评价方案也包括了学校校园基础设施建设、师资力量配备等方面，但评价体系的构建以及监测的范围仍有待进一步完善。实际当中的基础教育质量评价体系归根结底还是“唯分数、唯升学率”导向的评价标准，较少考虑学生个体综合发展的实际需要。《深化新时代教育评价改革总体方案》、《关于深化教育教学改革全面提高义务教育质量的意见》以及《义务教育质量评价指南》

等一系列政策文件的颁布，直指基础教育科学评价体系亟待建立健全。该体系的规范化、标准化建设还需中央引导、各地方政府积极配合，充分、深入了解基础教育阶段学生和家长的实际需要，全面建立一个包含有形性、可靠性、回应性、保证性和移情性在内的基础教育服务质量综合评价体系，在保证政府能够有效监测基础教育质量的同时，为校园管理的提升、教师教学的调整提供诊断和依据。

（2）各级政府应继续加大基础教育的财政投入，争取早日全面消除以各种形式存在的“重点学校”，通过转移支付或财政补贴等方式帮助提高贫困地区以及普通中小学的教育质量，实现教育质量在地区层面和校级层面的优质均衡。

根据本书第三章的研究可知，基础教育质量在校级层面仍存在较大的不均等，要真正实现基础教育的优质均衡，关键在于帮助改善落后地区、落后学校的办学水平，平衡地区间和学校间的教育资源配置、缩小基础教育质量的横向差距。根据我国义务教育管理制度安排，省一级财政承担了所在地区基础教育的全部建设责任，要想真正缩小地区间、学校间的办学条件差异，实现基础教育质量的均衡，必须由中央和各地方政府共同配合，对现有基础教育资源投入和分配进行再调整。中央统筹协调，对经济发展落后地区提供财政转移支付资金用于基础教育建设，保障这些地区的办学规模，从办学条件等客观硬性指标着手，逐步实现平均线以下地区基础教育质量的改善；各省及省以下地方政府则对辖区内的中小学全权负责，主要任务在于逐步消除学校间的办学条件差异，可以通过加大对薄弱学校的政策扶持力度，避免优质教育资源集中到少数几所学校，坚决抵制重点学校或示范学校的建立建设。

（3）加强基础教育阶段教学体系的规范化建设，加大对教师教学工作的专业培训和定期考核，保证课堂内的知识按时按量传授到位。

本书第三章的研究揭示了当前我国基础教育提质增效的一大关键在于提升基础教育的保证性，即须重点提高教学工作的效率，根据不同学生的能力和需求，对教学方式、课程安排等作出全面调整、加以优化。考虑到不同地区、学校之间所提供的教学质量差距较大，可以围绕课程设计、教学内容、学科考核及格率等设置一个教学质量的基础要求，从宏观指导层面对教学工作的开展提供框架。并且设立配套的教学考核机制，将个性化教学作为教师考核的重点。教学工作关键在于教师团队，鉴于当前优质师资分布过于集中，大多数年轻教师倾向于在经济发展水平较好的地区任教，要实现基础教育的提质增效，其中一大关键在于师资力量的扩充与平衡。一方面在加强对后备师资力量的投入和培养的同时，可以为落后地区和普通学校提供更多政策倾斜，包括福利待遇和交流培训等，吸引更多年轻教师投身于这些地区的教育事业。另一方面，在短期内无法弥补优质师资缺口的前提下，鼓励不同水平的师资团队进行跨区域、跨学校的交流与合作，借助数字技术传播优质课堂的教学内容，推动优秀教师通过线上、线下的方式为偏远落后地区提供教学支持，实现优质教学资源的共享和最大化利用。

（4）基础教育阶段的中小学应加大对学龄儿童非认知能力的关注和培养，追踪每一个个体的认知能力和非认知能力发展情况并加以诊断，为其综合发展提供针对性的正规指导，通过学校干预实现学龄儿童综合素质的全面发展、促进微观人力资本积累。

个体的非认知能力对其未来发展极为重要，而早期的学校教育能够对其非认知能力发展的不足进行及时有效的干预。尽管早在 1993 年 2 月通过的《中国教育改革和发展纲要》中就明确提出基础教育要向全面提高国民素质转变，“素质教育”概念的提出也使得学生的综合能力发展逐步被纳入学校教育范畴，但现有大多数地方教育方案仍是为学生的学业成绩和升学率服务，并未对学生的团队合作、自我管理、社交能力以及情绪控制等方面起到实质性的引导作用。要真正实现基础教育提质增效，一方面要为学龄儿童提供优质基础教育资源，另一方面学校要为每位孩子提供其发展所需要的教育服务，最终目标是实现个体层面人力资本的优质积累与发展，这是新时代下基础教育改革的关键所在。可以考虑在中小学设置相应的心理辅导和社会实践课程，并配备专业的师资团队，对孩子非认知能力进行科学有效的早期干预。落实学生综合素质评价对学校的激励约束作用，密切追踪学龄儿童认知能力和非认知能力的表现，加大对其性格培养、责任意识、礼貌社交等能力的关注和培养，从根本上转变现有学校教学生态，由学业成绩导向转变为人力资本积累导向，帮助学生个体的全面发展。

（5）继续深化收入分配制度改革，缩小家庭经济条件差距，结合国家生育政策，为多孩家庭提供一定的基础教育补助，保障学龄儿童的教育质量获得公平和人力资本发展的公平。

现阶段我国基础教育所呈现出与社会阶层一致的质量分层，要想从根本上予以解决，还需进一步全面提升国家的社会经济发展水平，同时继续深化收入分配制度改革。家庭经济收入差距的加大势必导致阶层分化，继续扩大家庭背景因素在学龄儿童获取优质基础教育资源中的影响，从而进一步加剧不同家庭背景的孩子认知能力和非认知能力发展的不公平。即使国家通过政策干预有效缩小了学龄儿童所接受的基础教育质量差距，家庭背景因素仍能对个体人力资本积累和发展产生显著的直接影响。在国家大力推行“三孩政策”以积极应对人口老龄化的宏观社会背景下，要真正实现人力资本在数量和质量上的“双赢”，可以考虑给予多孩家庭一定的基础教育补助。这样不仅降低了家庭生育决策对孩子受教育的负面冲击，保障了学龄儿童优质基础教育资源的获得以及人力资本高质量的积累与发展，而且也有助于缓解家庭压力，积极助力生育政策的落地和推广。

第三节　研究展望

本书所研究的内容不过是教育财政学、公共经济学、劳动经济学领域的冰山一角，伴随人力资本理论的不断发展以及社会各方对教育质量的更多关注，相关研究也会更加深入。结合本书的研究发现，提出以下两点研究展望：

一是，教育质量与代际流动的关系。通过本书的研究可知，父辈的社会经济地位、文化水平会对孩子所能够获取的基础教育质量产生很大影响。由此可见，在个体早期发展阶段，教育分层现象就已经开始出现。由于教育质量评价体系的欠缺，以往研究大都是考察家庭背景对个体教育机会获得或教育成就的影响，并未就家庭背景和教育质量获取不均等展开深入讨论。但是，在教育资源数量已经达到饱和的情况下，教育资源的质量分布是研究代际流动的重要突破口。结合我国教育体制改革实际，从教育质量研究切入探讨代际流动的改善问题，能够使新发展阶段的教育体制改革做到有的放矢。

二是，教育质量差异和劳动力市场表现相结合。近年来，由于新人力资本理论的兴起和广泛传播，学界开始越来越多地关注早期教育干预对个体长期发展的影响。不同于胎教、早教等非正式教育，中小学时期的教育作为生命历程早期个体接受正式学校教育的阶段，不同质量维度的差异会对个体发展产生潜移默化的影响。本书在识别"撤点并校"的改革效应时，考察了其对个体在成年后劳动力市场表现以及日常生活习惯的影响，这部分关于基础教育相关改革对个体的长期影响可以继续深入细化研究，甚至可以结合个体不同年龄阶段所获取的教育质量，比较分析各层次教育质量差异对其未来表现的影响大小。基础教育由财政主要负担，政府能够从宏观政策层面对存在的问题加以干预和解决，故弄清基础教育质量对个体发展的全面影响，有助于政府制定出更为切实有效的政策，以实现国家层面人力资本水平的提升、助力社会经济的高质量发展。

后　记

写书是同时需要启发和积累的。我之所以开始关注中国基础教育质量这个话题，是源于对《不平等的童年》一书的思考。在《不平等的童年》中，安妮特·拉鲁通过对美国各个阶级的代表家庭进行访查与追踪，观察不同教养方式下孩子的成长路径以及发展结果差异，从而对个人生命历程早期经历不平等所带来的最终成就差距做出解释。该书提出的一个核心观点在于，所有的父母都会在自己能力范围内给自己的孩子最好的支持，但受制于父辈的社会经济地位，孩子所能获得的资源和机会不尽相同。在美国精英教育的文化语境下，“社会阶级的背景构建并改变了个人的行为”，孩子的学历成就和职业发展道路在很大程度上取决于其所在家庭的社会阶层地位。

美国教育制度的非中性引发了我对中国教育体制改革的关注，不同于美国政府放任教育不平等的延续甚至放大，我国政府从新中国成立开始，在公共教育领域所进行的一系列改革举措都遵循着一个明确的方向——尽可能让更多的人接受更多的教育。这种改革的决心和实践的坚持是很多国家政府望尘莫及的。因为对于一个人口总数位于世界首位的发展中国家来说，要实现初级教育的全面普及和高等教育的持续扩招，不仅要求教育财政资金的大规模投入，还对教育体制机制提出了很高要求。这两个方面也构成了我国教育体制改革的主线，可以看到，教育财政经费投入保障机制建设和政府间关于教育事权的分配调整也一直是各个改革阶段我国政府工作的重点。

在所有教育层次中，我最关注的仍然是早期教育。一方面受到新人力资本理论的影响，另一方面也是结合自身受教育经历，我认为童年时期所接受的学校教育是至关重要的，这一早期阶段的教育体验不仅能够启发孩子的心智，通过集体校园生活还能促进孩子团队合作和自我管理意识的形成，全方位影响性格的养成。在早期公共教育事业的建设方面，我国政府主要致力于解决小学和初中九年基础教育的全面普及和优化均衡。虽然学界对于各项具体改革举措的社会经济发展效应进行了较为充分的理论和经验研究，但是我仍然非常关心作为教育需求方和受益者而言，个人究竟在基础教育改革中收获了什么。并不是说宏大叙事不重要，只是“时代的一粒灰，落在个人头上，就是一座山”，作为享受到我国基础教育改革红利的一员，我真切感受到以“两免一补”“三通两平台”等为代表的改革举措所带来的积极影响。在我读小学四年级（2003 年）左右的时候，学校就已经为高年级学生全面开设了计算机相关的信息课程，我们可以在机房里学习基础的计算机知识和操作，这是我们这一代人对互联网最早的启蒙教育。

中国已经如期全面实现了“两基”目标，但基础教育改革仍道阻且长。可以看到，泛滥的校外培训机构开始对以公平优质为目标的学校教育产生挤出和替代，“鸡娃”风气的席卷让大多数父母想尽办法只为不让孩子输在起跑线上。这不禁引人深思，我们距离基础教育公平优质的目标还有多远？在“后普九”时代所推行的系列改革是否满足学龄儿童实现其自身发展的需要？由于条件限制，我没有办法进行长期、广泛的实地调研，获取一手数据对于基础教育质量公平相关问题进行更深入细致的探讨。还好有北京大学中国社会科学调查中心（ISSS）、中国人民大学调查与数据中心（NSRC）等研究机构提供的数据支持，让我能在这个研究领域有所推进。我不能说本书的测算结果和研究结论精准无误地刻画了我国基础教育质量水平的现状，但站在微观人力资本积累和发展的视角，本书的研究发现为理解我国基础教育改革对于个体能力的提升效应，以及接下来我国基础教育改革的重难点提供了证据和思路。

值得一提的是，本书对于人力资本的度量既沿用了新人力资本的理论框架，也遵循了素质教育导向下人才培养模式的内在要求。国内研究人员对于个体认知能力和非认知能力的关注也是近些年才兴起的，尤其是非认知能力相关的研究起步较晚。本书以此为契机，基于技能形成模型，将个人的认知和非认知表现作为微观层面人力资本积累的结果指标，考察基础教育质量对人力资本积累的影响，也为后续研究提供了一些借鉴和参考。

虽然本书在理论分析部分引用的人力资本理论、新人力资本理论、教育不平等相关理论等都是西方的经典理论，在写作时也借鉴了大量国外学者的研究成果，但这并不是单纯将西方理论套用在中国场景对中国问题进行解释，而是希望基于对发达国家成功经验的充分学习，为解决中国社会经济问题找到可行的方案。我并不认为中国基础教育改革路径和模式选择是在走任何一个国家的老路，相反，我由衷钦佩且认可我国政府在基础教育领域所作出的大胆探索和坚持不懈的改革创新。正如我在财政学课堂上反复和学生强调的，我国政府在基础教育等公共服务领域做出的努力和取得的成就是任何国家难以比肩的。从我们的爷爷奶奶，到我们的父母亲，再到我们这一代 90 后，每一代人的平均受教育年限都在显著递增。现在的孩子不用再担心是否“有学上”，家长讨论的都是如何“上好学”。

我国长达数十年的基础教育改革，影响了一代又一代人，改革红利所积累的人力资本又成功反哺中国的经济增长和社会发展。正如习近平总书记 2018 年 9 月在全国教育大会上所讲，“教育是民族振兴、社会进步的重要基石，是功在当代、利在千秋的德政工程，对提高人民综合素质、促进人的全面发展、增强中华民族创新创造活力，实现中华民族伟大复兴具有决定性意义”。本书的写作初衷也是希望能为中国基础教育事业的发展提供一些理论研究的支持，所以这本书没有宏大的构思和框架，只是希望围绕我国基础教育质量和人力资本积累这两个关键词，进行典型事实分析和影响效应评估。如果能帮助读者理解中国基础教育改革的脉络和现状，认清当前阶段影响中国基础教育提质增效的症结所在，也就足够了。我只是个普通的经济学研究者，基于专业选择和兴趣方向进行了本书的研究，所秉持的朴素信念也就一个：中国基础教育优质均衡的目标早日实现，每一个孩子都能在学校教育中收获自己成长发展所需的技能和素养。

参考文献

陈斌开，张淑娟，申广军，2021. 义务教育能提高代际流动性吗?[J]. 金融研究 (6): 76–94.

成刚，2008. 省内义务教育财政公平研究——基于西部某省小学数据的经验分析 [J]. 清华大学教育研究 (5): 101–111.

丁冬，郑风田，2015. 撤点并校：整合教育资源还是减少教育投入?——基于 1996—2009 年的省级面板数据分析 [J]. 经济学 (季刊), 14(2): 603–622.

丁维莉，陆铭，2005. 教育的公平与效率是鱼和熊掌吗——基础教育财政的一般均衡分析 [J]. 中国社会科学 (6): 47–57, 206.

丁小浩，2006. 规模扩大与高等教育入学机会均等化 [J]. 北京大学教育评论 (2): 24–33, 189.

范子英，2020. 财政转移支付与人力资本的代际流动性 [J]. 中国社会科学 (9): 48–67, 205.

冯皓，陆铭，2010. 通过买房而择校：教育影响房价的经验证据与政策含义 [J]. 世界经济，33(12): 89–104.

傅禄建，汤林春，2013. 义务教育均衡发展程度测评：综合教育基尼系数方法 [M]. 上海：华东师范大学出版社 .

高天智，申莉涛，2016. 基于因子分析法的公共教育服务均等化水平及差异性实证研究 [J]. 长安大学学报 (社会科学版), 18(2): 134–140.

高跃光，张蓉，2022. 义务教育财政资金管理改革与农村教育发展 [J]. 财政研究 (3): 74–91.

郭凯明，张全升，龚六堂，2011. 公共政策、经济增长与不平等演化 [J]. 经济研究，46(2): 5–15.

郭庆旺，贾俊雪，2009. 公共教育政策、经济增长与人力资本溢价 [J]. 经济研究，44(10）22–35.

何珺子，王小军，2017. 认知能力和非认知能力的教育回报率——基于国际成人能力测评项目的实证研究 [J]. 经济与管理研究，38(5): 66–74.

何炜，2020. 教育差异、公共服务提供与劳动力定居意愿 [J]. 经济科学 (4): 84–96.

贺莉，2012. 高等教育服务质量测量 :SERVQUAL 量表的探索性研究 [J]. 西安交通大学学报 (社会科学版), 32(6): 121–125.

侯海波，吴要武，宋映泉，2018. 低龄寄宿与农村小学生人力资本积累——来自“撤点并校”的证据 [J]. 中国农村经济 (7): 113–129.

胡婉旸，郑思齐，王锐，2014. 学区房的溢价究竟有多大：利用“租买不同权”和配对回归的实证估计 [J]. 经济学 (季刊), 13(3): 1195–1214.

胡咏梅，周威，2024. 充足与公平：优质均衡导向下我国义务教育财政投入的实证研究 [J]. 教育与经济 ,40(3): 69–78, 87.

江求川，2017. 教育公平与社会流动：基于中国基础教育的研究 [J]. 教育学报，5(2): 56–64.

靳振忠，严斌剑，王亮，2019. 家庭背景、学校质量与子女教育期望——基于中国教育追踪调查的分析 [J]. 教育研究，40(12): 107–121.

雷万鹏，李贞义，2020. 教师支持对农村留守儿童非认知能力的影响——基于 CEPS 数据的实证分析 [J]. 华中师范大学学报 (人文社会科学版), 59(6): 160–168.

李春玲，2003. 社会政治变迁与教育机会不平等——家庭背景及制度因素对教育获得的影响 (1940—2001）[J]. 中国社会科学 (3): 86–98+207.

李力行，周广肃，2015. 家庭借贷约束、公共教育支出与社会流动性 [J]. 经济学 (季刊), 14(1): 65–82.

李玲，朱海雪，陈宣霖，2019. 义务教育人力资本发展评估——基于反贫困理论视角 [J]. 教育研究，40(10): 124–131.

李祥云，张建顺，2018. 公共教育投入对学校教育结果的影响——基于湖北省 70

所小学数据的实证研究 [J]. 中南财经政法大学学报 , 231(6): 82–89, 161.

李永友 , 王焱 , 2016. 优质高等教育享有机会公平性研究——基于浙江高校的调查分析 [J]. 财贸经济 , 37(1): 48–60, 132.

李煜 , 2006. 制度变迁与教育不平等的产生机制——中国城市子女的教育获得（1966—2003）[J]. 中国社会科学 (4): 97–109, 207.

梁超 , 王素素 , 2020. 教育公共品配置调整对人力资本的影响——基于撤点并校的研究 [J]. 经济研究 , 55(9): 138–154.

梁超 , 2017. 撤点并校、基础教育供给和农村人力资本 [J]. 财经问题研究 (3): 82–90.

林莞娟 , 张戈 , 2015. 教育的代际流动 : 来自中国学制改革的证据 [J]. 北京师范大学学报（社会科学版）(2): 118–129.

刘精明 , 2006. 择校与教育的社会阶层策略 : 教育公平与社会分层 [M]. 北京 : 中国人民大学出版社 .

刘文杰 , 宋弘 , 陈诗一 , 2022. 教育财政如何影响家庭人力资本投资 : 事实、机制与政策含义 [J]. 金融研究 (9): 93–110.

柳光强 , 邓大松 , 祁毓 , 2013. 教育数量与教育质量对农村居民收入影响的研究——基于省级面板数据的实证分析 [J]. 教育研究 , 34(5): 20–29.

卢洪友 , 祁毓 , 2013. 中国教育基本公共服务均等化进程研究报告 [J]. 学习与实践 (2): 129–140.

罗来军 , 朱艳 , 赵鹏飞 , 2009. 中国教育规模与质量影响经济增长的内生路径分析 [J]. 经济理论与经济管理 (1): 28–34.

马万民 , 2005. 高等教育服务质量管理研究 [M]. 上海 : 上海交通大学出版社 .

潘光辉 , 2017. “撤点并校”、家庭背景与入学机会 [J]. 社会 , 37(3): 131–162.

庞圣民 , 2017. 家庭背景、影子教育与“初升高”: 理解当代中国社会教育分层的新视角 [J]. 社会发展研究 , 4(4): 105–123, 239.

沈勇 , 2007. 教育服务质量感知维度探索 [J]. 高等工程教育研究 (2): 98–102, 106.

石绍宾 , 李敏 , 2018. 中国基础教育均等化进程评估 (2003–2014 年）[J]. 城市观察 (5): 143–155.

宋弘，罗吉罡，黄炜，2022. 教育扶贫与人力资本积累：事实、机制与政策含义 [J]. 世界经济，45(10): 3–27.

孙萌，台航，2018. 基础教育的财政投入与人力资本结构的优化——基于 CHIP 数据和县级数据的考察 [J]. 中国经济问题 (5): 68–85.

汪德华，邹杰，毛中根，2019. “扶教育之贫”的增智和增收效应——对 20 世纪 90 年代“国家贫困地区义务教育工程”的评估 [J]. 经济研究，54(9): 155–171.

汪鲸，罗楚亮，2019. 父母教育、家庭收入与子女高中阶段教育选择 [J]. 劳动经济研究，7(4): 32–52.

王春超，林俊杰，2021. 父母陪伴与儿童的人力资本发展 [J]. 教育研究，42(1): 104–128.

王春超，钟锦鹏，2018. 同群效应与非认知能力——基于儿童的随机实地实验研究 [J]. 经济研究，53(12): 177–192.

王静曦，周磊，2020. 贫困补助能提高义务教育学生的人力资本吗 ?[J]. 中国软科学 (7): 65–76.

王齐（女奉），2003. 高校教育服务质量感知的定量研究 [J]. 高等工程教育研究 (6): 20–23, 40.

王善迈，2008. 教育公平的分析框架和评价指标 [J]. 北京师范大学学报（社会科学版）(3): 93–97.

温娇秀，蒋洪，2014. 中国省际间基础教育服务均等化水平的变化 [J]. 财贸经济 (1): 44–53.

吴贾，林嘉达，韩潇，2020. 父母耐心程度、教育方式与子女人力资本积累 [J]. 经济学动态，4(8): 37–53.

吴愈晓，黄超，2016. 基础教育中的学校阶层分割与学生教育期望 [J]. 中国社会科学 (4): 111–134, 207–208.

吴愈晓，2013. 中国城乡居民的教育机会不平等及其演变 (1978–2008）[J]. 中国社会科学 (3):4–21.

夏怡然，陆铭，2015. 城市间的“孟母三迁”——公共服务影响劳动力流向的经验研究 [J]. 管理世界 (10): 78–90.

许长青，2017. 研究生教育服务质量评估及影响因素分析 [J]. 高教发展与评估，33(5): 30–49, 114–115.

杨娟，郭震，刘庆林，2015. 家庭背景对教育回报率的影响研究：基于城乡教育不平等的视角 [J]. 教育与经济 (4): 3–12.

杨娟，何婷婷，2015. 教育的代际流动性 [J]. 世界经济文汇 (3): 32–42.

余天佐，韩映雄，2013. 研究生教育服务质量管理的实证研究：基于 SERVQUAL 模型 [J]. 研究生教育研究 (1): 11–16.

翟博，2008. 教育均衡论：中国基础教育均衡发展实证分析 [M]. 北京：人民教育出版社 .

张海峰，姚先国，张俊森，2010. 教育质量对地区劳动生产率的影响 [J]. 经济研究，45(7): 57–67.

张楠，林嘉彬，李建军，2020. 基础教育机会不平等研究 [J]. 中国工业经济 (8): 42–60.

张妍妍，2016. SERVQUAL 模型在高职院校教学质量评价中的应用 [J]. 现代教育管理 (1): 107–111.

赵如婧，周皓，2021. 基本公共服务、城市规模与流动人口居留意愿——基于 2010~2017 年流动人口动态监测调查数据 [J]. 西北人口，42(6): 1–16.

赵颖，石智雷，鲁元平，2021. 公共政策如何改变个体累积劣势——基于教育扶贫的视角 [J]. 财经研究，47(2): 79–93.

周金燕，2015. 人力资本内涵的扩展：非认知能力的经济价值和投资 [J]. 北京大学教育评论，13(1): 78–95, 189–190.

周正嵩，孙月娟，2010. 基于SERVQUAL模型的研究生教育服务质量评价研究 [J]. 学位与研究生教育 (12): 50–53.

邹薇，马占利，2019. 家庭背景、代际传递与教育不平等 [J]. 中国工业经济 (2): 80–98.

Barro Robert J, Jong–Wha Lee, 2013. A New Data Set of Educational Attainment in the World, 1950–2010[J]. Journal of Development Economics, 104: 184–198.

Becker Gary S, 1981. A Treatise on the Family[M]. Cambridge: Cambridge University

Press.

Becker Gary S, Nigel Tomes, 1976. Child Endowments and the Quantity and Quality of Children[J]. Journal of Political Economy, 84(4): S143–S162.

Behrman Jere R, Robert A. Pollak, Paul Taubman, 1982. Parental Preferences and Provision for Progeny[J]. Journal of Political Economy, 90(1): 52–73.

Bernardi Fabrizio, Gabriele Ballarino, 2016. Education, Occupation and Social Origin: A Comparative Analysis of the Transmission of Socio–Economic Inequalities[M]. UK: Edward Elgar Publishing.

Berry Christopher R, Martin R. West, 2010. Growing Pains: The School Consolidation Movement and Student Outcomes. Journal of Law, Economics & Organization, 26(1): 1–29.

Beuchert Louise, Maria Knoth Humlum, Helena Skyt Nielsen, et al., 2018. The Short–Term Effects of School Consolidation on Student Achievement: Evidence of Disruption[J]. Economics of Education Review, 65: 31–47.

Bourdieu Pierre, Jean Claude Passeron, 1990. Reproduction in Education, Society and Culture (2nd ed.), London: Sage Publications.

Breen Richard, Jan O. Jonsson, 2005. Inequality of Opportunity in Comparative Perspective: Recent Research on Educational Attainment and Social Mobility[J]. Annual Review of Sociology, 31: 223–243.

Brown Philip H, Albert Park, 2002. Education and poverty in rural China[J]. Economics of Education Review, 21(6): 523–541.

Burde Dana, Leigh L. Linden, 2013. Bringing Education to Afghan Girls: A Randomized Controlled Trial of Village–Based Schools[J]. American Economic Journal: Applied Economics, 5(3): 27–40.

Calero Jorge, 2008. What Happens after Compulsory Education? Problems of Continuity and Possible Policies in the Case Of Spain[J]. The Social Science Journal, 45(3): 440–456.

Card David, Alan B. Krueger, 1992. Does School Quality Matter? Returns to Education and the Characteristics of Public Schools in the United States[J]. Journal of Political Economy, 100(1): 1–40.

Chen Xinxin, Yi Hongmei, Zhang Linxiu, et al., 2014. Do Poor Students Benefit from China's Merger Program? Transfer Path and Educational Performance[J]. Asia Pacific Journal of Education, 34(1): 15–35.

Cheong Cheng Yin, Wai Ming Tam, 1997. Multi–Models of Quality in Education[J]. Quality Assurance in Education, 5(1): 22–31.

Conger Rand D, Katherine J. Conger, 2002. Resilience in Midwestern Families: Selected Findings from the First Decade of a Prospective, Longitudinal Study[J]. Journal of Marriage and Family, 64(2): 361–373.

Conley Dalton, Rebecca Glauber, 2006. Parental Educational Investment and Children's Academic Risk: Estimates of the Impact of Sibship Size and Birth Order from Exogenous Variations in Fertility[J]. The Journal of Human Resources, 41(4): 722–737.

Creighton Mathew, Hyunjoon Park, 2010. Closing the Gender Gap: Six Decades of Reform in Mexican Education[J]. Comparative Education Review, 54(4): 513–537.

Cunha Flavio, James Heckman, 2007. The Technology of Skill Formation[J]. American Economic Review, 97(2): 31–47.

Cunha Flavio, James J. Heckman, 2010. Investing in Our Young People[J]. NBER Working Paper, 16201.

Currie Janet, 2001. Early Childhood Education Programs[J]. Journal of Economic Perspectives, 15(2): 213–328.

De Haan Monique, Edwin Leuven, Hessel Oosterbeek, 2016. School Consolidation and Student Achievement[J]. Journal of Law, Economics, & Organization, 32(4): 816–839.

Del Bono Emilia, John Ermisch, Marco Francesconi, 2012. Intrafamily Resource Allocations: A Dynamic Structural Model of Birth Weight[J]. Journal of Labor Economics, 30(3): 657–706.

Dhar Paramita, Stephen L. Ross, 2010. School District Quality and Property Values:

Examining Differences along School District Boundaries[J]. Journal of Urban Economics, 71(1): 18–25.

Downey Douglas B., Paul T. von Hippel, Beckett A. Broh, 2004. Are Schools the Great Equalizer? Cognitive Inequality during the Summer Months and the School Year[J]. American Sociological Review, 69(5): 613–635.

Duflo Esther, 2001. Schooling and Labor Market Consequences of School Construction in Indonesia: Evidence from an Unusual Policy Experiment[J]. American Economic Review, 91(4): 795–813.

Durlak Joseph A, Roger P. Weissberg, Allison B. Dymnicki, et al., 2011. The Impact of Enhancing Students' Social and Emotional Learning: A Meta–Analysis of School–Based Universal Interventions[J]. Child Development, 82(1): 405–432.

Engberg John, Brian Gill, Gema Zamarro, et al., 2012. Closing Schools in a Shrinking District: Do Student Outcomes Depend on Which Schools are Closed[J]. Journal of Urban Economics, 71(2): 189–203.

Figlio David, Jonathan Guryan, Krzysztof Karbownik, et al., 2014. The Effects of Poor Neonatal Health on Children's Cognitive Development[J]. American Economic Review, 104(12): 3921–3955.

Filmer Deon, Norbert Schady, 2011. Does More Cash in Conditional Cash Transfer Programs Always Lead to Larger Impacts on School Attendance?[J]. Journal of Development Economics, 96(1): 150–157.

Fredriksson Peter, Björn Öckert, Hessel Oosterbeek, 2016. Parental Responses to Public Investments in Children: Evidence from a Maximum Class Size Rule[J]. Journal of Human Resources, 51(4), 832–868.

Freeman Richard B, Martina Viarengo, Daniele Checchi et al., 2014. School and Family Effects on Educational Outcomes across Countries[J]. Economic Policy, 29(79): 397–446.

Frijters Paul, David W. Johnston, Manisha Shah et al., 2013. Intrahousehold Resource Allocation: Do Parents Reduce or Reinforce Child Ability Gaps?[J]. Demography,

50: 2187–2208.

Gibbs Benjamin G, Tim B. Heaton, 2014. Drop out from Primary to Secondary School in Mexico: A Life Course Perspective[J]. International Journal of Educational Development, 36: 63–71.

Glomm Gerhard, Michael Kaganovich, 2008. Social Security, Public Education and the Growth–Inequality Relationship[J]. European Economic Review, 52(6): 1009–1034.

Gravel Nicolas, Alessandra Michelangeli, Alain Trannoy, 2006. Measuring the Social Value of Local Public Goods: An Empirical Analysis within Paris Metropolitan Area[J]. Applied Economics, 38(16): 1945–1961.

Ham Leugenia, Steven Hayduk, 2003. Gaining Competitive Advantages in Higher Education: Analyzing the Gap Between Expectations and Perception of Service Quality[J]. International Journal of Value–Based Management, 16: 223–242.

Hanushek Eric A, 1995. Interpreting Recent Research on Schooling in Developing Countries[J]. The World Bank Research Observer, 10(2): 227–246.

Hanushek E. A, Ludger Woessmann, 2007. The Role of Education Quality for Economic Growth[J]. World Bank Policy Research Working Paper, No. WPS4122.

Hasan Hishamuddin Fitri Abu, Azleen Ilias, Rahida Abd Rahman, et al., 2009. Service Quality and Student Satisfaction: A Case Study at Private Higher Education Institutions[J]. International Business Research, 1(3): 163–175.

Haveman Robert, and Barbara Wolfe, 1995. The Determinants of Children's Attainments: A Review of Methods and Findings[J]. Journal of Economic Literature, 33(4): 1829–1978.

Heckman James, Rodrigo Pinto, Peter Savelyev, 2013. Understanding the Mechanisms through Which an Influential Early Childhood Program Boosted Adult Outcomes[J]. American Economic Review, 103 (6): 2052–86.

Heckman James J, Jora Stixrud, Sergio Urzua, 2006. The Effects of Cognitive and Noncognitive Abilities on Labor Market Outcomes and Social Behavior[J]. Journal of Labor Economics, 24(3): 411–482.

Heckman James, J, Yona Rubinstein, 2001. The Importance of Noncognitive Skills: Lessons from the GED Testing Program[J]. American Economic Review, 91(2): 145–149.

Heneveld Ward, Helen Craig, 1996. Schools Count: World Bank Project Designs and the Quality of Primary Education in Sub-Saharan Africa[J]. World Bank Technical Paper, No. WTP303.

Heyns Barbara, 1987. Schooling and Cognitive Development: Is There a Season for Learning? [J]. Child Development, 58(5): 1151–1160.

Holmlund Helena, Sandra McNally, Martina Viarengo, 2010. Does Money Matter for Schools?[J]. Economics of Education Review, 29(6): 1154–1164.

Hout Michael, Thomas A. DiPrete, 2006. What We Have Learned: RC28's Contributions to Knowledge about Social Stratification[J]. Research in Social Stratification and Mobility, 24(1): 1–20.

Houtenville Andrew J, Houtenville , Karen Smith Conway, 2008. Parental Effort, School Resources, and Student Achievement[J]. Journal of Human Resources, 43(2), 437–453.

Hsin Amy, 2012. Is Biology Destiny? Birth Weight and Differential Parental Treatment[J]. Demography, 49(4): 1385–1405.

Humlum Maria Knoth, Nina Smith, 2015. Long-Term Effects of School Size on Students' Outcomes[J]. Economics of Education Review, 45: 28–43.

Kane Thomas, J, Douglas O. Staiger, 2002. The Promise and Pitfalls of Using Imprecise School Accountability Measures[J]. Journal of Economic Perspectives, 16 (4): 91–114.

Kautz Tim, James J. Heckman, Ron Diris, et al., 2014. Fostering and Measuring Skills: Improving Cognitive and Non-Cognitive Skills to Promote Lifetime Success[J]. NBER Working Paper, 20749.

Khanam Rasheda, Son Nghiem, 2016. Family Income and Child Cognitive and Noncognitive Development in Australia: Does Money Matter?[J]. Demography, 53(3）:597–621.

Kirshner Ben, Matthew Gaertner, Kristen Pozzoboni, 2010. Tracing Transitions: The

Effect of High School Closure on Displaced Students[J]. Educational Evaluation and Policy Analysis, 32(3): 407–429.

Kitchens Karin E, William Gormley, Sara Anderson, 2020. Do Better Schools Help to Prolong Early Childhood Education Effects?[J]. Journal of Applied Developmental Psychology, 66: 101092.

Krueger Alan B, Diane M. Whitmore, 2001. The Effect of Attending a Small Class in the Early Grades on College–Test Taking and Middle School Test Results: Evidence from Project Star[J]. The Economic Journal, 111(468): 1–28.

Lee Sang Yoon (Tim), Ananth Seshadri, 2019. On the Intergenerational Transmission of Economic Status[J]. Journal of Political Economy, 127(2): 855–921.

Li Hongbin, Junsen Zhang, Yi Zhu, 2008. The Quantity–Quality Trade–Off of Children in a Developing Country: Identification Using Chinese Twins[J]. Demography, 45(1): 223–243.

Li Shifeng, Qiongying Xu, Ruixue Xia, 2020. Relationship Between SES and Academic Achievement of Junior High School Students in China: The Mediating Effect of Self–Concept[J]. Frontiers in Psychology, 10: 2513.

Liu Chengfang, Linxiu Zhang, Rendu Luo, et al., 2010. The Effect of Primary School Mergers on Academic Performance of Students in Rural China[J]. International Journal of Educational Development, 33(6): 570–585.

Lucas Samuel R, 2001. Effectively Maintained Inequality: Education Transitions, Track Mobility, and Social Background Effects[J]. American Journal of Sociology, 106(6): 1642–1690.

Lucas Samuel R, 2009. Stratification Theory, Socioeconomic Background, and Educational Attainment: A Formal Analysis[J]. Rationality and Society, 21(4): 459–511.

Lupo Toni, 2013. A Fuzzy ServQual Based Method for Reliable Measurements of Education Quality in Italian Higher Education Area[J]. Expert Systems with Applications, 40(17): 7096–7110.

McEwan Patrick J, 2008. Can Schools Reduce the Indigenous Test Score Gap? Evidence from Chile[J]. The Journal of Development Studies, 44 (10): 1506–1530.

Miller David C, Anindita Sen, Lydia B. Malley, et al., 2009. Comparative Indicators of Education in the United States and Other G–8 Countries: 2009[J]. National Center for Education Statistics.

Mo Di, Hongmei Yi, Linxiu Zhang, et al., 2012. Transfer Paths and Academic Performance: The Primary School Merger Program in China[J]. International Journal of Educational Development, 32(3): 423–431.

Morgan James, Ismail Sirageldin, 1968. A Note on the Quality Dimension in Education[J]. Journal of Political Economic, 76(5): 1069–1077.

Mosahab Rahim, Osman Mahamad, Thurasamy Ramayah, 2010. Comparison of Service Quality Gaps among Teachers and Students as Internal and External Customers[J]. International Journal of Marketing Studies, 2(2): 13–20.

Muralidharan Karthik, Nishith Prakash, 2017. Cycling to School: Increasing Secondary School Enrollment for Girls in India[J]. American Economic Journal: Applied Economics, 9(3): 321–350.

Neilson Christopher A, Seth D. Zimmerman, 2014. The Effect of School Construction on Test Scores, School Enrollment, and Home Prices[J]. Journal of Public Economics, 120: 18–31.

Nelson Richard R, Edmund S. Phelps, 1966. Investment in Humans, Technological Diffusion, and Economic Growth[J]. The American Economic Review, 56(1/2): 69–75.

Nojavan Majid, Atefeh Heidari, Davood Mohammaditabar, 2021. A Fuzzy Service Quality Based Approach for Performance Evaluation of Educational Units[J]. Socio–Economic Planning Sciences, 73: 100816.

Orr Amy J, 2003. Black–White Difference in Achievement: The Importance of Wealth[J]. Sociology of Education, 76(4): 281–304.

Ozdemir Yasal, Sema Kayapinar Kaya, Erkan Turhan, 2020. A Scale to Measure

Sustainable Campus Services in Higher Education: "Sustainable Service Quality" [J]. Journal of Cleaner Production, 245: 118839.

Parasuraman A. Parsu, Valarie A. Zeithaml, Leonard L. Berry, 1985. A Conceptual Model of Service Quality and its Implications for Future Research[J]. Journal of Marketing, 49(4): 41–50.

Piko Bettina F, Csaba Hamvai, 2010. Parent, School and Peer–Related Correlates of Adolescents' Life Satisfaction[J]. Children and Youth Services Review, 32(10): 1479–1482.

Rieper O, J. Mayne, 1998. Evaluation and Public Service Quality[J]. International Journal of Social Welfare, 7(2): 118–125.

Shekarchizadeh Ahmadreza, Amran Rasli, Hon–Tat, Huam, 2011. SERVQUAL in Malaysian Universities: Perspectives of International Students[J]. Business Process Management Journal, 17(1): 67–81.

Stewart Endya B, 2008. School Structural Characteristics, Student Effort, Peer Associations, and Parental Involvement: The Influence of School– and Individual–Level Factors on Academic Achievement[J]. Education and Urban Society, 40(2): 179–204.

Tang Can, Liqiu Zhao, Zhong, 2020. Does Free Education Help Combat Child Labor? The Effect of a Free Compulsory Education Reform in Rural China[J]. Journal of Population Economics, 33(2): 601–631.

Tesfagiorgis Mussie, Samuel Tsegai, Tedros Sium Mengesha, et al., 2020. The Correlation Between Parental Socioeconomic Status (SES) and Children'S Academic Achievement: The Case of Eritrea[J]. Children and Youth Services Review, 116(4): 105242.

Tikly Leon, Angeline M. Barrett, 2011. Social Justice, Capabilities and the Quality of Education in Low Income Countries[J]. International Journal of Educational Development, 31(1): 3–14.

Toomela Aaro, 2008. Noncognitive Correlates of Education[J]. Learning and Individual

Differences, 18(1）:19–28.

Tsang Mun C., 1994. Costs of Education in China: Issues of Resource Mobilization, Equality, Equity and Efficiency[J]. Education Economics, 2(3): 287–312.

Walberg Herbert J, Guoxiong Zhang, 1998. Analyzing the OECD Indicators Model[J]. Comparative Education, 34(1): 55–70.

Xiao Yun, Li Li, Liqiu Zhao, 2017. Education on the Cheap: The Long-Run Effects of a Free Compulsory Education Reform in Rural China[J]. Journal of Comparative Economics, 45(3): 544–562.

Yi Junjian, James J. Heckman, Junsen Zhang, et al., 2015. Early Health Shocks, Intra-Household Resource Allocation and Child Outcomes[J]. The Economic Journal, 125(588): 347–371.

Yousapronpaiboon Khanchitpol, 2014. SERVQUAL: Measuring Higher Education Service Quality in Thailand[J]. Procedia-Social and Behavioral Sciences, 116: 1088–1095.

Yuan Cheng, Lei Zhang, 2015. Public Education Spending and Private Substitution in Urban China[J]. Journal of Development Economics, 115: 124–139.

Zhan Min, 2006. Assets, Parental Expectations and Involvement, and Children's Educational Performance[J]. Children and Youth Services Review, 28(8): 961–975.

Zhang Yu, Fei Qin, Juanjuan Liu, 2019. Improving Education Equality and Quality: Evidence from a Natural Experiment in China[J]. International Journal of Educational Development, 70: 102078.